·高等教育前沿探索丛书·

编 委 会

主　编：陈廷柱

副主编：贾永堂　郭　卉

编委会成员：（按姓氏拼音排序）

艾　敏　　陈建文　　陈　敏　　陈廷柱

郭　卉　　贾永堂　　雷洪德　　李太平

刘长海　　刘亚敏　　马志凤　　任学柱

王小月　　于海琴　　余东升　　曾　伟

张俊超　　张　妍　　周　艳　　朱新卓

华中科技大学2023年文科丛书项目"高校硕士研究生导学关系研究"（2023WKYXCS001）
华中科技大学2022年"问计于民"专项研究课题"研究生导学关系影响因素研究"
研究成果

高校硕士研究生导学关系研究

张　妍　吴慧芬　吴疆鄂　赵红艳
曹晓晨　郑敏晓　卢宝全　◎著

中国·武汉

图书在版编目(CIP)数据

高校硕士研究生导学关系研究/张妍等著. —武汉：华中科技大学出版社，2024.5
（高等教育前沿探索丛书）
ISBN 978-7-5772-0801-5

Ⅰ.①高… Ⅱ.①张… Ⅲ.①硕士生－师生关系－研究 Ⅳ.①G645.6

中国国家版本馆CIP数据核字（2024）第082892号

高校硕士研究生导学关系研究   张妍 吴慧芬 吴疆鄂 赵红艳
Gaoxiao Shuoshi Yanjiusheng Daoxue Guanxi Yanjiu   曹晓晨 郑敏晓 卢宝全 著

策划编辑：周晓方 张馨芳	
责任编辑：肖唐华	
封面设计：孙雅丽	
责任校对：张汇娟	
责任监印：周治超	
出版发行：华中科技大学出版社（中国•武汉）	电话：(027)81321913
武汉市东湖新技术开发区华工科技园	邮编：430223
录　排：孙雅丽	
印　刷：湖北金港彩印有限公司	
开　本：710mm×1000mm　1/16	
印　张：18.5　插页：2	
字　数：330千字	
版　次：2024年5月第1版第1次印刷	
定　价：98.00元	

本书若有印装质量问题，请向出版社营销中心调换
全国免费服务热线：400-6679-118　竭诚为您服务
版权所有　侵权必究

总　序

自2000年我们由高等教育研究所发展成为教育科学研究院以来，学院的专任教师队伍结构、学科专业布局以及学术产出与影响所涉及的范围，已经发生了明显的改变。但不能否认的是，我们现在仍以高等教育研究为主，将来仍然会延续以高等教育研究为主的发展格局。按照我们学校出版社有关同志的说法，我们的高等教育研究可以大有作为，也必须有所作为。正是在华中科技大学出版社的鼓励和支持下，才有了出版这套丛书的想法。

冠名"高等教育前沿探索丛书"，是综合考虑特定情况与目标的结果。所谓特定情况，就是我们并没有规定著作选题和承诺经费支持，故而没有办法按照某一主题和预期的作者人选策划系列密切相关的研究成果。所谓特定目标，就是我们将会坚持"前沿"标准，以开放和与时俱进的姿态，充分发挥我院教师的学术专长与兴趣，充分发挥编委会和出版社的把关定向作用，力争将我们学院最具前沿性与代表性的高等教育研究成果，以系列化的方式奉献给读者与学术同行。可以说，这是学院教师自觉自愿携手同行的可贵之举，学院在其中所发挥的作用较为有限。我们相信，学院其他研究领域的教师也将会以研究成果系列化为目标，陆续推出其他目标指向或研究主题的丛书。

以"前沿探索"来标注系列著作，是需要勇气的。好在我们学院有开拓创新、奋勇争先的传统，至少在高等教育研究领域，自20世纪80

年代以来，有关教师聚焦高校内部管理、理工科院校本科人才培养目标与文科发展、高校文化素质教育、世界一流大学与现代大学制度建设、院校研究与个性化教育、以学生为中心的本科教学改革、高等教育大众化与普及化等问题，展开了一系列卓有成效的前沿探索，为我们奠定了良好的基础与声誉。近年来，我们学院又有部分从事高等教育研究的教师，开始步入产出高质量研究成果的黄金期，并在逐步走向国内高等教育研究舞台的中央。特别是我们这些年来引进的"80后""90后"教师，他们学术视野开阔，理论功底扎实，研究方法娴熟，又能够吃苦耐劳，完全有可能成为"前沿探索"丛书的主力军。因此，我们有条件和信心，即便是完全依赖我们自己的研究力量，也可以推出一套高质量的"高等教育前沿探索丛书"。

更为有利的是，我们生活在一个高等教育加速发展且举足轻重的新时代。截至2021年9月，我国高等教育毛入学率接近55%，学生数达到4183万人，普通高等学校2756所。可以说，中国共产党领导的百年高等教育事业，有着从办起来、立起来、活起来、大起来到强起来的波澜壮阔的历程，走出了一条中国特色鲜明的高等教育发展道路。当今世界，面临百年未有之大变局，大国之间的博弈有赖于高等教育为经济社会发展提供的人才、技术与智力支持。当今中国，又开启了建设社会主义现代化强国和实现第二个百年奋斗目标的新征程，党和国家对高质量高等教育的期盼更为迫切。面对中国特色取向、总体规模庞大、结构体系复杂、时代使命艰巨和备受社会关切的中国高等教育事业，无疑会有较多重大与前沿问题值得深入研究。问题是最好的研究线索，需求是最好的研究资源，加上我们还有较好的研究平台，只要我们的教师尽心尽力，就会找到好的前沿研究选题，就会产出无愧于学术职业的前沿研究成果。

当然，"前沿探索"并不等于或不限于实际问题与社会需求导向的高等教育研究，对世界高等教育发展新理念、新举措与新趋势的分析，对未来高等教育发展新路径、新形态与新格局的展望，对新型高等教育组织机构、办学形式与体制机制的探讨等，均属于"前沿探索"范围。即便是对高等教育基本概念、重要命题及其相互关系的研究，对高等教育发展方式、体系架构与核心要素的研究，对高等教育主要职能、基本制度与政策法规的研究等，均有可能触及高等教育研究前沿。展开来讲，与其说"前沿"是一种判断标准，不如说是一种努力方向，或是一种能力要求。只要大家尽量往深处想，往远处看，往高处走，"前沿"就在我们脚下，就在我们的字里行间。

关于丛书编委会，有必要有所交代。我们学院已有几位教师的高等教育研究专著即将出版，并确实具有高等教育前沿探索的色彩。我们也是临时决定成立编委会，以利于更好地推进丛书出版工作。本着实事求是的原则，编委会由学院党政联席会成员和相关研究领域的全职在岗教授组成，并由我担任丛书主编，贾永堂与郭卉两位教授任丛书副主编。

因为要说明这套丛书的有关情况，也想谈谈我对如何界定高等教育前沿探索的基本想法，所以以"序"的名义写点东西，还是很有必要的。再次感谢华中科技大学出版社的大力支持，感谢学院教师的积极参与以及他们对我的信任与厚爱。相信我们将会产出更多更好的高等教育前沿探索成果，并将有力推动我国的高等教育学学科建设事业。

丛书主编：陈廷柱

2021 年 9 月 21 日

自 序
PREFACE

本研究采用质性与量化相结合的研究方法,从行为与认知神经层面探讨硕士研究生导学关系的建立、影响因素及其认知神经机制。研究结果主要有以下几点。

第一,在硕士研究生导学关系建立之初,硕士研究生基本经历了官网获取导师信息、邮件或当面沟通以及双选会正式确定师生关系等三个步骤。其中导师和专业类别对导学关系的建立没有影响,然而不同学力的学生对导学关系的建立有明显的差异。硕士研究生对导师信息存在偏好,且受入学方式、硕士生类别、专业类别和学生性别的影响。硕士研究生对导师期望具有一致性,但并不存在从众行为。学生在官网获得的信息中,最关注的是导师的研究方向、科研成果、教育背景和工作经历。此外,本研究还提出了双选制下导学关系可能存在的问题及可能的解决路径和方法。

第二,在导学关系的影响因素方面进行了探讨。首先,本研究采用近红外技术与扎根理论探讨了师生沟通对导学关系的影响,发现硕士研究生师生通过沟通易得性、沟通有效性与情感支持三个维度,对其导学关系产生影响;硕士研究生与导师的个体特征不直接影响导学关系,而是通过影响师生沟通来影响导学关系构建。明确了不同导学关系的硕士研究生在与导师沟通时的认知神经网络特点,为进一步探讨高质量导学关系的构建提供了实证研究基础。其次,采用ERP技术从压力、人格与情绪三个视角探讨了指导风格对导学关系的影响。其一,发现不同指导风格导师指导下研究生压力感知存在显著的差异。在"导师"作为启动词时,控制型的指导风格会使女生感受到较大的压力，这与一些女性容易受到外界环境干扰，容易受到各种因素影响有关。其二，发现不同指导风格导师姓名启动对研究生人格词汇认知的影响。例如，控制型指导风格下，不同性别的导师对与之同性别的研究生人格认知的影响情况相异；与控制型女导师相比，支持型女导师指导下的女生对人格词汇的加工更深，可能暗示女生更偏好支持型女导师。其三，不同指导风格导师的研究生对情绪面孔识别的神经机制有显著差异，指导风格对于研究生的情绪识别的脑机制有影响，控制型女导师对女生情绪的识别影响更大。

第三，在探讨导学关系的认知神经机制方面，首先，本研究探讨了导学关系中词汇加工的认知神经机制，发现相对于朋友与权威人物，导师条件下可以诱发更强的P2与更弱的N2，表明导师是个体较为熟悉的他人，能引发更多的注意资源。此外，本研究采用眼动与ERP相结合的技术探讨了高低抑郁倾向研究生对导学关系相关词汇的认知偏向及其神经机制，均发现高抑郁倾向研究生对导师姓名存在注意回避。同时，ERP结果还显示高抑郁倾向研究生对消极导学关系刺激存在注意偏向，并对积极导学关系词汇产生了认知冲突。其次，本研究从外显与内隐两个方面探讨了硕士研究生导学关系中合作行为的认知神经机制，发现高质量导学关系的研究生，尤其是男生，更倾向于选择与导师合作。这提示高质量导学关系的研究生更适合创建"合作"型导学关系，促进导师与学生合作共赢。

本研究对硕士研究生师生互选制提出了切实可行的建议，有利于构建健康、和谐、高质量的导学关系。本研究也是首次全面系统地探讨导学关系，为导学关系的相关研究提供客观的实验和科学的数据支撑，同时为教育神经科学的高速发展推波助澜。

张妍

2023年9月1日

目录 CONTENTS

◆ 绪论 　　　　　　　　　　　　　　　　　　　　　　　　1
　第一节　导学关系概述　　　　　　　　　　　　　　　　 2
　第二节　导学关系建立的理论依据与影响因素　　　　　　 6
　第三节　导学关系的研究现状　　　　　　　　　　　　　16

◆ 第一部分　导学关系的建立　　　　　　　　　　　　　　21
　第一章　导学关系的建立　　　　　　　　　　　　　　22
　　第一节　硕士研究生如何选择导师？　　　　　　　　　22
　　第二节　硕士研究生选择导师的影响因素　　　　　　　33
　　第三节　硕士研究生导师选择的信息偏好　　　　　　　42

　第二章　导学关系的特点　　　　　　　　　　　　　　55
　　第一节　硕士研究生导学关系的现状　　　　　　　　　55
　　第二节　硕士研究生师生双选制下导学关系的满意度　　65
　　第三节　硕士研究生导师选择过程中存在的问题与解决路径　77

◆ 第二部分　导学关系的影响因素　　　　　　　　　　　　87
　第三章　师生沟通对导学关系的影响　　　　　　　　　88
　　第一节　师生沟通对导学关系的影响：扎根理论　　　　88
　　第二节　师生沟通对导学关系的影响：潜在剖面分析　　110

第三节　师生沟通对导学关系的影响：近红外技术的证据　120

第四章　指导风格对导学关系的影响　135

第一节　指导风格对导学关系的影响：人格视角　135

第二节　指导风格对导学关系的影响：情绪视角　146

◇ 第三部分　导学关系的神经机制　163

第五章　导学关系认知的神经机制　164

第一节　导学关系词汇认知加工的神经机制　164

第二节　抑郁倾向影响导学关系词汇信息加工的神经机制　180

第六章　导学关系行为的神经机制　192

第一节　导学关系合作行为的神经机制：外显的证据　193

第二节　导学关系合作行为的神经机制：内隐的证据　213

◇ 结语　249

参考文献　256

致谢　287

绪论

自1978年我国高校恢复硕士研究生招生以来，每年研究生的报考人数和录取人数都呈增长趋势，教育部也一直在逐年扩大研究生招生总人数。根据中华人民共和国教育部报告的数据，2017年研究生报考人数首次突破200万，达到201万人；2018年研究生报考人数升至238万，与2017年相比增幅达18.4%。2019年研究生报考人数规模达到290万人，比2018年再增52万人，增幅升至21.8%。到2020年，研究生报考人数首次突破了三百万大关，达341万人。2021年全国硕士研究生报考人数为457万人，比2020年增加80万人。五年内报考人数翻了一番多，可以看出研究生招生规模持续增长是发展趋势。根据2022年3月1日教育部举办的新闻发布会，在学研究生达333.24万人，其中在学博士生50.95万人，在学硕士生282.29万人。由此可见，从数量上看，硕士研究生是一个数量庞大的群体。

从教学质量上看，硕士研究生教育作为我国高等教育的重要组成部分，是培养高层次专业人才的主要途径[①]。硕士研究生教育在中国高等教育体系中肩负着承上启下的重任，不仅吸纳了优秀的本科生源，而且提供了博士生教育后备军[②]。在研究生培养机制中，导学关系是最关键的部分，它对硕士研究生的培养质量具有直接的影响。国家也高度重视导师对硕士研究生的影响，2020年9月教育部、国家发展改革委、财政部发布的《关于加快新时代研究生教育改革发展的意见》中提出要发挥导师言传身教的作用，研究生导师要做研究生成长成才的引路人，同时文件还提出要强化导师岗位管理，全面落实导师育人职责等。

师生互选机制是目前我国高校普遍采用的招生模式和培养模式，是导学关系建立的重要开端。当前研究者对硕士研究生导学关系中如何选择导师的心理

[①] 桑冬鸣.研究生导师选择和确定工作的探索[J].教育现代化，2019，6（78）：107-108.
[②] 杨雨萌，张飞龙.建国以来硕士研究生招生制度回溯与展望[J].北京航空航天大学学报（社会科学版），2020，33（01）：152-160.

机制的探究极少，多数研究围绕研究生的满意度、互选机制的改革、理想导师、导师胜任力等主题来展开，缺乏对研究生选择导师时心理规律和行为规律的探究。导学关系建立之初，硕士研究生选择导师的行为模式一直处于被忽略的地位，近几年来由于导学关系的异化而引起社会大众和国家政府的重视。目前大部分研究都建立在理论推导的基础之上，缺乏客观的实验和科学的数据支撑。硕士研究生对导师的选择将直接影响整个研究生生涯的生活甚至间接影响他们未来的人生规划和职业规划。本研究拟采用质性与量化相结合的研究方法，深入探究导学关系如何建立、影响导学关系的因素以及导学关系的认知神经机制等问题，并据此针对硕士研究生师生互选制提出切实可行的建议，从而有利于构建健康、和谐、互助互促的导学关系。

第一节　导学关系概述

一、导学关系的内涵与界定

探寻导学关系的本质，必然难以跨过对其内涵特点的明确界定，这是导学关系性质和意义理解的前提。梳理以往文献发现，由于学科背景与关注点的差异，不同学者对导学关系内涵特点的界定的角度与侧重点略有不同。

在英文中 mentor、advisor、supervisor 均有导师之意，但其指代的含义与使用范畴大不相同。supervisor 常有监督督促之意，并不一定指导科研学术的进程，例如论文指导老师；而 mentor 是指引导或带领学生完成项目的人，可能是导师、项目负责人，也可能是师兄师姐甚至科研助理；汉语表达中的研究生导师，是指对研究生有直接指导与监督的义务并在校内有监护职责的导师，通常使用 advisor 表达，即 advisor 往往身负的责任与要求更多、标准也更高[①]。同时，有些学校设有学生服务导师（student services advisor）、学生活动导师（student activities advisor）、国际学生导师（international student advisor）等，此处的 advisor 则多有顾问的含义。

美国教育家唐纳德·肯尼迪提出，随着学生学习年级的升高，学生学习的场所也逐渐从公共场合转变为实验室、办公室等更为私人化的空间，师生相处

[①] Titus S L, Ballou J M. Faculty members' perceptions of advising versus mentoring: Does the name matter? [J]. Science and Engineering Ethics, 2013, 19: 1267-1281.

与学习也随之从公共教学转为独立针对性强的个人指导。唐纳德表示，此时导师对学生学业与科研工作承担着主要指导责任，研究生与其导师之间形成一对一的指导者与学习者的关系①。有的学者则认为导学关系除了知识的传授和技能的培训，还包括感染力和激发学习的兴趣②。同样是美国知名教育家，伯顿·克拉克对导师与研究生关系研究的关注点更侧重于师生地位，他认为当研究生有明确的科研问题与目标，并自主研究追寻答案时，就已经走在科研工作者的道路上了，即与其导师更多的是科研合作的同事关系③。詹姆斯·J.杜德斯达与伯顿·克拉克的观点有相似之处，他认为研究生和其导师的关系"既影响深远但又非常脆弱"，在研究生阶段，导师与学生已经由本科学习阶段的基础师生关系转变为协作者与同事结合的特殊同辈关系④。

梳理国内的研究发现，学界对导学关系内涵的界定，基本可追溯到2003年学者林连伟和吴克象提出的概念定义，即导学关系在本质上是一种教学关系，导师通过指导研究生完成课程学业任务、进行科学探究、撰写科研论文，教导学生求学、科研与做人。⑤王海林等人赞同将"教与学"看作导师与研究生关系的核心。⑥学者姚远等在其基础上提出，导师并不仅仅是按照规定的要求完成教学任务，而且是学生一生的"引路人"，为学生的当下和未来"传道、授业、解惑"⑦。

然而，近年来研究生招生规模逐年扩大，培养类型也依据现实需求细分为学术型硕士、专业型硕士以及非全日制硕士，兼之社会对创新人才的强烈需求，使得大众对研究生教育质量频频关注，也对高校导学关系产生了新的要求。部分学者认为导师与研究生之间更多表现为互利共赢的科研合作者关系⑧。涂艳国等学者从文化视角出发，认为导学关系的核心是师生文化共同体，共同的价值

---

① 唐纳德·肯尼迪.学术责任[M].2版.阎凤桥，译.北京：新华出版社，2002.
② Lee A, Dennis C, Campbell P. Nature's guide for mentors [J]. Nature, 2007, 447 (7146): 791-797.
③ 伯顿·克拉克.探究的场所：现代大学的科研和研究生教育[M].王承绪，译.杭州：浙江教育出版社，2010.
④ 詹姆斯·J.杜德斯达.21世纪的大学[M].刘彤，译.北京：北京大学出版社，2005.
⑤ 林伟连，吴克象.研究生教育中师生关系建设要突出"导学关系"[J].学位与研究生教育，2003 (05)：26-28.
⑥ 王海林，卢小慧.导师与研究生导学关系文献研究综述[J].扬州大学学报（高教研究版），2014, 18 (06)：60-63.
⑦ 姚远，杨蒙蒙.朝向他在性：研究生导学关系反思与重构[J].黑龙江高教研究，2019 (06)：106-109.
⑧ 洪恩强，胡天佑.合作伙伴：导师与研究生关系的传统超越[J].当代教育科学，2011, 306 (03)：15-18.

观是塑造强烈归属与认同感的基础，而归属与认同感则保障导师与学生更好地在学术探究的道路上携手并进①。不过，也有学者指出一些导师并没有将导生合作建立在平等与互惠的基础上，而是放大导师权威，合理化"雇佣"研究生作为廉价劳动力。例如，陈恒敏表示，在现实层面的科研合作中，一些导学关系已异化为"雇佣关系"，其中有的研究生甚至在形式与实质层面上均与"上班族"无异。当下常有研究生，尤其在理工科专业，对外使用"老板"代指自己的导师，也揭示了硕士生对于雇佣实质的心理认同②。

还有一部分学者认为，当下导学关系并不能单纯从要素、定位或实质等单维度视角界定其内涵，而是应该将复杂的现实环境与实际演变纳入其中，以"关系复合体"衡量导学关系的扩展与深化。程基伟教授提出，导学关系的建立立足于导师指导和研究生学习的交往互动之中，但其内涵远不止基础的"导学"，还囊括中国传统文化特有的师生伦理道德关系，认知、情感与人格特质交互影响的心理关系等。③牟晖等心理学领域的学者表示，导学关系是以导师与学生的认知和情感交互为核心，在双方相处过程中相互影响功能沟通塑造的心理连接。④王燕华则认为导学关系的建立基石是两者之间的学术逻辑，但在现实层面却涵盖了行政管理、学识教导、品德塑造以及精神传递等⑤。学者刘志指出，导学关系的稳定建立过程是基于导师与研究生的良性互动，而相互作用的重心依然围绕着导师⑥。

为达到本研究的目的，同时为保证学术性，提高可操作性，考虑到研究对象的特征，本研究以师生关系概念为基础，借鉴前人的概念描述，对导学关系定义如下：在研究生教育阶段，研究生与其直接导师（不包含校外导师等）之间的交流交往状态，这种交流交往以学术指导、科学研究等活动为主要基础，具体内容包括双方互动过程中的角色定位、所处位置和行为举动。

---

① 涂艳国，吴河江.自由教育视野下研究生教育的导学关系重构——基于人文学科领域的思考[J].研究生教育研究，2018（04）：23-27+34.

② 陈恒敏.导师、研究生关系的内在属性冲突及其超越——兼论一元主义雇佣关系的建构[J].江苏高教，2018（01）：69-72.

③ 程基伟.构建和谐导学关系，促进博士生全面发展[J].北京教育（德育），2013（11）：29-32.

④ 牟晖，武立勋，徐淑贤.和谐视域下研究生导学关系构建浅析[J].思想教育研究，2014（05）：72-74.

⑤ 王燕华.从工具理性走向交往理性——研究生"导学关系"探析[J].研究生教育研究，2018（01）：60-66.

⑥ 刘志.研究生教育中和谐导生关系何以可能?[J]学位与研究生教育，2018，11（10），20-25.

二、导学关系与师生关系的区别

通过上述导学关系概述,可以明确师生关系是一个复杂的整体,由多重关系而组织形成。导学关系与师生关系存在很多的相同之处,主要因为二者都是围绕着师与生而开展推进的关系体系。张英彦在《教育学》中指出导师与研究生的关系本质是师生关系,一方面,教师和学生在教育过程中彼此所处的地位构成师生之间的角色地位;另一方面,教师和学生在教育活动中的交往构成师生间的心理关系[1]。根据张英彦的研究,可以得出关于研究生与导师的关系属于师生关系的结论。据此而言,导学关系含有师生关系的诸多典型特点,如师生之间的教与学、德智体等教育活动以及互动交流等。

导学关系是师生关系的一种,但是又有别于普通的师生关系,而是以师生关系为基础的特殊形式,众多学者对导学关系作了具体概念的界定。首先,他们肯定导学关系是一种教学关系,这种教学关系的背景是导师指导,具体环节包括课程学习、参与课题研究、完成实验设计、撰写学位论文等,在这个过程中研究生要学做学问、学做人。其次,他们认为导学关系的交往目的是复杂的,不仅包括"释疑解惑、传道授业"的教书,也包括"学高为师、身正为范"的育人[2]。最后,他们认为导学关系更具有交往性,导学关系的内涵一方面包括导师与学生交往过程中的指导特征,另一方面也包括导师与学生互动的内容、形式及结果[3]。综上,由于导学关系特殊的对象、时空、背景等因素,笔者总结了导学关系与师生关系的差异有如下三点。

第一,主体更加聚焦于导师与研究生群体。师生关系的对象是广泛的教师与学生,而导学关系更加聚焦于研究生层次,针对的是具有科研压力、科研能力、科研资源、科研需求的导师和研究生,导师的工作主要是科研与教学,研究生的学业以科研与学习为主,这样的群体有别于一般的教师与学生。

第二,目的略有不同,重点是学术发展、科研工作等。师生关系的交往,目的通常为课程知识的传授,相较于师生关系,导学关系的目标更加具体。导学关系产生的背景是研究生教育,联系的双方是导师与研究生,研究生教育的目的除了专业知识的传授之外,更加注重的是对国家后备科研人才的培养,其

---

[1] 张英彦.教育学[M].合肥:安徽工业大学出版社,2006:127.
[2] 刘宁,张彦通.建设和谐导生关系的思考——基于近年来导生关系研究文献的分析[J].北京航空航天大学学报(社会科学版),2012,25(02):113-115..
[3] 林伟连,吴克象.研究生教育中师生关系建设要突出"导学关系"[J].学位与研究生教育,2003(05):26-28.

教学目标不仅仅是课堂知识的传授，更在于学术素养的培养、科研能力的提高等。

第三，交往状态发生了改变，转变为更具互动性、更深层次的交往。虽然导学关系和师生关系都是为了完成特定教育目标而进行的双向交往关系，教师指导学生学习，为学生的发展提供相应的帮助，教导与求学交织，离开教导就不存在学习，教导与求学是彼此的必要条件，缺一不可。但是，广义的师生关系往往指的是一位教师与班级学生的关系，是一对多的状态，且交往的时间跨度由课程教学时间决定，一般是一学期或者一学年。导学关系通常意指一位导师与其所指导的研究生（包括硕士生与博士生）的关系，虽然也是一对多的状态，但是研究生的数量一般比班级学生的数量少，相处的时间也较长，一般是整个研究生求学生涯。

第二节 导学关系建立的理论依据与影响因素

一、理论依据

（一）动机理论

通常认为动机是以满足某种需要的一种内部心理状态，使个体活动朝向某一目标，并促使该活动的持续进行。动机理论最具代表性的就是德西（Deci）提出的认知评价理论，又被称为自我决定理论。该理论从内部出发，强调个人对外部事件的掌控感、主动性与兴趣，认为自我在动机过程中的重要作用[1]。从内部动机出发的个体，会感受到外部事件给自己带来的乐趣。如果自我激发了内部动机，会对事件产生兴趣、充满好奇心，主动去学习了解外部事件，遇到挑战性事情发生时，也会以饱满的情绪状态去迎接。德西和莱恩（Ryan）指出，当领导者提供合适的工作环境时，会激发自我的内部动机，改变个体的内部心理状态，由此带来一系列的积极作用。[2]学生自我的内部动机对学习成就的影响大，而性别与家庭等因素对学习成绩所起的作用小，内部动机与学习成就是正

---

[1] Deci E L. Intrinsic motivation [M]. New York: Plenum, 1975.
[2] Ryan R M, Deci E L. Intrinsic and extrinsic motivations: classic definitions and new directions [J]. Contemporary Educational Psychology, 2000, 25 (1): 54-67.

比关系。①②当内部动机激发时,外部动机将转变为消极作用。德西的自我决定理论同时指出,过度的外部奖励会破坏个体的内部动机,形成著名的"德西效应"。适度的外部奖励有助于巩固内部动机,而当外部奖励过多,反而在一定程度削弱个体的自主性,降低其对事物原本的兴趣,削弱内部动机。德西强调学生的学习不能总是依靠学生的内部动机,不能总是依靠学生的兴趣,在一定的条件下,也要提供适度的外度奖励,以帮助学生学习。

(二) 社会交换理论

20世纪60年代,美国的社会学家提出了社会交换理论,代表人物有霍曼斯、布劳等。脱胎于经济学与社会学领域的社会交换理论,强调酬劳与付出,并且以最少的支出得到尽量大的收获。布劳认为社会交换富含互惠性质,人类的一切行为都应当有回报。回报分为内在性酬赏和外在性酬赏,内在性酬赏如乐趣、爱、社会赞同等,外在性酬赏包括金钱、商品、帮助等。在对研究生心目中理想导师的调查中,研究生希望导师满足较高的科研水平与知名度、提供较好的科研条件与责任心等几个标准③,而与之对应的学生在遇到好的导师会付出更高的专注与努力。现在的研究生入学的动机更多是为就业,而不是为科研,当目的不一致时,形成交换的酬赏更加明显。有些师生关系表现出冷漠化、利益化等问题④,根本原因在于导学关系中"老板制"的形成。在学校里,师生关系演变成公司里的雇佣关系,研究发现,这种现象多出现在理工科为主的导师群体中。教师变成了"老板",学生变成了劳动力。⑤学生读书变成了通过自己的脑力与体力劳动的付出交换老师的赞同与毕业证书,老师为了自己的科研任务将学生当成廉价的劳动力来使用,验证了该理论。

(三) 心理契约理论

美国法学家麦克尼尔认为规划将来交易过程中当事人之间的各种关系的总和就是契约。"契约"是两个自愿的主体作为交易双方在自愿的基础上订立的协

---

① 吴培娟.中职生学习动机、学业成就与学习主观幸福感的关系研究[J].广东教育,2020(2):64-66.
② 郭衍,曹一鸣.学习动机对学习效果影响的深度解析——基于大规模学生调查的实证研究[J].教育科学研究,2019(3):62-67.
③ 王俐,邱曙东,仇国芳,等.研究生心目中理想导师的标准[J].中国高教研究,2005(02):36-38.
④ 何作井,李林,周震.论研究生教育中师生关系的异化与重构[J].外国教育研究,2007(06):40-43.
⑤ 方华梁,李忠云.导师与研究生之间的和谐关系探析[J].当代教育论坛,2009(03):28-29.

议①，契约是各方基于平等基础上建立的一种权利义务关系②。张爱秀认为导师和学生之间是一个紧密联系的集合体，各权益主体的权、责、利存在一定程度的失衡和失控，必须通过契约的订立来保障双方的权益。师生之间的交易活动就是契约选择的结果，师生之间的契约包括显性契约、默认契约和预期契约。师生之间的显性契约主要以知识生产和知识传播为目标；默认契约指没有以书面形式明确表达或展现在双方面前，但是双方却行为上自觉执行③，比如在市场竞争的推动下，师生双方以占有更多资源为目的的契约；预期契约指教师和学生双方对相互责任、权利和义务的主观预期。学者郑文力将默认契约和预期契约归为"心理契约"，师生心理契约就是在"导师-研究生"的学术共同体中，双方在交往的过程中通过长期的各种心理暗示而非显性的意思表达，使双方相互感知并认可各自的内心需求与期望，进而形成隐性的权利和义务承诺关系，这是一种在师生内心达成的无形契约，将师生对彼此期望内化为各自责任，对师生间的关系发展起着重要作用。④学者王璐构建了一幅心理契约的研究框架。从框架图可以看到，师生双方都会对对方产生期望和承诺，双方都会对自己应尽的责任和对方应尽的责任产生期望，当双方感知到对方的期望，并且对方也达到自己的期望时，双方就签订了心理契约。⑤研究生责任和导师责任是相互影响的，当一方的行为没有尽到应尽的责任或者与心理契约不符时，另一方的行为也会发生相应的改变。

（四）人本主义教育理论

人本主义教育理论兴起于20世纪五六十年代，代表人物是马斯洛和罗杰斯。以人性为本位和自我实现是人本主义教育理论的核心，寻求怎么实现"完整的人"的发展是其价值取向。教育的本质意义是发展学生的个性，充分发挥其潜质。关注个体必须考虑个体发展差异，因此，人本主义教育理论非常重视学生的个体差异和个人价值观。由于人们在理解水平、兴趣、学习方法和习惯等方面的不同，学生之间有着明显的差别。

---

① 曹淑江.教育中的交易、契约选择和学校组织的契约性质[J].教育科学，2004（03）：8-11.
② 杨红.硕士研究生个性培养目标中师生沟通的信息不对称问题——基于隐性契约视角[J].大众文艺，2020（09）：245-246.
③ 张爱秀.研究生和导师关系研究：交易和契约[J].学位与研究生教育，2006（10）：64-68.
④ 郑文力，张翠.基于心理契约视角的"导师-研究生"关系构建研究[J].研究生教育研究，2019（05）：16-20.
⑤ 王璐，褚福磊.新时代研究生导学关系异化的成因与现实出路——以心理契约为视角[J].内蒙古社会科学，2018，39（6）：5.

我国教育中所倡导的"以人为本"科学发展观，就是基于人本主义教育理论，保持人在教育中的主体性，确立教育在社会生活中的主体地位，对我国教育未来发展与变革起到引领作用。"以人为本"的教育观，主要包括尊重学生的主体性、创造性、独特性，实现全面可持续发展。选用该理论主要是因为本研究主题中导师与硕士研究生作为导学关系的两个主体，应始终保持各自的主体性，与人本主义教育理论所倡导的"以人为本"的核心观念有着极强的关联性。当前导学关系存在着学生的主体意识淡薄、导师指导与学生需求不匹配等问题，该理论重视维护学生的尊严、自信和情感，关注学生发展、创造能力等。在此理论的指导下，提出构建良好的导学关系对策，对于研究生来说，要增强积极主动交往能力，在日常的学习和科研中，积极主动地学会学习，学会思考；对导师来说，要增强对学生的指导。无论是作为导师还是学生，都要明确自身的职责和使命。

（五）顾客满意度理论

1965年，美国学者Cardozo第一次提出了顾客满意度理论，将其引进市场营销领域，定义为如果企业能使顾客满意，那么顾客会增加重复对该已经选择的商品的购买。[1]它是顾客对企业产品服务质量的重要评价依据，是一种量化表达，是顾客承认的产品和服务的现实体验与其期望值程度的比较。既体现了顾客满意的程度，也反映企业提供的产品或服务满足顾客需求的效果。

顾客满意度指顾客在消费相应的产品或服务之后，所产生的满足状态等级，是一种心理状态也是一种自我体验，对这种心理状态也要进行界定，否则就无法对顾客满意度进行评价。随着社会的进步，顾客满意度的相关理论被广泛应用。学生满意度的概念正是源自顾客满意度，已经成为当前学生满意度研究的重要理论基础。在研究生教育中，导学关系越来越受到社会各界的关注，本书在该理论的指导下，把硕士研究生当作导师的顾客，研究研究生与导师交往过程中对导师的满意程度。设计了硕士研究生的导学关系满意度问卷，研究生学业与身心状况和研究生对导师的满意度两个维度都采用了顾客满意度的五级度量表，其中研究生学业与身心状况包括对本专业的学习兴趣、学习态度、学习状态、体育锻炼情况、睡眠状况五个方面，对导师的满意度从导师的师德人品、学术水平、科研能力、指导能力、教学态度五个方面展开评价，根据调查数据，分析当前导学关系的现状及硕士研究生对导学关系的满意程度。

---

[1] Cardozo R N. An experimental study of consumer effort, expectation, and satisfaction [J]. Journal of Marketing Research, 1965, 3 (2): 244-249.

二、导学关系的影响因素

(一) 性别

榜样假说(the role model hypothesis)认为,年轻一代的兴趣主要受到与自己某些方面相似的人的影响(如性别、种族),即他们想要成为什么样的人,主要是因为他们崇拜与自己有相似特点的人并且想要向他们趋近[①]。研究普遍认为同性别的导师会成为研究生的性别角色榜样,对研究生起激励作用,这种积极影响被称为性别匹配效应。这种性别匹配效应似乎在女学生中更为明显。比如龚洁等人的研究发现,相比于男学生,女教师可以提高女学生的考试成绩,并改善她们的精神状态和社会适应能力。[②]Paredes也发现,与教师的性别一致性匹配使女学生受益,而对男学生没有负面影响。[③]女学生在匹配女导师后会拥有更亲密的导学关系[④]、更低的留级率与更高的平均成绩[⑤],并在毕业后有更强烈的从事科学研究的倾向[⑥]。这可能是因为女学生与女导师的社交距离更短,使得她们的交流更有效地帮助女学生融入学术和社会环境。同时,女学生可能会认为男导师持有消极的性别刻板印象,这种认知会导致焦虑,从而阻碍有效的师生互动。当一名女学生与一名女导师匹配时,她可以摆脱这种"刻板印象威胁"[⑦]。并且,女导师向女学生提供积极反馈,改变其对女性性别的刻板印象,增加她们的学习动力。

但是也有不少研究得到不一致的结论,比如Ellis等的研究表明,性别一致

[①] Chen C, Sonnert G, Sadler P M. The effect of first high school science teacher's gender and gender matching on students' science identity in college [J]. Science Education, 2019, 104 (1): 75-99.

[②] Gong J, Lu Y, Song H. The effect of teacher gender on students' academic and noncognitive outcomes [J]. Journal of Labor Economics, 2018, 36 (3),: 743-778.

[③] Paredes V. A teacher like me or a student like me? Role model versus teacher bias effect [J]. Economics of Education Review, 2014, 39: 38-49.

[④] Spilt J L, Koomen H M, Jak S. Are boys better off with male and girls with female teachers? A multilevel investigation of measurement invariance and gender match in teacher-student relationship quality [J]. Journal of School Psychology, 2012, 50 (3): 363-378.

[⑤] Kato T, Song Y. Advising, gender, and performance: Evidence from a university with exogenous adviser-student gender match [J]. Economic Inquiry, 2022, 60 (1): 121-141.

[⑥] Gaule P, Piacentini M. An advisor like me? Advisor gender and post-graduate careers in science [J]. Research Policy, 2018, 47 (4): 805-813.

[⑦] Dee T S. Teachers and the gender gaps in student achievement [J]. Journal of Human Resources, 2007, 42 (3): 528-554.

性匹配对男性学生留级率与毕业率有积极影响，而对女性学生没有影响[①]；Byars-Winston等人认为性别一致性匹配对研究生的学术表现没有影响[②]；Ugrin等人发现与导师性别差异性匹配的研究生拥有更好的学术表现，发表更多论文等[③]。

（二）价值观

由P-O匹配理论可知，高水平的个人-组织匹配度对个人和组织都有积极影响。导师和研究生在价值观方面的契合度对研究生情感承诺的形成有积极的推动作用，不仅提高研究生的舒适感，还能增强研究生的学生角色外积极行为。当个人与组织之间高度契合的时候，组织成员更易于表现出对组织有益的主动性行为[④]，其中的重要机制是组织成员的内在动机被激发。根据自我一致性理论，当个体意识到自己的行为是重要而且必要时，个体就会自动采用与自我价值一致的行为，哪怕这种行为可能伴随一定的风险。该理论说明，由价值观产生的潜意识主宰着人的行为，促使人的行为与自我价值保持一致。这就是价值观认知在内隐地影响着人的行为。

此外，在管理学中，组织通过对员工内部人身份认知的培养，鼓励员工为促进组织和自身的成长做出努力。内部人身份认知能反映研究生在导学关系中的归属感。由诱引-贡献理论可知，组织制度、组织的管理行为及为员工提供的报酬直接影响员工对组织的忠诚度、对组织的承诺及员工的组织公民行为，最终影响员工对组织的贡献度。这对于导学关系同样适用。[⑤]一方面，当导师通过价值观深刻影响了研究生的自我一致性感知后，研究生对导师的归属感也会提高；另一方面，当研究生意识到自我价值与导师在价值观上有分歧时，就会意识到在相关信念、目标上与导师均存在不一致性，从而产生焦虑和压力。依据

---

① Ellis J R, Gershenson S. Gender, peer advising, and college success [J]. Labour Economics, 2020, 62：101775.

② Byars-Winston A M, Branchaw J, Pfund C, et al. Culturally diverse undergraduate researchers' academic outcomes and perceptions of their research mentoring relationships [J]. International Journal of Science Education, 2015, 37 (15)：2533-2554.

③ Ugrin J C, Odom M D, Pearson J M. Exploring the importance of mentoring for new scholars：A social exchange perspective [J]. Journal of Information Systems Education, 2008, 19 (3)：343-350.

④ Clary E G, Snyder M. The motivations to volunteer [J]. Current Directions in Psychological Science, 1999, 8 (5)：156-159.

⑤ 叶晓倩，王泽群，李玲.组织职业生涯管理、内部人身份认知与回任知识转移——个体-组织一致性匹配的调节效应 [J].南开管理评论, 2020 (04)：154-165.

自我一致性理论，一致性的缺失将会给他们造成相应的紧张感，以此驱使他们不断努力消除这种紧张从而实现新的平衡。

（三）认知风格

认知风格通常被界定为个体组织和处理信息的偏好方式。认知风格通常被分为两种类型，即直觉型（intuitive）认知风格和分析型（analytic）认知风格。具有直觉型认知风格的个体往往不拘泥于规则和标准的束缚，倾向于追寻独特的想法；具有分析型认知风格的个体则更容易受到规则的束缚，一般倾向于在规则范围内运用已有知识完成任务和解决问题。已有研究成果表明，相对于分析型认知风格的个体而言，直觉型认知风格的个体更具创造力，也拥有更高的创新绩效。导师与研究生的认知风格匹配可能出现两种情形：一致性匹配与差异性匹配。一致性匹配包括导师直觉型认知风格-研究生直觉型认知风格、导师分析型认知风格-研究生分析型认知风格；差异性匹配包括导师直觉型认知风格-研究生分析型认知风格、导师分析型认知风格-研究生直觉型认知风格。在一项管理学研究中人们发现，一致性匹配有利于创造力及绩效的提升，其中双直觉型的匹配正面影响更强；而差异性匹配会减弱创造力与绩效，领导分析型-员工直觉型的匹配负面影响更强[1]，这在导学关系中同样适用。有研究表明，师生之间认知风格一致性对隐性知识转移效果有显著的正向预测作用，即师生之间认知风格越一致，学生对知识的理解与应用越高[2]，隐性知识转移的效果越好[3]。这可能是因为在一致性匹配时，导师与研究生有相似的行为偏好与角色预期，导师行为方式更好地符合研究生的认知喜好，两者发展出较高水平的互惠关系，激发研究生的内在动机，有利于提升研究生学习能力，增强对导师反馈的接受程度，进而影响学术表现[4]。而差异性匹配时，导师与研究生有不同的行为偏好与角色预期，这种差异使得个体处于一种不确定的环境中，进而消耗大量个体

---

[1] 张兰霞，张靓婷，朱坦.领导-员工认知风格匹配对员工创造力与创新绩效的影响[J].南开管理评论，2019（02）：165-175.

[2] Lin C W, Kao M C, Chang K I. Is more similar, better? Interacting effect of the cognitive-style congruency and tacitness of knowledge on knowledge transfer in the mentor-protégé dyad [J]. Asian Journal of Social Psychology, 2010, 13 (4)：286-292.

[3] 张娟.制造业中师徒认知风格一致性对隐性知识转移效果的影响[D].上海：上海师范大学，2016.

[4] Bezuijen X M, Van Dam K, Van den Berg P T, et al. How leaders stimulate employee learning: A leader-member exchange approach [J]. Journal of Occupational and Organizational Psychology, 2010, 83 (3)：673-693.

资源以适应环境[1],因此研究生会减少用于学习的时间精力,削弱内在动机,进而阻碍研究生的发展。一项员工与团队认知风格匹配的研究也发现,认知风格一致使得成员相互吸引配合,展现更多的组织公民行为[2]。

(四)人格特质

导师与研究生的人格常常影响师生交往过程,例如具有权力型人格的导师倾向于监督控制学生;具有外向型性格的导师倾向于主动指导学生;个性心理较为极端和偏执的导师更有可能在指导中出现失范行为;如果所指导的学生在个性上与导师不能匹配就更有可能导致负面事件发生[3];若人格类型相同,则学生能拥有更高的学术成就。早期研究较多探讨师生一致性匹配对学业的影响,普遍认为与导师具有相同个性的研究生,更容易理解其教学内容,欣赏某一特定内容的教学方式,因而提高学生收获感[4]、满意度[5],减少对主题和课堂行为的挫折感、不满感和冷漠感。Smail等使用迈尔斯-布里格斯类型指标(MBTI)测试某经济学课程的师生人格类型,并比对人格类型与教师是否匹配以考察学生表现的差异,发现与教师人格类型相匹配的学生在课堂上的表现明显优于与教师人格类型不匹配的学生,但人格类型的不匹配不会影响学习的有效性或随后的学习经验[6]。但也有部分研究发现人格一致性匹配并不能带来更好的学习效果,Örtenblad等人使用人格类型测验对欧洲某商学院的260名商科本科生和27名教师施测后发现,人格匹配并未带来更好的成绩。[7]因此,人格一致性匹配的积极效果有待进一步验证。石甜与杨保华通过构建师生匹配优势结构模型,分

---

[1] Matta F K, Scott B A, Koopman J, et al. Does seeing "eye to eye" affect work engagement and organizational citizenship behavior? A role theory perspective on LMX agreement [J]. Academy of Management Journal, 2015, 58 (6): 1686-1708.

[2] 綦萌,宋萌.员工-团队认知方式一致性对员工组织公民行为的影响——情绪智力的调节作用[J].商业研究,2018 (12):125-132.

[3] 刘桔,杨琴,周永务,等.面向师生感知满意度的双边匹配决策模型[J].运筹与管理,2020,29 (3):16-26.

[4] Beck C R. Matching teaching strategies to learning style preferences [J]. The Teacher Educator, 2001, 37 (1): 1-15.

[5] Wolk C, Nikolai L A. Personality types of accounting students and faculty: Comparisons and implications [J]. Journal of Accounting Education, 1997, 15 (1): 1-17.

[6] Smail L, Jafar R. The relationship between students' personality types and their success [J]. Scientific Journals International, 2007, 1 (2): 1-12.

[7] Örtenblad A R, Koris R, Pihlak Ü. Does it matter who teaches you? A study on the relevance of matching students' and teachers' personalities [J]. The International Journal of Management Education, 2017, 15 (3): 520-527.

别计算出对不同类型导师的理想匹配结构,并利用专家和自我评价综合得到学生的理想匹配结构。①

(五)指导风格

指导风格的概念来自管理学的领导风格,Deci等②的研究在理论上率先提出了支持型与控制型两种领导风格。支持型的领导通常关注个体的需求与表达,注重个体的实际体验,关注个体的内心想法与内心感受,在行事作风上,鼓励员工在工作时勇敢表达自己的看法与需求;与之相反的是,控制型的领导在初始上就是以任务为导向,在处事风格与处事方式上都较为生硬,更加关注工作绩效与实际成果等明面上的硬性指标。但是,无论是支持型的领导风格还是控制型的领导风格以及相关其他方面,管理学领域已经有很多研究,而相应地在教育学与心理学界则研究较少,还值得更深入的研究。

导师是研究生在学习期间接触最多和影响最大的人之一,不仅影响学生的学习、生活,而且对学生提供心理支持。导师与研究生共同构成的导学关系是研究生最重要的人际关系之一。研究表明,导师的指导风格对学生的学术成就、师生关系,学生自我效能感、自尊、创造力等具有不同影响。③如有学者研究发现,导师的支持行为能改善学生心理素质,提高学生学习成绩④,而控制行为会抑制学生个体发展⑤。有学者研究指出,导师仁慈型和德行型指导风格对研究生创新行为具有正向预测作用,而威权型指导风格对研究生创新行为具有负向预测作用,也有学者认为应考虑多种指导风格的联合作用⑥。

随着指导风格在导学关系领域中的研究不断增加,导师指导风格与不同学生的匹配对指导效果的影响逐渐得到重视。例如研究生的主动性与导师指导风格的匹配——主动性高的学生能够更好地与支持型导师匹配,并且能够抵御控

---

① 石甜,杨保华.基于个性优势结构识别的物流师生匹配决策问题[J].物流技术,2021(08):130-134+142.

② Deci E L, Ryan R M. The support of autonomy and the control of behavior [J]. Journal of Personality and Social Psychology, 1987, 53 (6): 1024-1037.

③ 杜嫱.导师指导与博士生专业素养的发展:自主性的调节作用[J].研究生教育研究,2019(03):36-43.

④ 陈旭,张大均,程刚,等.教师支持与心理素质对中学生学业成绩的影响[J].心理发展与教育,2018(06):707-714.

⑤ Deci E L, Ryan R M. Self-determination theory: A macrotheory of human motivation, development, and health [J]. Canadian Psychology / Psychologie canadienne, 2008, 49 (3): 182-185.

⑥ Heath T. A quantitative analysis of PhD students' views of supervision [J]. Higher Education Research & Development, 2002, 21 (1): 41-53.

制型导师带来的消极影响。具体而言,控制型指导风格强调导师的控制与监督,但高个人主动性的学生习惯于自我设置目标,主动地解决难题,积极改变周围环境,总是比导师要求的做得更多,因此,对具有高个人主动性的学生,导师控制型指导风格对其创新行为的负向影响有限。此外,支持型导师会给予学生充分的创造空间和信任,鼓励其说出自己的创新想法,有助于学生创新灵感的产生。同时,面对导师"仁德并济"的形象,高个人主动性的学生更敢于冒险,勇于尝试,能够有效利用导师提供的资源与帮助,积极投入科研创新之中,进一步促进其创新行为的发展。[①]而对于主动性较低的研究生,控制型指导风格的导师则更为合适——这类研究生需要导师制定严格的学习计划和科研训练方案,增加知识积累和储备,以促进其创新能力的提升。[②]研究生的学习投入及导师的指导风格匹配与研究生的能力发展密切相关。彭湃与胡静雯的研究发现,控制型指导风格导师展现出工作进度控制和工作范围控制,与学习投入中情感态度投入较低的学生较为匹配,对其能力增长积极影响较大。[③]

(六)学术志趣

志趣是指对具有价值的理想做出承诺,是一种结合了兴趣的志向,体现了个人价值与社会价值的结合。刘博涵等人将学术志趣界定为对学术价值认同、具有科研兴趣并倾向于从事学术工作[④],具体体现在求学动机、学术兴趣、学术抱负、学术理想、学术情怀、职业期望、职业选择等诸多方面[⑤],是学生潜心学术、琢磨学问的动力之源,是高层次创新人才培养和高水平学术成果产出的重要基础。陆一与史静寰将影响学生学术志趣的因素分为性别、年级、专业匹配感、学力自信等个人因素,卓越精神与前沿感、课程教学资源等教学内容因素,师生、生生等人际互动因素,共三类。其中,教师个人因素起至关重要的作用,

---

[①] 苏荟,白玲,张继伟.导师家长式指导风格对研究生创新行为的影响研究[J].学位与研究生教育,2021(06):57-66.
[②] 吴杨,韦艳玲,施永孝,等.主动性不同条件下导师指导风格对研究生创新能力差异性影响研究——基于九所大学的数据调查[J].复旦教育论坛,2018(03):74-79.
[③] 彭湃,胡静雯.控制型指导与研究生能力增长——基于2021年"全国硕士研究生学习和发展"调查数据的分析[J].高等教育研究,2021(09):52-61.
[④] 刘博涵,赵璞,石智丹,等.学术型研究生学术志趣的影响因素探讨[J].研究生教育研究,2019(06):35-41.
[⑤] 邝宏达,李林英.理工科博士生入学前后学术职业志趣变化特征及教育对策[J].研究生教育研究,2019(06):26-34.

尤其是学术领袖式榜样或偶像式的导师与学术志趣高的学生更为匹配。[1]学生可能与此类教师距离较远，却会受其专业成就、人格魅力、追求科学等雄心壮志的感召，这点在实证研究中得到了证实。[2]也有研究发现，导师的高指导水平与研究生高学术志趣形成较好匹配，这种匹配比教师职称、年龄等更为重要[3]。徐国兴将学生的学术志趣按照发展时间分为"双无"——正常型、"从无至有"——积极型、"从有至无"——独立性、"双有"——理想型等四种类型，指导水平高的教师与学术志趣为独立型、理想型的学生比较匹配，而与积极型学术志趣的学生不匹配，细化了学生学术志趣与导师的匹配机制。[4]王海迪参考激情二元模型，将学术激情分为和谐激情与强迫激情两类，发现导师支持性的指导是两种类型的学术激情最大的匹配因素，说明导师指导风格可能与研究生学术志趣存在适配度问题。[5]

第三节　导学关系的研究现状

一、导学关系对研究生心理的影响

国内研究者指出，来自导师的指导并不一定都会给学生带来积极正面的影响，有时候甚至会是负面的影响。[6]研究发现，处于剥削型导学关系的研究生自我感知压力最大，处于良师益友型导学关系中的学生幸福感最强，压力最小[7]；与导师关系更为亲密的学生学习成绩更好[8]。已有研究发现，在排除了学生与导

---

[1] 陆一，史静寰.拔尖创新人才培养中影响学术志趣的教育因素探析——以清华大学生命科学专业本科生为例[J].教育研究，2015（05）：38-47.

[2] 佟丹丹，曲艳鹏，李安妮，等.畜牧兽医类专业本科学生专业志趣研究[J].黑龙江畜牧兽医，2021（12）：136-141.

[3] 刘博涵，赵璞，石智丹，等.学术型研究生学术志趣的影响因素探讨[J].研究生教育研究，2019（06）：35-41.

[4] 徐国兴.资优本科生学术志趣发展的类型、成因及效应——基于九所"双一流"建设高校的调查分析[J].高等教育研究，2020，41（11）：81-89.

[5] 王海迪.学术型博士生学术激情及其影响因素研究——基于我国研究生院高校的实证分析[J].学位与研究生教育，2018（02）：58-64.

[6] Chao G T. Mentoring phases and outcomes[J]. Journal of Vocational Behavior, 1997, 51 (1): 15-28.

[7] 刘燕，刘博涵.研究生导学关系优化研究[J].高教探索，2018（08）：30-34.

[8] Conti G J. The relationship between teaching style and adult student learning[J]. Adult Education Quarterly, 1985, 35 (4): 220-228.

师的个人因素后，导师对学生的学术支持、日常交往活动、师生间的学术合作都会对研究生产生正面的积极影响，认为导学关系是促进硕士研究生发展的关键因素。而另有研究显示高支持与高控制的学生在学术成果上产出最高，学生的科研投入相对会增大，创造力会得到提升①。但是在一项调查中发现，出现焦虑和抑郁的研究生，50%的学生认为导师没有提供真实有效的指导。②在另一项现状调查中，58.5%的学生认为导师的指导方式需要改善。③导师花费时间与学生心灵沟通的时间较少，而在对其绩效考核中也不包括心灵交流等软指标。陈娜指出，导师的指导影响学生的学习投入，导师的指导方式、指导频率等对学生在相关方面的投入有着正面影响。④

二、指导风格的行为与神经机制的研究

指导风格源于管理学的领导风格概念，而领导学的相关研究为我们提供了一定的研究基础。在当代，领导学与神经科学进行了有效的结合，开创了神经领导学学科，通过静息态的脑部活动来探究不同的领导力。神经科学已经证实，前额区的脑部活动影响个体的注意与注意转换、前额控制等活动。⑤Waldman等人首先将领导力与脑活动结合起来，证明了不同的领导能力会引起不同的脑电波。⑥在此基础之上，Boyatzis等进一步采用新的fMRI技术测量和谐型与非和谐型领导类型启动诱发的脑活动差异，发现和谐型领导会激发被试者双侧脑岛、右下顶叶和左颞上回的活动，而这些脑区的活动与个人的社交网络和正性的积极行为有关；非和谐型风格会抑制被试者右前扣带回，激发右颞下回等活动，而这些行为往往与被试者的注意力狭窄和负性情绪有关。⑦这项研究证明了不同

---

①古继宝，王茜，吴剑琳.导师指导模式对研究生创造力的影响研究——基于内部-外部动机理论的分析[J].中国高教研究，2013（01）：45-50.

②Evans T M, Bira L, Gastelum J B, et al. Evidence for a mental health crisis in graduate education[J]. Nature Biotechnology, 2018, 36（3）：282-284.

③周文辉，张爱秀，刘俊起，等.我国高校研究生与导师关系现状调查[J].学位与研究生教育，2010，（09）：7-14.

④陈娜.英语专业硕士研究生学习投入调查研究——以对广西三所高校英语研究生的调查为例[D].桂林：广西师范大学，2015.

⑤雷铭.神经领导学研究进展与应用趋向探讨[J].领导科学，2017（23）：16-19.

⑥Waldman D A, Balthazard P A, Peterson S J. Social cognitive neuroscience and leadership[J]. The Leadership Quarterly, 2011, 22（6）：1092-1106.

⑦Boyatzis R E, Passarelli A M, Koenig K, et al. Examination of the neural substrates activated in memories of experiences with resonant and dissonant leaders[J]. The Leadership Quarterly, 2012, 23（2）：259-272.

的领导风格的被试者，其脑部活动激发区域与脑电波皆不相同，这也为不同的领导风格造成不同的影响提供了神经学的证据。一项fMRI的研究发现，高客观绩效的CEO面孔（被试者不认识该CEO）时，会更大程度激发被试者脑部左侧的杏仁核，这也是不同的领导行为对被试者造成的不同影响。[①]Konvalinka等发现额叶α波会随领导者与追随者的不同角色关系而受到抑制，认为领导者与被领导者的关系可以通过大脑额叶的EEG信号进行预测。[②]

三、情绪的行为与神经机制的研究

情绪是一种状态，包含了人类的感情、意图和欲望[③]，是个体内部状态的一种外部表现，在人际交往过程中发挥着重要的作用。人类表达情绪的方式之一是面孔，因此面孔表情在研究情绪时具有重要作用。准确地识别情绪面孔，不仅有助于我们建立良好的人际关系，从进化心理学角度，对于人类的生存发展也具有重大意义。传统理论认为，面孔表情的物理特征在识别情绪时起重要作用，但情绪建构理论认为，面孔识别会受到背景信息影响，同时在识别部分情绪中，语言也发挥着独特的作用。识别下意识的面部表情的活动，人们会自动生成与理解对于表情的涵义并对此作出回应。Fazio等人最早提出启动效应的存在，并以此证明态度可以被自动激活[④]。启动效应是指当个体在执行某一任务时，对接下来执行的相同或类似任务，会有一定的促进作用，表现为准确率提高，反应时间缩短。国外研究者提出了情绪一致性效应，个体会在效价上与对于启动刺激相似的目标刺激更为敏感[⑤]，当目标刺激与启动刺激具有更高的一致性特征时，个体反应更快，准确率更高。研究表明，阈上有意识的启动会抑制情绪的自动加工，因此，无意识的阈下情绪启动对人们的行为有更大影响[⑥]。在

[①] Rule N O, Moran J M, Freeman J B, et al. Face value: Amygdala response reflects the validity of first impressions[J]. NeuroImage, 2011, 54 (1): 734-741.

[②] Konvalinka I, Bauer M, Stahlhut C, et al. Frontal alpha oscillations distinguish leaders from followers: Multivariate decoding of mutually interacting brains[J]. NeuroImage, 2014, 94: 79-88.

[③] Horstmann G. What do facial expressions convey: Feeling states, behavioral intentions, or action requests?[J]. Emotion, 2003, 3 (2): 150-166.

[④] Fazio R H, Sanbonmatsu D M, Powell M C, et al. On the automatic activation of attitudes[J]. Journal of Personality and Social Psychology, 1986, 50 (2): 229-238.

[⑤] Wentura D. Activation and inhibition of affective information: For negative priming in the evaluation task[J]. Cognition and Emotion, 1999, 13 (1): 65-91.

[⑥] Winkielman P, Berridge K C, Wilbarger J L. Unconscious affective reactions to masked happy versus angry faces influence consumption behavior and judgments of value[J]. Personality & Social Psychology Bulletin, 2005, 31 (1): 121-135.

对情绪研究的ERP实验中，人们很早就发现，启动刺激与目标刺激出现的时间间隔是一个重要变量，情绪效应会出现在目标刺激后的120~180 ms之间[1]。在研究导学关系时，研究生的情绪与情感是我们关注的问题，通过以往的研究可知，日益发展的脑电技术为情绪面孔的注意偏向提供了更加直接的技术手段，以情绪一致性作为评价指标，验证导师姓名作为阈下启动刺激时的情绪一致性偏向，以期更好地了解无意识情绪，并理解它是如何对我们的面孔识别产生影响，进而帮助我们认识认知行为与情绪的关系。阈下情绪启动范式是研究研究生应对导师情绪的有效方法。对情绪面孔识别的研究发现，年龄对面孔识别有重要影响，面孔识别能力会随着年龄的增长而下降。[2]在影响面孔识别的因素中，Saito发现人格与面孔识别相关，不同的人格特质在识别面孔图片时准确率与反应时有差异[3]，同时个体的健康情况，图片中任务的识别等都会影响面孔识别[4][5]。对情绪面孔的识别中，枕叶、杏仁核等部位发挥着重要作用。枕叶等部位提供视觉性信息，帮助大脑更好辨别情绪；而杏仁核在处理面部相关的社会性信息起着重要作用，尤其是威胁信息。[6]对创伤后应激障碍的研究表明，患者会对创伤性事件有闪回体验，在表象出现的同时表现出强烈的负性情绪。[7]

启动效应的发现为研究提供了新的思路与方法，有助于我们探讨内隐情况下个体的真实态度。而借助于内隐启动的实验范式，我们对导学关系的研究可以更进一步，除了外在的指导风格，更可以探索个体内在的更深入的情绪、压力以及对导师的人格魅力的识别等。研究发现，导师的人格影响指导行为倾向，并表现在平时的师生关系之中。[8]研究已经证实，学生更喜欢与性格温和的导师

---

[1] Eimer M, Holmes A. An ERP study on the time course of emotional face processing[J]. Neuroreport, 2002, 13 (4): 427-431.

[2] Lott L A, Haegerstrom-Portnoy G, Schneck M E, et al. Face recognition in the elderly[J]. Optometry and Vision Science, 2005, 82 (10): 874-881.

[3] Saito T, Nakamura T, Endo T. The big five personality factors related to face recognition[J]. Shinrigaku Kenkyū, 2005, 75 (6): 517-522.

[4] Bediou B, Krolak-Salmon P, Saoud M, et al. Facial expression and sex recognition in schizophrenia and depression[J]. Canadian Journal of Psychiatry, 2005, 50 (9): 525-533.

[5] Baudouin J Y, Tiberghien G. Gender is a dimension of face recognition[J]. Journal of Experimental Psychology. Learning, Memory, and Cognition, 2002, 28 (2): 362-365.

[6] Haxby J V, Hoffman E A, Gobbini M I. Human neural systems for face recognition and social communication[J]. Biology Psychiatry, 2002, 51 (1): 9-67.

[7] Brewin C R, Holmes E A. Psychological theories of posttraumatic stress disorder[J]. Clinical Psychology Review, 2003, 23 (3): 339-376.

[8] 徐岚.导师人格与身教对博士生培养的影响[J].教育发展研究, 2019, 39 (23): 34-41.

一起共事与合作。表面上的问卷调查因为存在赞许效应而始终有所缺憾，而阈下启动的方式有助于我们更为直观地了解研究生对导师人格的理解。Zhang等人在研究面孔吸引力与人格特质的关系时使用了同样的方法，验证了有吸引力的面孔作为启动刺激时，被试者的反应更快，准确率更高，即被试者更容易将积极人格特质与潜意识认知中美的人物联系起来。[①]而在另一项研究中，也发现了同样的效应。当以人格词汇评定模糊的面孔图片吸引力时，研究表明，积极的人格词汇会对模糊面孔的图片有更高的评分[②]。

[①] Zhang Y, Zheng M X, Wang X Y. Effects of facial attractiveness on personality stimuli in an implicit priming task: An ERP study[J]. Neurological Research (New York), 2016, 38 (8): 685-691.

[②] Kong F C, Zhang Y, Chen H. ERP differences between processing of physical characteristics and personality attributes[J]. Behavioral and Brain Functions, 2012, 8 (1): 49-49.

第一部分

导学关系的建立

第一章 导学关系的建立

第一节 硕士研究生如何选择导师？

一、问题的提出

师生互选机制是目前我国高校普遍采用的硕士研究生招生模式和培养模式，是导学关系建立的重要开端。当前研究者对硕士研究生在师生互选机制中选择导师的心理机制的探究极少，缺乏对研究生选择导师时的心理规律和行为规律的探究。多数研究围绕导学关系、研究生的满意度、互选机制的改革、理想导师、导师胜任力等主题展开。选择导师几乎是所有研究生都经历过的重大事件，有学者将研究生选导师比作投资行为，在选择的过程中研究生要耗费大量的时间、精力、金钱等成本，选择行为的背后伴随着一定的目的性，追求一定程度的社会效益。对导师的选择将直接影响整个研究生生涯的生活甚至间接影响他们未来的人生规划和职业规划，因此本研究希望能够深入了解硕士研究生选择导师的行为模式。研究生在选择导师的过程中，经历了怎样的心理历程？对导师有着怎样的标准和期望？选择导师的过程是否会影响后期对导师的满意度？本研究探究了硕士研究生选择导师的心理特点、选择标准、对导师的期望等相关问题，以探究硕士研究生选择导师的行为模式。

目前学术界与选择导师紧密相关的研究大致围绕五个主题展开。一是关于导师制的研究；二是导师与研究生双向互选行为的分析；三是关于导师与研究生关系的研究；四是关于导师对研究生的作用研究；五是研究生对导师的期望研究，主要是对导师期望模型的构建。相关主题的文献已经汗牛充栋，对相关课题的研究也较为完善，但是较少有研究从硕士研究生选择导师的实际行动作为研究的起点，系统性地探究硕士研究生在选择导师时采取的策略，因此本研究试图回答硕士研究生在选择导师时采取的行为反应和应对策略，以及在选择导师的完整过程中（从面临选择导师这一事件直到确定师生关系整个过程）是否存在特定的行为模式。

二、研究设计

定性研究是以研究者本人作为研究工具，在自然情境下采用多种资料收集方法对社会现象进行整体性探究，使用归纳法分析资料并形成理论，通过与研究对象互动对其行为和意义建构获得解释性理解的一种活动。[①]由于现有文献无法对本文研究的问题提供合理的解释，且定性研究适用于探究事件发生发展的过程和机制，因而本研究采用定性研究方法。通过访谈收集第一手资料，从回溯性的情境中获得对研究生选择导师行为模式的认知和了解，从而初步建立一个理论解释。

由格拉泽（Glaser）等人于1967年提出的扎根理论被认为是定性研究领域中最为科学的方法论，也被誉为"定性革命"的先声。[②]格拉泽和施特劳斯（Strauss）认为，最适合使用扎根理论的地方是：有一个尚未被解释的有趣现象，自此研究者试图"从数据中去发现理论"。因此笔者选择经典扎根理论研究方法对访谈内容进行分析，灵活使用编码技术，根据数据的特征，让其中的概念自然呈现。同时，笔者运用思维导图软件 Mindjet Mindmanager pro 7.0 进行编码，极大地提高了研究效率。具体的分析步骤如表1-1所示。

表1-1　以编号12访谈者的部分访谈内容为例

三级编码	二级编码	一级编码	原始语句
根据自己的标准筛选导师	确定学校	确定心仪的学校	我是保研的，不想出国，所以就留在国内，留在国内的话就几个学校能选，然后就在这几个学校里面找老师了
	研究方向	根据研究方向筛选老师	找老师的话分两个途径同时进行，一个是这几个学校的，我选定了几个方向，所以我就筛掉了很多老师
社会关系优势	查阅导师资料	从网上查阅导师资料	然后我就调研这些老师，从网上查资料，查他们各自的研究方向，并从同学那里了解老师的人品和学术能力
	强关系优势	找同学咨询导师相关信息	

[①] 陈向明.社会科学研究中写作的功能[J].学术界.2000（05）：81-86.
[②] 贾旭东.中国城市基层政府公共服务职能的不完全外包及其动因——基于扎根理论的研究发现[J].管理学报，2011，8（12）：1762-1771.

续表

三级编码	二级编码	一级编码	原始语句
判断导师态度	导师态度	选择心仪导师发送邮件，判断导师的重视程度	确定了人品之后，我就给老师发邮件，有意向的学校我各选了一个有意向的老师，然后根据老师回复邮件的态度进行选择性沟通
	研究方向	研究方向不合适	一位院士特意打电话联系我，人也很好，但是研究方向和我的性格不太贴合，就非常可惜
人格魅力	人品好，有师德，研究方向	导师人品不好，压榨学生	Z大学那边也是个大老板，反正都是圈内人，很快我就打听到，他表面是个"笑面虎"，但是会"压榨"学生
		人品好，主动多次联系学生。学术指导	国光（华中科技大学光学与电子信息学院）的老师人非常的好，但是年纪大了，刚退休，在学术上很难指导，然后他当时就不停地打电话，想要招我，让我去管理团队，负责项目，还能给我提供国外交流的机会，确实他也都兑现了

当不再有新的编码出现，且形成的理论已经能够解释所获得的数据和所研究的社会现象时，即认为理论饱和。笔者在对第12位访谈者的访谈记录进行分析时就不再有新的编码出现，笔者继续对第13位访谈者的访谈记录进行分析时也不再出现新的编码，因此笔者判断理论已经饱和。

本研究采用访谈法，通过滚雪球的方式寻找访谈者，力求寻找不同学院不同专业的学生进行访谈，增加样本的代表性和多样性。最终确定了13位硕士研究生作为被试者，具体的人口统计学信息如表1-2所示。13位访谈者的平均年龄为24.15岁，涉及12个专业学科。其中6名女性，7名男性；12名学术型硕士生，1名专业型硕士生；8名统考生，7名推免生；5名研一的学生，5名研二的学生，3名研三的学生。访谈大纲主要包括4个问题：（1）你选择导师的完整过程是怎样的？（2）你当初选择导师的标准是什么？（3）你当初选择导师的时候对导师了解吗？（4）你现在对导师的满意度如何？

表1-2 访谈者的人口统计学信息表

序号	专业	性别	年龄	硕士生类型	入学方式	年级
01	企业管理	女	23	学术型	统考	研二
02	教育经济管理	男	24	学术型	统考	研三

续表

序号	专业	性别	年龄	硕士生类型	入学方式	年级
03	教育心理学	女	24	学术型	推免	研二
04	教育经济管理	男	26	专业型	统考	研一
05	教育学原理	女	25	学术型	统考	研二
06	外国哲学	女	24	学术型	统考	研二
07	机械工程	男	23	学术型	推免	研三
08	行政管理	女	25	学术型	推免	研二
09	电子信息	男	23	学术型	推免	研一
10	材料科学	男	25	学术型	统考	研一
11	教育科学	女	23	学术型	统考	研一
12	光学工程	男	25	学术型	推免	研三
13	物理	男	24	学术型	统考	研一

三、研究生选择导师的步骤

研究发现研究生选择导师的过程大致可以分为五步：第一步，查阅官网，根据自己的标准筛选导师；第二步，发挥社会关系优势获取导师更多信息，进一步筛选导师；第三步，主动发邮件联系导师，等待导师的回复；第四步，面谈；第五步，确立师生关系。整个过程是一个循环的流程，除了第五步，其他的四个步骤并不是必然发生的。学生对导师的评估从产生选择导师的想法开始一直持续存在，直到确立师生关系为止。

在访谈中，少数学生是被学院直接分配的导师，没有主动选择导师的权利，直接跳到了第五步——"确定师生关系"。绝大多数学生拥有自主选择权，但并非每位学生都会经历完整的选择导师的过程。止步于前两步的学生，一般是没有主动与导师取得联系，直接通过双选会确定师生关系。经历第三步的学生，部分学生通过邮件与导师互动，以此与导师确立师生关系，另有学生通过面谈了解之后决定是否确定师生关系。若收到导师没有明确接收（含糊不清的态度或者明确拒绝）的邮件，一部分学生会重新返回至第一步、第二步或者第三步，另一部分学生会拒绝重新走一遍该流程，等待双选会时再选择导师，具体的流程如图1-1所示。

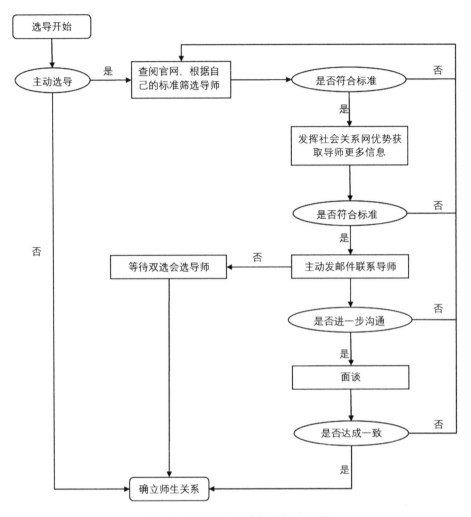

图1-1　硕士研究生选择导师流程图

(一) 第一步：查阅官网，根据自己的标准筛选导师

在研究中，笔者发现硕士研究生对导师的筛选标准主要表现在六个维度上：导师的基本条件、学术指导、学术水平、研究方向、人格魅力和助研津贴。

1. 导师的基本条件

在本研究中发现了一个核心范畴——"导师的基本条件"，导师的基本条件主要包括两个二级编码：性别和职称。在性别上，男性导师受到学生偏爱，并且这种偏爱与受访者的性别无关，但是背后的深层次原因不尽相同。如4号男性受访者表示："首先我选的是男老师，因为我是男的。就这样，很简单，沟通比较方便，我是这么想的。"4号受访者选择男导师的原因是同性沟通起来更加方便。11号女性受访者表示："我一开始想选择的就是男老师，这个标准没有变。我个人看来，女老师可能工作的时候，在家庭方面要比男老师照顾得更多，我担心她可能没有更多的精力指导我。而男老师的话，在我了解的话，他对家庭没有女老师参与的这么多，所以男导师可能会给予更好的指导"，11号受访者选择男导师背后的逻辑为：女老师需要把更多的精力花费在家庭上，而男老师则不会，可以说该受访者在潜意识里把性别和指导精力画上等号。在职称上，博士生导师比硕士生导师和讲师更受学生青睐，教授比副教授更受学生青睐。受访者把导师的职称作为判断该老师学术能力的指标之一，在意识里把"厉害"的程度与导师的职称相对应，认为博士生导师和教授是很厉害的导师。如3号受访者表示："我其实不大愿意到一个不如我本科院系的学院去，我考虑的也是那种很厉害的导师，我是想往高一点发展的。如果老师没有极其特殊的情况，肯定只选择博导。"4号受访者表示"排除到最后就只剩一点点了，肯定要挑一个感觉最厉害的，比如博导、硕导、教授、副教授这些硬性指标，一看就知道，其他的虚的我也不大懂，只能看这些。"

2. 学术指导

学术指导包括两个二级编码：指导时间和指导方式。在指导时间上主要表现为导师有较多的时间指导学生。在指导方式上，首先，研究生们希望导师提供学术指导，拒绝放养型的导师，希望导师在科研方面对学生严格要求；其次，具体的详细指导比抽象的概括性指导更受学生们的喜爱。11号受访者表示："我本科的时候就在想如果考上了研究生，我想选一个能对我严格要求，能够带我做科研的导师"。13号受访者表示："我希望能选择给我更多指导的导师，从一开始就给予指导，当然我也可以自己去摸索，但那不是太花时间嘛，希望导师告诉我一些方向，让我知道怎么去做。"

3. 学术水平

学术水平主要包括两个二级编码：学术成果和学术能力。拥有丰富的学术成果和专业的学术能力，并在其研究领域拥有一定的话语权和影响力的导师更受学生追捧。12号受访者表示："导师的资源，包括他目前所拥有的学术基础，这个很重要，就是说实验室有没有传承，尤其对于工科来说，工科的研究不是说我拍个脑袋，我就做得比别人好，不可能的。想要好的成果，必须在前人研究的基础上进行。"8号受访者表示："他（导师）这个人在科研上是有一些造诣的，所以我觉得这给我一个很大的空间，我想学可以跟着他学，不想学也可以不学，这是一个非常好的选择。"

4. 研究方向

学生对研究方向的要求与自己的兴趣爱好和职业规划密切相关。具体表现为对研究方向的基本要求是感兴趣的，在感兴趣的基础上，部分学生会要求导师的研究方向与自己本科的专业相关，部分学生则考虑研究方向与未来工作的关联性，避开不愿从事的行业及其相关方向。4号受访者表示："我看有的导师的方向跟我专业明显就不相关，肯定就不要了。"7号受访者表示："选导师的第一个标准就是整个课题组的研究方向吧，看是不是和自己感兴趣的方向契合。"10号受访者表示："首先选的是导师的研究方向，因为我之前的研究方向是比较'坑'的，要进工厂，我不想进工厂，所以就找一个我比较感兴趣的方向，就类似于人工智能这方面的。"

5. 人格魅力

人格魅力作为核心范畴，包括四个二级编码：师生关系，人品好、有师德，培养学生，交流沟通。

学生期待的师生关系表现为导师尊重学生、理解学生，师生关系平等、氛围和谐。13号受访者表示："我更希望处于比较平等，或者说，关系比较轻松的那种状态，而不是说我见到老师都想躲着走，能不打招呼就不打招呼，我不喜欢这种状态。"8号访谈者表示："导师要尊重我个人的职业选择，比如说我想在这个方面发展，他不会强求我在某个学业方面投入过多的时间，老师尊重学生的选择，这个是非常重要的。"

"人品好，有师德"表现为导师不压榨学生，使学生在学习和生活中感受到导师的人文关怀。导师的人品是学生选择导师时的底线，若存在导师人品和师德方面的负面评价，学生将不予考虑。2号受访者表示："我更在意（导师的）为人，因为这两年爆出太多那种研究生因为导师跳楼自杀的事。其实研究生你能不能学到东西，老师是不是厉害，跟研究生的关系真的很大吗？但如果说你遇到一个为人非常差的老师，可能那三年会让你有一个非常糟糕的学习体验，你不仅学不到东西，而且会让你的三观发生扭曲，会让你的心理产生问题。导师不管你可能也还好，你可能只会抱怨这个老师不管我，但是不会对你的性格、心理产生负面影响，但是万一遇到一个为人不好的，坑你，你很有可能这一辈子都毁了。"5号受访者表示："我看中的就是我跟这个人（导师）有没有缘，我会首先看他有没有德行。"9号受访者表示："老师人要比较好，这也不说对你有多关照，能感受到那种人文关怀就行了。"12号受访者表示："我调研这些老师，从网上查资料，查他们各自的研究方向和人品，但凡有一个学生说老师人品不行或者说能力不行，那必然是不行的。"

培养学生既包括导师对学生学业上的引导、科研能力的提升，也包括学生心智方面的成长。1号受访者表示："我觉得最主要的是培养，就是他（导师）教会你很多除了学术之外的东西，我觉得学术研究是每个老师都会的，我导师说他的主要任务就是教我们做人，我觉得非常好。"12号受访者表示："工科的研究有点像盖摩天大楼，看谁盖的最高，然后你选导师就相当于选了一栋楼，就看你跟哪个老师盖楼。如果这个老师本身盖的是帝国大厦，他当时已经是世界第一高了，你只需要拿着一块板砖铺在上面，你站在板砖上面你就是天下第一高，你做的是个小改动，但是你这个改动依然是天下第一，不过你得考虑他是让你把这块砖搬上去还是让别人把这块砖搬上去。"

交流沟通主要是学生和导师交流顺畅，导师欲传达的信息与学生接收到的信息一致。6号访谈者表示："H大学的老师其实都还挺牛的，所以导师质量都是挺有保证的，最重要就是看他们的师生交流关系。"，8号访谈者表示："除了导师的学术能力外，最重要的就是他要能够跟我进行有效的沟通。"

6. 助研津贴

助研津贴即学生参与导师的课题和项目，导师给予相应的经济补贴。学生普遍对经济补贴的要求不高，能够满足基本的生活需求即可。13号受访者表示："我不是要求读个研大富大贵，不管我做得怎么样，就算我做得再不好，导师也要保证我的正常生活，我得吃饭，至少一个月的饭钱得给我。"

（二）第二步：发挥社会关系优势获取导师更多信息，进一步筛选导师

人际关系优势作为核心范畴，主要包括三个二级编码：强关系优势，强关系优势带动弱关系优势，弱关系优势。以格兰诺维特（Granovetter）为代表的社会关系网络学派认为，关系是人们获取利益和资源配置的手段之一，在竞争不充分、信息不完全、规则不完善的条件下，关系就会发生作用。格兰诺维特于1973年提出的"强弱关系理论"认为，强关系表现为联系密切，有较多互动的人，如家庭成员、挚友、同事等；弱关系为通过社交媒体有一定联系的对象，互动较少，亲密程度低。在选择导师的过程中，学生的强关系主要包括朋友、恋人、同班同学、学长学姐等；弱关系主要包括网友、心仪导师等。寻找社会关系的路径是一个从强关系到弱关系的扩展过程，这一点在学生选择导师的过程中得到充分展现。通过人际关系网不一定能够解决选择导师过程中的信息不对称问题，但是至少能够使学生最大程度地了解导师的信息。

强关系直接给学生提供相关信息和帮助。9号受访者表示："周围也有保研（推免）的同学，他们有的和我想去一个学校的一个院系，然后问他们是不是了

解导师的信息。不管是学术还是老师性格这些都了解到一些。"10号受访者表示:"当时跟我女朋友(女朋友为目标学校的在读研究生)交流了一下,我选的那几个导师里面,让她再帮我打听一下这几个老师的信息。"强关系优势带动弱关系优势是指通过强关系的介入,给学生带来的弱关系优势,是社会关系扩展的一个过程。比如,强关系引荐自己的朋友,给学生选择导师提供相关信息帮助。2号受访者表示:"我认识上一届法学院的学生,是学院研究生会主席,我问他我这个专业你有没有认识的人,他说你等等我去找找,第二天他就把一个师姐推给我了。"弱关系优势在学生选择导师的过程中带有偶然性,比如心仪的导师给学生引荐另一位导师。7号受访者表示:"我现在选的导师是其他老师推荐的,那个老师说可能他们和我的方向还比较契合,然后我才去了解的。"

并非每一位学生都拥有人际关系的优势,缺少人际关系优势的学生只能无奈地直接跳过第二步。

(三)第三步:主动发邮件联系导师,等待导师的回复

发邮件联系导师主要有三种不同的策略。第一种是海投,在同一时间,批量地给不同的导师发邮件;第二种主要是推免的学生倾向采取的策略,在每一个心仪的学院选择一位心仪的导师发送邮件;第三种是按照时间顺序给多位导师发送邮件,超过一定时间导师未回邮件或者收到了导师拒绝的回复,便立刻给下一位导师发送邮件,一旦收到导师明确接收的邮件,就会自动放弃给后面的导师发送邮件。学生会根据导师回复邮件的时间来评估导师对自己的重视程度。值得注意的是,态度不明确的邮件和不回复邮件比拒绝接收学生的邮件更让学生感到焦虑。4号受访者表示:"很多老师都很厉害,但是你发(邮件)不能同时发。所以我就先确定一个,他如果拒绝我的话,我就再另外找一个,我当时的策略是这样的,结果这样很慢。第一个说得很含糊,就说可以,好好准备,回复的都不是我要的答案,没有明确的回复,所以我也就不好意思给别的老师发邮件,我一直等着他确定的消息。"即使是拒绝接收的邮件,只要言辞恳切,反而更加受到学生的尊敬。2号受访者表示:"当时老师给我回复说他已经招满了,不招了,算是拒绝我了,但是老师的语气很客气,也是正式的回复,我感觉这个老师是一个非常有礼貌的老师,给我的印象很好。我后来发的几个老师中,就只有雷老师回我了。"5号受访者表示:"和很多同学一样,发邮件介绍一下我自己。老师有回复,并且讲了很客观的话,给我发的邮件说我认可你这个学生,但是我们根据学校的要求,到时候双选会会根据实际情况和其他同学的表现综合判定,而不是说你给我发邮件我就一定会要你,我们没有一个徇私舞弊的暗箱操作,都是非常公开公正公平的程序。"

并非所有的学生都会发邮件联系导师,部分学生跳过了发邮件这一过程,直接与导师面谈,甚至有些学生即使有了心仪的导师,也不会通过发邮件等方式与导师取得联系,一直等到双选会上再选择早已心仪的导师。硕士研究生选择导师步骤编码表如表1-3所示。

表1-3 硕士研究生选择导师步骤编码表

步骤	1.查阅官网,依标准初筛;2.利用社会关系获取导师更多信息,进一步筛选;3.主动发邮件联系导师;4.面谈;5.确立师生关系		
三级编码	二级编码	一级编码	内容
1	1.1导师基本条件	1.1.1性别	男老师、女老师
		1.1.2职称	硕导、博导
	1.2学术指导	1.2.1指导时间	有时间指导学生
		1.2.2指导方式	科研严格;指明具体研究方向;指导风格,对学生严格;放养型的导师
	1.3学术水平	1.3.1学术成果	很好的学术功底和学术成就;一定的学术研究基础;成果丰富;影响力强
		1.3.2学术能力	学术能力、科研能力强;学术造诣高;潜心学术,无行政事务
	1.4研究方向	1.4.1研究方向	不用进工厂的方向;导师研究方向与自己的专业相关,符合自身需求;对研究方向感兴趣
	1.5人格魅力	1.5.1师生关系	尊重、理解学生;关系轻松和谐、师生平等;相处融洽
		1.5.2人品师德	具有人文关怀;不压榨学生;有德行的导师,有师德
		1.5.3学生培养	重视学生培养;帮助学生成长,包括能力和心智方面;学业上的引导
		1.5.4交流沟通	有效沟通;交流通畅
	1.6助研津贴	1.6.1助研津贴	满足基本生活需求
2	2.1社会关系优势	2.1.1强关系优势	同学推荐;学长学姐提供导师信息;朋友推荐自身导师;课题组对导师评价;女友推荐
		2.1.2拓展关系优势	其他学院学长学姐推荐导师
		2.1.3弱关系优势	心仪导师推荐其他导师

续表

三级编码	二级编码	一级编码	内容
3	3.1联系导师	3.1.1联系导师	海投方式发邮件联系导师
			在各心仪院校中分别挑选心仪导师，依据导师回复评判导师态度
			按照时间顺序给多位导师发邮件
4	4.1面谈	4.1.1第一印象	说话随和，态度温和，学者风范；感觉满意
5	5.1确立师生关系	5.1.1口头协议	尚未签署意向书，存在变数
		5.1.2师生互选	依据规章制度，按流程正式确立师生关系

（四）第四步：面谈

面谈是绝大多数推免生都会经历的一个过程，一般先通过邮件、短信、电话等方式取得联系后，与导师约定面谈时间，但也有部分本校的推免生直接去导师办公室与导师面谈。极少数统考生会在确定导师之前能够得到与导师面谈的机会。在回忆初次与导师面谈时，部分学生能够清晰地回忆起具体的谈话内容，绝大部分学生忘记了谈话的具体内容，但是对导师的第一印象非常深刻。2号受访者表示："那天去和老师聊了一两个小时，就感觉这个老师是那种很关心我们，问了我各个方面的东西，当时的第一印象，觉得老师说话很随和，态度也很温和，很有学者风范，很有文化的感觉。"3号受访者提道："我那天来找陈老师的时候也没有提前联系他，我就直接到他的办公室来找他了。然后他也正好在办公室，我就跟他聊了，现场的交流我感觉挺满意的。他当时的神态语气等各种表现，我都觉得是可以的。我觉得他说的每一句话都是有理有据的，他也是很现实很生活化的那种人。就是一个正常的人，不是那种不正常的。"

如果面谈顺利，双方都感到满意，就会确定师生关系；如果有一方不满意，双方未能达成一致，那么学生只能再重新选择导师。

（五）第五步：确立师生关系

师生关系的确立主要有两种形式，一种是师生双方达成口头协议，没有通过所在学院签署意向书，容易出现变数；第二种是根据所在学院的规章制度，走流程正式确立师生关系。推免生一般在选择导师的第三步或者第四步中，就会通过签署意向书，确立正式的师生关系；而统考生一般在第三步或者第四步中，只能通过第一种方式，达成意向中的师生关系，然后等到学院正式开展师生互选工作时，确立正式的师生关系。

四、研究结论与建议

在研究生培养过程中，导师起至关重要的作用，影响研究生未来的学术生涯和职业发展。准研究生选择导师存在一个复杂的行为模式，包括筛选导师—联系导师—确定导师。首先通过查阅学校官网，根据自己的标准初步筛选导师，将导师名单缩小范围后，发挥社会关系优势获取导师更多信息以进一步筛选。在联系导师阶段一般通过发邮件或面谈与导师互动。准研究生发邮件有三种不同的策略：第一种是海投，在同一时间，批量给不同的导师发邮件；第二种主要是推免的学生采取的策略，在每一个心仪的学院选择一位心仪的导师发送邮件；第三种是按照时间顺序给多位导师发送邮件，超过一定时间导师未回邮件或者收到了导师拒绝的回复，便立刻给下一位导师发送邮件，一旦收到导师明确接收的邮件，就会自动放弃给后面的导师发送邮件。由于学生和导师都拥有选择的权利，导师的数量又远远少于学生的数量，互选的过程注定不会一帆风顺。

准研究生在筛选导师时着重考虑六个维度：导师的基本条件、学术指导、学术水平、研究方向、人格魅力和助研津贴。在导师的基本条件上男性导师和博士生导师更受准研究生们的青睐；在学术指导上，期望导师重视研究生培养，预留充足时间，采用适当方法指导学生；在学术水平上，期望导师拥有丰富的学术成果和专业的学术能力，在研究领域拥有一定的话语权和影响力；在研究方向上，导师的研究方向与自己的兴趣和职业规划契合；在人格魅力上，期望导师尊重学生、理解学生、平等交流，具体表现为学习工作中导师不压榨学生，给予学生人文关怀。在科研、生活等方面积极与学生沟通交流，助研津贴方面，能够使学生满足基本生活需求。

第二节　硕士研究生选择导师的影响因素

一、问题提出

在本研究中，采用徐文文等对导师角色期望的定义，将硕士研究生对导师这一特定职业人群应表现出来的行为的预期或者设想，构成导师与学生之间的桥梁称之为导师角色期望[1]。通过对相关文献的梳理，学者们提出了众多的导师角色期望模型，国外的学者使用文献总结、情景想象、访谈法、问卷调查等研究方法，从外貌特征、导师指导、多样化三个主维度进行探析[2]。结果表明，研究生注重导师的职业着装和职业行为，同时强调导师的指导和师生关系。Sozio等人使用文献整理、问卷调查的研究方法，在导师指导模型的基础上，通过因子分析，编制了专门测量医学生理想导师的量表，主要包括导师的专业方向（把学生放在第一位以及给予学生归属感）、导师的回应（导师回复邮件）、导师的帮助（教授具体学习技能）[3]。国内学者如麻春杰等使用问卷调查和结构访谈的方法，将硕士研究生对导师的期望分为5个维度：导师的基本条件（性别、学历、年龄、指导研究生数量等方面）、学术方面（学术水平、科研项目）、教学方面、学习指导（指导方式、指导内容、指导态度）、其他方面（导学关系、就业帮助等）。[4]尹霄朦等通过半结构式访谈得出4个维度的期望：导师学术水平期望、导师学术指导期望、导师人格魅力期望、师生关系期望。[5]

研究者提出的导师期望模型是否具有普适性？是否会受到硕士研究生自身变量的影响？研究者提出的导师角色期望中包括导师的基本条件（性别和年龄等），那么硕士研究生的性别和年龄是否在导师角色期望上存在显著性差异？本研究试图在前人研究的基础上，进一步通过问卷调查探究硕士研究生的性别、学历、学科与导师的角色期望之间的关系，探讨影响研究生选择导师的主要因素，为提高研究生培养质量提供建议和参考。

二、研究方法

（一）测量工具

研究采用自编问卷，问卷参考了众多研究文献的问卷题目，从众多题目中

---

[1]徐文文，卢国华，王瑛.护理硕士专业学位导师角色期望的质性研究[J].护理研究，2017，31（03）：321-324.

[2]Bailey S F，Voyles E C，Finkelstein L，et al. Who is your ideal mentor? An exploratory study of mentor prototypes[J]. Career Development International，2016，21（2）：160-175.

[3]Sozio S M，Chan K S，Beach M C. Development and validation of the medical student scholar-ideal Mentor scale（MSS-IMS）[J]. BMC medical education，2017，17（1）：1-7.

[4]麻春杰，李永乐，董秋梅，等.基于研究生期望的导师队伍建设研究[J].中国中医药现代远程教育，2020，18（21）：154-156.

[5]尹霄朦，胡波，王薇，等.基于角色理论医学硕士研究生对导师角色期望的质性研究[J].护理学报，2020，27（05）：1-5.

进行筛选，汇编成"导师角色期望调查问卷"。该问卷采用5级评分，得分越高说明硕士研究生对导师具备该项特质的期望越高。

问卷通过网络平台进行数据收集，并将收集的数据通过IBM SPSS 26.0和AMOS 23进行分析。

（二）信效度检验

1. 信度检验

信度分析亦称可靠性检测，用来检验问卷收集到的数据结果是否一致，本文采用Cronbach's α 系数进行检验。通常情况下Cronbach's α 系数达到0.6以上，表明该问卷的数据结果具有较好的一致性。使用SPSS 26.0对问卷量表的数据进行可靠性分析，总的信度为0.876，$N=17$。因此该问卷具有良好的信度。

由表1-4可知，问卷共分为4个维度，其中学术水平、学术指导、师生关系的信度值大于0.7，说明这三个维度的数据可靠性良好。其中，师生关系的信度值高达0.790，数据可靠性接近优秀；学术水平的信度值为0.723；学术指导的信度值为0.721；人格魅力的信度值稍差一些，信度值为0.614。

表1-4 信度分析

维度	N	Cronbach's α 系数
学术水平	4	0.723
学术指导	5	0.721
人格魅力	4	0.614
师生关系	4	0.790

2. 探索性因子分析

根据探索性因子分析的结果可以检出，KMO检验的系数为0.868，大于0.8，KMO检验的系数取值范围在0~1之间，越接近1说明问卷的效度越好。巴特利球形检验近似卡方值为1739.149，自由度为136，p值小于0.01，无限接近于0，拒绝原假设。由此可知导师期望量表非常适合进行因子分析。

采用主成分分析法，获得4个主因子，其累计解释方差变异为63.909%，且4个因子的特征值都大于1，说明从问卷数据中提取4个因子对原始数据的解释较为理想。其中因子1的特征值为6.291，解释方差百分比为30.336%；因子2的特征值为2.142，解释方差百分比为12.810%；因子3的特征值为1.371，解释方差百分比为11.401%；因子4的特征值为1.061，解释方差百分比为9.363%（表1-5）。

表 1-5　各因子及其变异方差解释

因子	初始特征值			提取平方和载入			旋转平方和载入		
	平方和	方差百分比/%	累计方差百分比/%	平方和	方差百分比/%	累计方差百分比/%	旋转平方和	方差百分比/%	累计方差百分比/%
1	6.291	37.006	37.006	6.291	37.006	37.006	5.157	30.336	30.336
2	2.142	12.597	49.604	2.142	12.597	49.604	2.178	12.810	43.146
3	1.371	8.067	57.671	1.371	8.067	57.671	1.938	11.401	54.547
4	1.061	6.238	63.909	1.061	6.238	63.909	1.592	9.363	63.909
5	0.883	5.193	69.102						

由图 1-2 可知，折线在成分 4 以后趋于平缓，并在之前急剧下降，说明 17 个题目提取 4 个公因子比较合适。根据旋转成分矩阵结果（表 1-6）中的因子荷载来判断各个题目的因子归属。

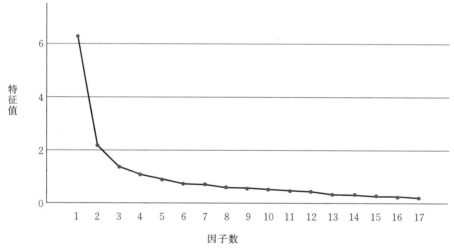

图 1-2　碎石图

表 1-6　旋转矩阵表

项目	1	2	3	4
学术水平 2	0.707			
学术水平 4	0.861			
学术水平 5	0.765			
学术水平 6	0.397			
学术指导 2		0.690		

续表

项目	1	2	3	4
学术指导3		0.775		
学术指导5		0.795		
学术指导7		0.613		
学术指导8		0.800		
人格魅力1			0.715	
人格魅力2			0.701	
人格魅力3			0.771	
人格魅力4			0.826	
师生关系1				0.328
师生关系2				0.303
师生关系3				0.699
师生关系4				0.623

（三）验证性因子分析

模型的整体拟合系数如表1-7所示，χ^2/df越接近1，说明协方差矩阵间的相似度越大，拟合效果越好。一般来说在样本容量大的时候，χ^2/df的值在5左右从理论上讲是可以被接受的。所以该模型的拟合性是可以接受的。NFI、IFI、CFI、TLI的值都大于0.8，说明该模型是合理的，可以接受的。

表1-7 整体拟合系数表

χ^2/df	RMSEA	NFI	IFI	CFI	TLI
4.094	0.107	0.809	0.848	0.846	0.81

表1-8为学术水平、学术指导、人格魅力和师生关系4个维度对应各个题目的因子荷载。各个潜变量的平均方差变异（AVE）基本大于0.4，且组合效度基本大于0.7，说明聚敛效度尚可。

表1-8 因子荷载

路径	Estimate	AVE	CR
学术水平6 ← F1	0.512	0.549	0.852
学术水平5 ← F1	0.758		

续表

路径	Estimate	AVE	CR
学术水平4 ← F1	0.868	0.549	0.852
学术水平2 ← F1	0.778		
学术指导8 ← F2	0.858	0.479	0.800
学术指导7 ← F2	0.196		
学术指导5 ← F2	0.830		
学术指导3 ← F2	0.782		
学术指导2 ← F2	0.566		
人格魅力4 ← F3	0.358	0.393	0.669
人格魅力3 ← F3	0.866		
人格魅力2 ← F3	0.813		
人格魅力1 ← F3	0.178		
师生关系4 ← F4	0.404	0.421	0.730
师生关系3 ← F4	0.742		
师生关系2 ← F4	0.510		
师生关系1 ← F4	0.843		

由表1-9可知，学术水平、学术指导、人格魅力和师生关系之间均具有显著的相关性（$p<0.001$）。

表1-9 相关性分析表

	学术水平	学术指导	人格魅力	师生关系
学术水平	1			
学术指导	0.51***	1		
人格魅力	0.44***	0.73***	1	
师生关系	0.44***	0.77***	0.81***	1
AVE平方根	0.74	0.69	0.63	0.65

注：***表示$p<0.001$，AVE为评价方差变异抽取量。

三、结果

本研究共收到550份问卷结果，其中有效问卷共495份，有效回收率为90%。在495份有效问卷中，有192名男性，303名女性；244名文科生，221名理工科学生，还有30名其他大类专业的学生；79名本科生，416名研究生；平均年龄为23.44岁，标准差为2.84，其中年龄最大的为55岁，年龄最小的为17岁。如表1-10所示。

表1-10 人口统计学变量频率分析

项目	类别	频数	百分比/%
性别	男	192	38.8
	女	303	61.2
学科类别	文科	244	49.3
	理工科	221	44.6
	其他	30	6.10
学历	本科生	79	16.0
	研究生	416	84.0

（一）性别差异检验

根据独立样本t检验的结果可以看出4个期望维度在性别上的差异情况。从平均分来看，在学术水平、学术指导、人格魅力和师生关系4个维度上，男性和女性的平均分都超过了3.7分，$p>0.05$，即性别并没有对导师期望造成显著性差异，如表1-11所示。

表1-11 性别的独立样本t检验

变量	性别	N	Mean	SD	t	p
学术水平	男	192	3.81	0.75	0.359	0.720
	女	303	3.78	0.76		
学术指导	男	192	3.90	0.58	−1.374	0.170
	女	303	3.97	0.63		
人格魅力	男	192	3.95	0.69	−0.549	0.584
	女	303	3.98	0.70		
师生关系	男	192	3.98	0.81	0.505	0.614
	女	303	3.95	0.79		

（二）学历差异检验

根据独立样本t检验的结果可以看出4个期望维度在学历上的差异情况。从平均分来看，在学术水平、学术指导、人格魅力和师生关系4个维度上，本科生的平均分均大于研究生的平均分值。其中，$t_{师生关系}=2.311$，$p_{师生关系}=0.022<0.05$，即本科生和研究生在师生关系的维度上对导师的期望达到了统计学上的差异，具有显著性差异。在师生关系上，本科生（Mean=4.12，SD=0.63）与研究生（Mean=3.93，SD=0.82）对导师的期望存在显著性差异，$t_{(493)}=2.311$，$p<0.05$，$d=0.28$，如表1-12所示。

表1-12 学历的独立样本 t 检验

变量	类别	N	Mean	SD	t	p
学术水平	本科生	79	3.84	0.72	0.597	0.551
	研究生	416	3.78	0.77		
学术指导	本科生	79	4.05	0.50	1.902	0.059
	研究生	416	3.93	0.63		
人格魅力	本科生	79	3.97	0.60	0.102	0.919
	研究生	416	3.97	0.71		
师生关系	本科生	79	4.12	0.63	2.311	0.022*
	研究生	416	3.93	0.82		

注：***表示$p<0.001$，**表示$p<0.01$，*表示$p<0.05$，下同。

（三）专业类别差异检验

根据单因素方差分析的结果可以看出4个期望维度在学科上的差异情况，从平均分来看，在学术水平、学术指导、人格魅力和师生关系4个维度上，文科、理工科和其他大类专业的平均分均大于3.5，$p>0.05$，不具有显著性差异，如表1-13所示。

表1-13 不同专业类别的单因素方差分析

变量	类别	N	Mean	SD	F	p
学术水平	文科	244	3.748	0.766	2.701	0.068
	理工科	221	3.869	0.758		
	其他	30	3.583	0.634		
学术指导	文科	244	3.985	0.602	1.482	0.228
	理工科	221	3.919	0.631		
	其他	30	3.807	0.609		
人格魅力	文科	244	3.969	0.698	2.856	0.058

续表

变量	类别	N	Mean	SD	F	p
人格魅力	理工科	221	4.006	0.686	2.856	0.058
	其他	30	3.683	0.71		
师生关系	文科	244	3.948	0.82	1.756	0.174
	理工科	221	4.009	0.793		
	其他	30	3.725	0.581		

四、讨论

根据对问卷数据的分析，学生对导师角色的期望可以划分为4个维度：学术水平、学术指导、人格魅力、师生关系。学生的性别和学科在4个维度上都没有显著性差异。学生的学历在4个维度上具有不同的影响，具体表现为，本科生和研究生对导师期望中学术水平、学术指导和人格魅力上没有达到统计学上的显著性差异；本科生和研究生对导师期望中的师生关系存在显著性差异，本科生对师生关系的期望较高，研究生对师生关系的期望较低。从导师期望的整体来看，在4个维度上，本科生对导师的期望均比研究生对导师的期望更高。

性别和学科对导师角色期望不存在显著性差异的研究结果与杨欣鬶等的研究结果存在一致性，杨欣鬶等认为学生对导师选择的期望存在一致性，因此造成了意向集中的结果，满足导师角色期望的导师往往被研究生扎堆选择[①]。这种对导师选择的期望并不受性别和学科的影响，或许从研究结果可以探讨选择导师过程中的"从众心理"。冯杰和苗玥玥等都认可从众心理在选择导师过程中的存在，不过背后的原因有所差异。冯杰认为从众现象是由于情景的模糊性导致的[②]；而苗玥玥等认为这种现象是因为学生不清楚在选择导师时应该考虑的必要因素，只能通过外在的、大家都认可的标准去选择导师[③]。本研究的结果显示，导师角色期望不受性别和学科的影响，硕士研究生扎堆选择导师的原因是对导师角色期望存在高度的一致性，并不是"受到群体或舆论上的压力而在观点和行为上不由自主地与多数人一致"，因而不符合从众心理的定义。李辉等通过回顾性分析广西医科大学医学专业学生选择导师的情况发现，学生选择导师的结

---

① 杨欣鬶,钱晓东,孟建军,等.研究生与导师互选工作中的师生心态分析和矛盾协调[J].学位与研究生教育,2011(03):21-25.

② 冯杰.导师双选过程的心理分析[J].商品与质量,2010(S5):105.

③ 苗玥玥,肖磊.硕士生"导师选择模式"探析[J].天津市教科院学报,2019(04):42-47.

果与导师所属的医院和学生自身的性别显著相关[1]。本研究的研究结果与此相反，可能是由于样本的偏差所导致的，本研究的样本主要为文科生、理工科生和少量其他专业的学生，研究结果的矛盾可能是由于医学专业的特殊性导致的。

学历在导师角色期望中的师生关系具有显著性差异。在以往的研究文献中，几乎所有的样本都采用研究生，没有使用本科生。杨欣蕊等在探究研究生与导师互选工作中的师生心态分析和矛盾协调中认为研究生个人期望过高，与实际情况不符[2]。而笔者在"研究一"的访谈过程中察觉到研究生在入学前后对导师期望存在调整，即在入学后对导师期望普遍下降，将设想中的导师期望往现实中的导师靠拢。因此，笔者在"研究二"中采用了部分本科生作为样本，将年龄这个因素改为学历进行探究。相关文献尽管没有直接探讨学历对导师角色期望的差异，但是在导学关系的相关文献中有所涉及。杨红认为，在研究生培养方面师生出现了一些分歧，其中最为突出的问题就是师生间信息不对称，使学生的个性发展目标与导师的培养方案不能较好的拟合，师生间缺少有目标性的沟通，导致研究生目标不明确的问题出现[3]。张爱秀认为导师和学生之间是一个关系复杂的集合体，联系紧密的复杂关系存在各种矛盾和冲突[4]。研究生在入学后与导师的相处过程中，可能改变了研究生入学前对师生关系的设想，在设想与现实的矛盾中，研究生通过调整对师生关系的期望以达到心理上的平衡，因此研究生对师生关系的期望更低，并与本科生产生了显著性差异。

第三节 硕士研究生导师选择的信息偏好

一、问题提出

硕士研究生教育作为我国高等教育的重要组成部分，是培养高层次专业人才的主要途径[5]。在研究生培养机制中，导师负责制是最关键的部分，它对硕士

---

[1] 李辉, 曾冬, 胡浪, 等. 七年制临床医学专业学生选择导师情况分析[J]. 卫生职业教育, 2014, 32 (15): 106-108.

[2] 杨欣蕊, 钱晓东, 孟建军, 等. 研究生与导师互选工作中的师生心态分析和矛盾协调[J]. 学位与研究生教育, 2011 (03): 21-25.

[3] 杨红. 硕士研究生个性培养目标中师生沟通的信息不对称问题——基于隐性契约视角[J]. 大众文艺, 2020 (09): 245-246.

[4] 张爱秀. 研究生和导师关系研究: 交易和契约[J]. 学位与研究生教育, 2006 (10): 64-68.

[5] 桑冬鸣. 研究生导师选择和确定工作的探索[J]. 教育现代化, 2019, 6 (78): 107-108.

研究生的培养质量具有直接的作用。其中，师生互选机制是目前我国高校普遍采用的招生模式和培养模式，是导师负责制的重要开端。一直以来，硕士研究生选择导师的行为模式处于被忽略的地位，近几年来由于导学关系的异化而引起社会大众和国家政府的重视。

从众，是指个体由于受到群体或舆论上的压力，从而在观点和行为上不由自主地趋向于跟多数人一致，即通常说的"随大流"[1]。在选择导师上，表现为个体受到其他学生选择的影响，最终表现为大多数学生都选择了同一位老师作为自己导师。现有的大部分研究认为，硕士研究生选择导师时存在从众现象，但对其解读存在差异，如信息模糊[2]、期望的一致性[3]、缺乏科学引导[4]和缺乏理性思考[5]等。

信息不对称的概念最早见于阿克洛夫的代表作《柠檬市场》，其基本原理为：在市场经济行为中，对于同一对象，交易双方所掌握的信息量不对等，占有较多信息资源的一方为了自身利益利用其所拥有的信息优势作出不利于另一方的行为。[6]将信息不对称的概念迁移到高校双选制度中，硕士研究生选择导师的情境中，可以认为当面对导师这一有限资源时，拥有同一心仪导师的研究生们互为竞争者，当其中有些研究生掌握导师的信息多于其他研究生时，即可认为出现了信息不对称现象。部分研究者认为，信息不对称是导致导学关系异化的重要原因。[7][8]

角色期望是指一个人所表现的行为符合社会的需要、群体或组织的需要、他人的需要或者角色本身的需要。[9]导师角色期望是指某特定群体对导师这一职

---

[1] 石成奎.学生从众心理成因及其对策[J].学校党建与思想教育，2006（12）：51-52
[2] 冯杰.导师双选过程的心理分析[J].商品与质量，2010（S5）：105.
[3] 杨欣霓，钱晓东，孟建军，等.研究生与导师互选工作中的师生心态分析和矛盾协调[J].学位与研究生教育，2011（03）：21-25.
[4] 王星，马志强.高校研究生师生互选存在的问题及模式创新[J].东北师大学报（哲学社会科学版），2014（03）：267-268.
[5] 苗明明，肖磊.硕士生"导师选择模式"探析[J].天津市教科院学报，2019（4）：42-47.
[6] 李洁若.从信息不对称理论看研究生导师双向选择[J].新西部，2010（12）：178+171.
[7] 吴玥乐，韩霞.高校导学关系的协同共建——基于导师深度访谈的质性研究[J].教育科学，2020，36（03）：64-69.
[8] 杨红.硕士研究生个性培养目标中师生沟通的信息不对称问题——基于隐性契约视角[J].大众文艺，2020（09）：245-246.
[9] 陈晓梅.角色期待与呼应：新情况下研究生导师的角色变化[J].研究生教育研究，2016（01）：70-74.

业人群应表现出的行为的预期或设想，构成导师与其利益相关者之间的桥梁。[1] 目前对于导师角色期望的模型尚未形成一致的观点。一些研究者认为硕士研究生选择导师的标准集中在导师身上，主要表现为重视导师的学科专业素质和人格品质，但在具体的研究中所包含的内容又有所不同。王锁梁等发现硕士研究生一般倾向于选择研究方向成熟稳定，有工程应用价值的课题项目和科研经费充足的导师。[2] 杨欣矗等认为，研究生选择导师时主要将导师的科研实力、研究方向、学术权威、专业就业形势和经济待遇等因素纳入考虑范围。[3] 另一些研究者则认为硕士生选择导师时，不仅考虑到导师所具备的条件，同时也会考虑自身的特质，如性别、性格、兴趣爱好及专业熟悉度等[4][5][6]。

人类通过视觉通道获取外界信息并产生对某一物体的注视和兴趣，因此，注意偏向与眼睛的视线运动密切相关。眼动技术作为一种追踪眼球运动的研究工具，简单地说眼动追踪是识别某人在看什么、怎么看的过程[7]，眼动技术基于"眼-心假说"，有的学者也译为"脑-眼假说"。"眼-心假说"认为人的目光所处的位置与关注和思考的事物有关，尤其是观察者怀着一个目标去看某件事时，该假说认为，眼睛看到的和大脑思考的没有明显延迟[8]。眼动仪能够捕获个体的视线运动轨迹，并对实时的眼球注视动态过程进行直接的测量。因此，相比于其他行为实验所提供的正确率与反应时数据，眼动技术具有很大的优势，充分反映了视觉信息加工中的选择性注意过程[9]。

---

[1] 徐文文, 卢国华, 王瑛.护理硕士专业学位导师角色期望的质性研究[J].护理研究, 2017, 31 (03): 321-324.

[2] 王锁梁, 陈耀奎, 戚建敏.硕士生导师和硕士生互选工作的探索[J].学位与研究生教育, 1990 (06): 20-22.

[3] 杨欣矗, 钱晓东, 孟建军, 等.研究生与导师互选工作中的师生心态分析和矛盾协调[J].学位与研究生教育, 2011 (03): 21-25.

[4] 宋炫, 蒲军.七年制临床医学生选择导师影响因素剖析及建议[J].中华医学教育探索杂志, 2015, 14 (04): 404-407.

[5] 陈庆章, 毛科技, 宦若红, 等.研究生选择导师的动机分析和导师应对策略探讨[C]//Proceedings of the 2011 International Conference on Education Science and Management Engineering (part 3), 2011: 195-198.

[6] 李辉, 曾冬, 胡浪, 等.七年制临床医学专业学生选择导师情况分析[J].卫生职业教育, 2014, 32 (15): 106-108.

[7] 阿加·博伊科.眼动追踪：用户体验优化操作指南[M].葛缨, 何洁波, 译.北京：人民邮电出版社, 2019.

[8] 隋雪, 高敏, 向慧雯.视觉认知中的眼动理论与实证研究[M].北京：科学出版社, 2018.

[9] 邓铸.眼动心理学的理论、技术及应用研究[J].南京师大学报（社会科学版）, 2005 (01): 90-95.

眼动技术也可以获取各种量化指标数据，但并不能够准确地阐述被试者的心理活动过程。Duchowski在其《眼动跟踪技术：原理与运用》一书中提到，眼动追踪只能捕捉到中央凹视觉信息，而不能说明注意到周围的哪些事物，这是眼动追踪的局限之一。[①]阿加·博伊科也在《眼动追踪：用户体验优化操作指南》中表示同样的注视模式可以有不同的含义，为研究被试者创建清晰的目标和任务，使得对眼动数据的解释成为可能。因此，本研究在实验中设置明确的任务：选择一名教师作为自己整个研究生生涯的导师，并说明理由。同时，眼动追踪不能回答所有的问题。主要表现在四个方面：(1) 有关行动。被试者看了，但为什么看；(2) 有关认可度。被试者看了，但他们明白吗？(3) 有关结果理解程度；(4) 有关记忆。被试者看了，但他们记得吗？根据姜婷婷等的研究，口语报告可以分为即时性口语报告法和回溯性口语报告法，因为即时性口语报告容易在实验的过程中对任务产生影响，因此可准确理解被试者在选择导师时的心理活动过程[②]，本研究采用回溯性口语报告法，即在被试者完成任务后提供他们的回忆信息。

目前国内的研究聚焦点过多，研究重点分散，研究方法较为单一，且大部分文章建立在理论推导的基础之上，缺乏客观的实验和科学的数据支撑。

本研究采用口语报告与眼动追踪结合的方法，探究硕士研究生对导师的信息偏好以及获取导师信息途径的问题，为以后的研究生系统的选择导师提供帮助，对实现导学资源的优化匹配具有重要意义。

二、研究方法

(一) 被试者

本研究以某高校86名硕士研究生为研究对象，其中有23位被试者由于眼动仪故障和眼睛健康状况不佳而未参加实验，共63人参加实验。

剔除无效和采样率低于90%的眼动数据，最终得到43名学生的有效样本。被试年龄均在21~26岁之间；男22人，女21人；入学方式为推免生20人，统考生23人；专业类别为人文社科19人，理工科24人；硕士生类型为学术型26人，专业型17人。

[①] Aodrew T. Duchowski.眼动跟踪技术：原理与应用[M].2版.赵歆波，邹晓春，周拥军，译.北京：科学出版社，2015.

[②] 姜婷婷，吴茜，徐亚苹，等.眼动追踪技术在国外信息行为研究中的应用[J].情报学报，2020，39(02)：217-230.

（二）实验仪器

实验采用的仪器包括：一台13寸显示屏；一台瑞士Tobil Pro Glasses 2头戴式便携眼动追踪设备，采样率为50 Hz/100 Hz，眼动摄像机分辨率为1920×1080 pixel，被试眼睛距离屏幕100～150 cm，采用一点定标。数据处理采用Tobil Pro Glasses分析软件。

（三）实验材料

实验材料复刻某高校官网教师简介中的信息，共选取了6位教师的真实信息（图1-3），其中3名男性、3名女性，2位教授、2位副教授、2位讲师，每位教师的信息播放时间为1分钟，七大信息板块的位置相同，字体相同、行距相同、字号相同。

图1-3　实验材料（部分）

（四）实验程序

1. 设备校准与实验培训

校准眼动仪，使其达到校准水平后，主试者向被试者说明实验步骤，尽量消除被试者的顾虑、担忧和紧张情绪，确定被试者理解实验流程和明确自己的任务，开始正式实验。

2. 眼动数据收集

刺激呈现在13寸的显示器上，在整个屏幕上呈现导师的个人信息、工作经历、教育背景、科研成果、社会兼职和联系方式，刺激呈现的总时长为1分钟。根据李晶等的研究[①]，请被试者将自己想象成刚被录取进入大学读研的新生，在所提供的教师中选择一位教师作为自己的导师。在整个实验过程中，眼动仪将会自动记录被试者注视轨迹的数据。

3.访谈数据收集

眼动数据收集完毕后，被试者根据当时屏幕呈现的实验材料和提出的问题，报告选择的思维过程。访谈全程录音以供后续深入分析。

4.数据导出和转录编码

研究者根据七个兴趣区导出相应的眼动指标，并运用思维导图软件Mindjet Mindmanager pro 7.0，对访谈数据进行转录和编码。

三、结果

（一）眼动指标分析结果

采用Tobil Pro Glasses分析软件处理眼动数据，包括制作并导入snapshots，数据叠加和矫正，绘制兴趣区等。此外，由于眼动实验结果的有效性以被试者注视点在兴趣区上运动的精准度为保障，剔除采样率低于90%的被试者后，一共43位被试者的数据可供使用，根据单页一个眼动数据计算，一位被试者有6个眼动数据，即共有258个眼动数据。43位被试者的平均年龄为23.47岁，标准差为1.373，其中年龄最小的为21岁，年龄最大的为26岁。具体的人口学信息，如年级、性别、入学方式、专业类别和硕士生类型如表1-14所示。43位被试者中有25位观看实验材料的顺序为"1"，即女导师的顺序在前，男导师的顺序在后；有18位被试者观看实验材料的顺序为"2"，即男导师的顺序在前，女导师的顺序在后。

表1-14 人口学统计学结果

年级			性别	入学方式	专业类别	硕士生类型
研一（17人）	研二（14人）	研三（12人）	男（22人）	推免（20人）	人文社科（19人）	学术型硕士（26人）
			女（21人）	统考（23人）	理工科（24人）	专业型硕士（17人）

[①] 李晶,陈志燕,陈明红.眼动追踪实验法在信息行为领域的应用研究[J].情报学报，2020，39（01）：90-99.

1. 热点图

热点图用不同的颜色来表示被试者对界面不同信息的关注度,从而可以直观地看到被试者最关注的区域和忽视的区域[①]。颜色越深,注视集中程度越高。本研究借鉴了高晓妹的研究方法[②],选择绝对注视时间生成热点图,将采集到的众多被试者的热点图进行叠加,被试者观看六位导师信息时生成注视热点图,如图1-4所示。可以看出,深色区域主要集中在研究方向、个人信息、工作经历和科研成果上。即在七个兴趣区中,被试者最关注的信息为研究方向、个人信息、工作经历和科研成果;较深色区域主要分布在教育背景和社会兼职上,即在七个兴趣区中,被试者其次关注的是教育背景和社会兼职;较浅色区域部分主要集中在联系方式上,即在七个兴趣区中,被试者比较忽视联系方式这个信息。

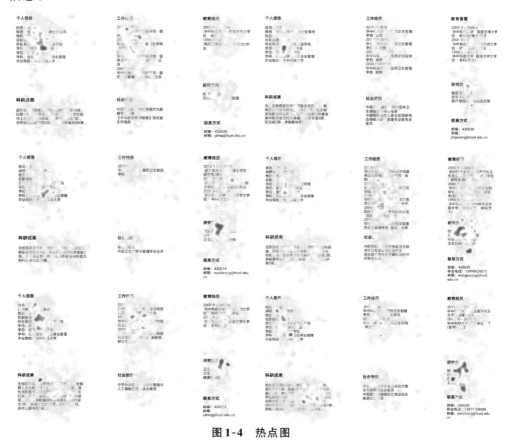

图 1-4　热点图

[①] 刘奇岳. 基于眼动仪的微课视频设计策略与学习效果研究[D]. 南京：南京邮电大学,2020.
[②] 高晓妹. 汉语儿童图画书阅读眼动研究[D]. 上海：华东师范大学,2009.

2. 首次注视时间

在首次注视时间方面,个人信息的首次注视时间的均值最低,为2.39±7.65秒,即个人信息是最先受到被试者的关注的。联系方式的首次注视时间的均值为26.92±14.98,即被试者对联系方式的内容表现出忽视的状态。如表1-15所示。

表1-15 七个兴趣区的首次注视时间描述性统计结果

兴趣区	平均值/秒	标准差
个人信息	2.39	7.65
工作经历	9.13	9.3
教育背景	15.73	12.03
科研成果	14.74	13.28
联系方式	26.92	14.98
社会兼职	19.49	13.22
研究方向	22.51	14.01

通过 t 检验发现入学方式、硕士生类别、性别对七个兴趣区的首次注视时间都不存在显著性差异,但是专业类别对兴趣区内的首次注视时间存在显著性差异。结果表明,在工作经历这一兴趣区内,$Mean_{文科} = 8.2787$秒,$SD = 9.41$;$Mean_{理工科} = 10.85$秒,$SD = 9.71$,存在显著性差异,$t_{(1, 250)} = 4.482$,$p = 0.035$。在研究方向这一兴趣区内,$Mean_{文科} = 20.51$秒,$SD = 12.92$;$Mean_{理工科} = 24.66$秒,$SD = 14.96$,存在显著性差异,$t_{(1, 250)} = 5.151$,$p = 0.024$。因此不同专业类别的被试者对工作经历的首次注视时间和研究方向的首次注视时间具有显著性影响。

3. 注视点个数

在注视点个数方面,工作经历的注视点个数均值最高,为5.59±3.70个,即在工作经历这一兴趣区受到被试者高度关注。联系方式的注视点个数均值最低,为1.93±1.95个。如表1-16所示。

表1-16 七个兴趣区注视点个数的描述性统计结果

兴趣区	平均值/个	标准差
个人信息	4.59	2.71
工作经历	5.59	3.70
教育背景	3.88	2.63

续表

兴趣区	平均值/个	标准差
科研成果	3.75	2.78
联系方式	1.93	1.95
社会兼职	3.05	2.34
研究方向	3.05	2.27

通过 t 检验发现，入学方式对兴趣区内的注视点个数存在显著性差异。结果表明，在教育背景这一兴趣区内，$Mean_{统考}=13.85$ 个，$SD=13.98$；$Mean_{推免}=17$ 个，$SD=13.34$，存在显著性差异；$t_{(1, 256)}=4.721$，$p=0.031$。在科研成果这一兴趣区内，$Mean_{统考}=17.9$ 个，$SD=18.16$；$Mean_{推免}=12.44$ 个，$SD=10.29$，存在显著性差异；$t_{(1, 256)}=8.47$，$p=0.004$。硕士生类型对工作经历的注视点个数存在显著性差异，$Mean_{专硕}=21.31$ 个，$SD=14.21$；$Mean_{学硕}=16.92$ 个，$SD=13.2$；$t_{(1, 256)}=6.443$，$p=0.012$。专业类别对个人信息的注视点个数存在显著性差异，$Mean_{文科}=17.82$ 个，$SD=12.14$；$Mean_{理工科}=14.72$ 个，$SD=9.97$；$t_{(1, 256)}=5.114$，$p=0.025$。专业类别对工作经历的注视点个数存在显著性差异，$Mean_{文科}=20.55$ 个，$SD=14.11$；$Mean_{理工科}=17.15$ 个，$SD=13.31$，$t_{(1, 256)}=3.936$，$p=0.048$。专业类别对教育背景的注视点个数存在显著性差异，$Mean_{文科}=15.54$ 个，$SD=10.93$；$Mean_{理工科}=10.26$ 个，$SD=8.57$；$t_{(1, 256)}=18.953$，$p<0.001$。专业类别对研究方向的注视点个数存在显著性差异，$Mean_{文科}=7.29$ 个，$SD=5.193$；$Mean_{理工科}=5.78$ 个，$SD=5.61$；$t_{(1, 256)}=4.887$，$p=0.028$。性别对研究方向内的注视点个数存在显著性差异，$Mean_{男}=5.64$ 个，$SD=5.24$；$Mean_{女}=7.29$ 个，$SD=5.6$；$t_{(1, 256)}=5.975$，$p=0.015$。

4. 总注视时间

由表1-17可知，在总注视时间方面，工作经历的总注视时间均值最高，为 8.47 ± 6.09 秒，即在工作经历这一兴趣区受到被试者高度关注。联系方式的总注视时间均值最低，为 1.46 ± 2.07 秒。如表1-17所示。

通过 t 检验发现，入学方式对兴趣区内的总注视时间存在显著性差异，$Mean_{统考}=3.92$ 秒，$SD=4.43$；$Mean_{推免}=5.49$ 秒，$SD=6.09$，存在显著性差异；$t_{(1, 250)}=5.28$，$p=0.022$。入学方式对研究方向的总注视时间存在显著性差异，$Mean_{统考}=3.92$ 秒，$SD=4.43$；$Mean_{推免}=5.49$ 秒，$SD=6.09$；$t_{(1, 250)}=5.28$，$p=0.022$。专业类别对研究方向的总注视时间存在显著性差异，$Mean_{文科}=5.36$ 秒，$SD=6.24$；$Mean_{理工科}=3.79$ 秒，$SD=3.77$；$t_{(1, 250)}=5.266$，$p=0.023$。性

别对研究方向的总注视时间存在显著性差异，Mean$_{男}$＝6.72秒，SD＝8.67；Mean$_{女}$＝8.67秒，SD＝5.56；$t_{(1, 250)}$＝10.41，p＝0.001。性别对工作经历的总注视时间存在显著性差异，Mean$_{男}$＝8.65秒，SD＝5.73；Mean$_{女}$＝7.3秒，SD＝4.87；$t_{(1, 250)}$＝4.039，p＝0.046。

表1-17　七个兴趣区的注视总时间的描述性统计结果

兴趣区	平均值/秒	标准差
个人信息	8.05	5.51
工作经历	8.47	6.09
教育背景	6.30	5.13
科研成果	6.66	6.34
联系方式	1.46	2.07
社会兼职	3.23	3.08
研究方向	4.25	5.47

（二）回顾性访谈分析

问题1：你想选择哪位老师做你的导师？为什么？选择结果如表1-18所示。

表1-18　选择导师的结果统计结果

导师名称	导师性别	选择人数/人
马教授	男	36
熊副教授	男	8
张讲师	男	7
王教授	女	4
叶副教授	女	3
王讲师	女	5
总计		63

分析发现，学生在选择导师时会从导师的客观信息出发，对导师的隐藏信息进行主观上的推测。将被试者的推测进行整合，发现被试者主要将视野集中在两个方面。一方面是导师所具备的能力，包括学术上的科研能力、教育上的培养能力以及为人处事的能力。其中学术上的科研能力包括专业能力、留学资源、视野开阔、科研资源；教育上的培养能力包括培养学生的经验、管理方式、师生相处、交流沟通和时间精力；为人处事的能力包括人格品质和情绪状态。

另一方面是学生的需求，包括学业状态、安全感和竞争优势。学业状态包括学生的英语水平、工作量大小、自身的读博需求和发表文章的机会；安全感是指学生最基本的安全需求；竞争优势是指学生在选择该老师作为自己的导师时，拥有较大的成功的可能性。

问题2：在观看过程的汇总时，你最在意哪些信息？为什么？被试者回答中最重要的两个信息出现的次数，如表1-19所示。

表1-19　信息关注次数统计结果

信息类别	次数/次
个人信息	9
职称	10
工作经历	19
教育背景	20
科研成果	22
社会兼职	3
研究方向	23

分析发现，研究方向是被试者最关注的信息；社会兼职相对来说受到了忽略，只有少数被试者很在意。

问题3：除了PPT上所提供的信息外，你还想获取哪些信息？

分析发现，被试者想了解的信息主要包含三个主体：导师、实验室和课题组。导师信息包括：(1)导师职务——是否在学院、学校有行政职务以及在企业有挂职；(2)导师理念——心仪学生的类型、培养研究生的理念、对研究方向的理解；(3)人口学特征——导师的外貌、年龄和籍贯；(4)个性化特征——处事方式、性格特征、个人喜好、人格品质、学术态度；(5)社会评价——导师在学生群体中的口碑。实验室状况包括实验室的研究实力和实验室设备。课题组的状况包括：(1)团队成员情况——学生性别比例、硕士生和博士生的数量、学生的发展状况、学生毕业论文的题目、已经毕业的学生数量；(2)相处模式——师生关系、沟通方式、学生的工作压力、指导方式、管理方式；(3)科研项目——目前的项目、项目类型、科研成果的含金量、经济补贴。

作为新生，被试者主要采取三种途径获取以上信息：虚拟社交网络、真实社交网络和官方信息网站。虚拟社交网络包括导师评价网（知乎、论坛、贴吧、微博、考研群）等社交网络平台，通过多种途径在网络上购买导师相关资料，观察导师朋友圈。真实社交网络主要为询问师生，包括本科院校的学生和目标院校的学生，最好是目标导师门下的师兄师姐，以及和目标导师取得直接联系（包括给导师发邮件、看导师反馈的情况、和导师面谈、参观实验室）。官方信息网站主要为学校官网和中国知网等大型网站搜索导师的论文，从导师的论文中获取相关信息。

四、讨论

热点图直观显示被试者对研究方向、个人信息、工作经历和科研成果四个兴趣区最为关注。

在首次注视时间方面，硕士研究生对导师个人信息最感兴趣，其次是导师的工作经历。除了被试者对这一兴趣区的内容感兴趣外，这一结果也受到了兴趣区排序的影响。人们习惯性的从左到右的观看顺序，影响了首次注视时间的结果。结果表明专业类别对研究方向的首次注视时间存在影响，文科生比理工科生更早注意到工作经历和研究方向两个兴趣区。

导师的工作经历的注视点个数最多，表明硕士研究生对导师的工作经历非常关注，且与其他兴趣区存在显著性差异。入学方式对导师的科研成果区域和教育背景区域的注视点个数具有显著性影响，具体表现为参与统考入学的学生更关注导师的科研成果，推免生更加关注导师的教育背景。硕士生类型对工作区域的注视点个数存在显著性差异，具体表现为专业型硕士更加关注导师的工作经历，且与学术型硕士存在显著性差异。学科类别对个人信息、工作经历、教育背景和研究方向兴趣区内的注视点个数存在显著性影响。具体表现为文科生比理工科生更加关注个人信息区域、工作经历区域和教育背景区域。性别对研究方向兴趣区内的注视点个数存在显著性影响，女生更关注研究方向区域，且与男生有显著性差异。

工作经历的注视总时间均值最大，而工作经历的理解难度并不高，因此，工作经历区域的总注视时间的长短可以判断被试者对工作经历的重要性评估，即工作经历的总注视时间与其他区域存在显著性差异，表明被试者认为工作经历非常重要。入学方式对研究方向兴趣区内的总注视时间存在显著性影响，具体表现为推免生注视研究方向区域的总时间更长，且与统考生存在显著性差异；专业类别对研究方向兴趣区内的总注视时间存在显著性影响，文科生注视研究方向区域的总时间更长，且与理工科生存在显著性差异；与以往的研究一致[1]，

---

[1] Zuo W H, Wu Z R, Liu Q, et al. Gender-based eye movement differences in the Ilab-X platform using: An eye-tracking study[J]. International Journal of Psychophysiology, 2021, 168 (S): 174.

性别对个人信息和工作经历兴趣区内的总注视时间存在显著性影响，女生注视个人信息区域的总时间更长，男生注视工作经历区域的总时间更长。

单个的眼动指标不能很好地说明被试者的认知过程和注意偏向，需要多方的指标汇总才能提高研究的科学性。[①]通过对首次注视时间、注视点个数、总注视时间、平均注视时间的结果分析，被试者对七个兴趣区的关注具有显著性差异，且受到了硕士生类型、入学方式、专业类别和学生性别的影响。

[①] 闫国利，熊建萍，臧传丽，等.阅读研究中的主要眼动指标评述[J].心理科学进展，2013，21（04）：589-605.

第二章 导学关系的特点

第一节 硕士研究生导学关系的现状

一、问题提出

硕士研究生是我国研究生教育的主体,硕士研究生的培养质量,在一定程度上决定了我国研究生教育的整体质量,也在一定程度上影响我国向教育强国转变的进程。导师的指导风格、导师与学生的关系与相处状况以及提升与导师沟通技巧的意愿等现状的探讨,对建立健康、和谐与积极的导学关系有重要的理论与实践意义。

二、研究方法

(一)问卷设计

本研究采用自编的"硕士研究生导学关系调查问卷"为调查工具,对获得的调查数据进行检验,结果表明本问卷的信、效度均较高。问卷分为五个维度:基本的人口学变量、导师的指导风格、学生与导师的交流情况、学生与导师相处的实际情况以及提升与导师沟通技巧的意愿,问卷以学生为主体,探究硕士研究生导学关系的现状。

(二)调查对象

本研究累计发放问卷561份,有效问卷为557份。样本的人口统计学信息如表2-1所示。

表 2-1　样本的人口统计学变量统计结果

变量名称	变量类别	人数/人	占比/%
性别	男	430	77.2
	女	127	22.8
年龄	21～25 岁	456	81.28
	26～29 岁	96	17.11
	30 岁以上（含）	9	1.60
是否为独生子女	是	326	58.11
	否	235	41.89
年级	硕士一年级	131	23.35
	硕士二年级	120	21.39
	硕士三年级	118	21.03
	博士一年级	55	9.80
	博士二年级	45	8.02
	博士三年级	45	8.02
	博士四年级	22	3.92
	其他	25	4.46
专业类别	理科	19	3.39
	工科	541	96.43
	医科	0	0.00
	体育	1	0.18
硕士生类型	全日制学术硕士生	364	64.88
	全日制专业硕士生	196	34.94
	非全日制	1	0.18
入学方式	免试推荐	286	50.98
	应届考入	222	39.57
	非应届考入	53	9.45
本科学校	985	316	56.33
	211	87	15.51
	双一流学校	27	4.81
	双一流学科	15	2.67

续表

变量名称	变量类别	人数/人	占比/%
本科学校	普通本科	114	20.32
	其他	2	0.36
本科和硕士专业	相同	316	56.33
	相近	199	35.47
	不同	46	8.20
导师年龄	30岁以下（含）	3	0.53
	31~40岁	199	35.47
	41~50岁	257	45.81
	51岁及以上	102	18.18
导师性别	男	483	86.10
	女	78	13.90
导师婚姻状况	已婚	539	96.08
	未婚	21	3.74
	离异	1	0.18
导师职称	讲师	8	1.43
	副教授（副研究员）	132	23.53
	教授（研究员）	421	75.04
导师担任行政职务	院长	8	1.43
	副院长	47	8.38
	系主任	41	7.31
	无	465	82.89
师门在校总数	5人及以下	60	10.70
	6~10人	120	21.39
	11~19人	197	35.12
	20人及以上	184	32.80
导师是否为第一选择	是	501	89.30
	否	60	10.70
所获得来自导师的补贴相比于同门	偏低	80	14.26
	持平	352	62.75

续表

变量名称	变量类别	人数/人	占比/%
所获得来自导师的补贴相比于同门	偏高	42	7.49
	不确定	87	15.51
毕业后的打算	继续深造	62	11.05
	找工作	395	70.41
	不确定	104	18.54

三、硕士研究生导学关系现状的调查结果分析与讨论

(一)导师的指导风格

将导师的指导类型分为权威型(即密切关注学生的学习和科研)、师友型(即适当指导学生的学习和科研)、放养型(即几乎不过问学生的学习和科研)和俱乐部型(即只关心学生的生活,不关心学术)。有22.28%的学生认为自己的导师是权威型,66.84%的学生认为自己的导师是师友型,9.98%的学生认为自己的导师是放养型,0.89%的学生认为自己的导师是俱乐部型(图2-1)。有超过半数的学生都认为导师能对自己的学习和科研进行适当的指导。

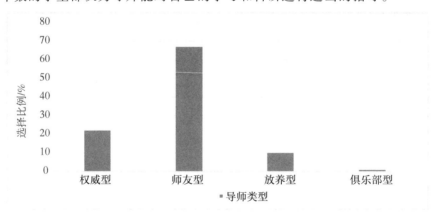

图2-1 不同导师类型的选择比例

(二)学生与导师的交流情况

通过问卷调查发现,在与导师的交流方式中,单独面谈、师门会议、微信和QQ联系是导师与学生交流的主要方式,其中有82.35%的学生选择了单独面谈,选择师门会议和微信、QQ联系的学生各有69.52%和71.48%。还有

25.67%的学生选择了电话联系，17.83%的学生选择了邮件，2.85%的学生选择了其他（图2-2）。

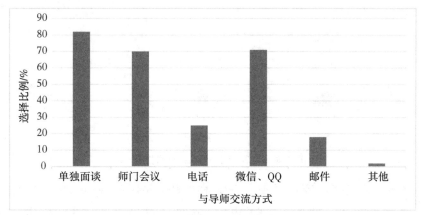

图2-2　与导师交流方式的选择比例

在与导师的交流时间选择中，大部分学生与导师的交流时间都在一个小时以内。有25.49%的学生与导师的交流时间在15分钟以内，45.28%的学生与导师的交流时间在15~30分钟，23.71%的学生与导师的交流时间在31~60分钟，3.92%的学生与导师的交流时间在61~120分钟，1.6%的学生与导师的交流时间在120分钟以上（图2-3）。

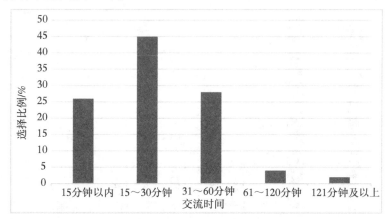

图2-3　与导师交流时间的选择比例

在与导师的交流频率选择中，大多数学生与导师的交流频率都是每周一次，极少数学生与导师每学期交流一次，甚至不交流。有9.63%的学生几乎每天与导师交流，73.44%的学生每周与导师交流一次，14.97%的学生每月与导师交流一次，1.6%的学生每学期与导师交流一次，0.36%的学生跟导师几乎没有交流（图2-4）。

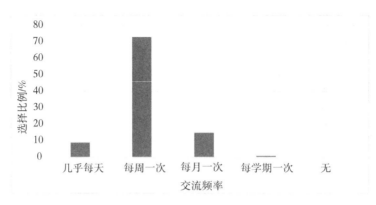

图 2-4 与导师交流频率的选择比例

在与导师的交流内容选择中，以学术知识、科研项目和未来规划为主。其中选择"学术知识"的学生有84.49%，选择"科研项目"的学生占87.17%，选择"未来规划"的学生占41.71%。还有24.06%的学生选择了"为人处事"，19.25%的学生选择了"日常生活"，11.94%的学生选择了"兴趣爱好"，还有2.67%的学生选择了"其他"（图2-5）。说明导师与学生的交流内容范围广泛、丰富，以学习科研为主，但也包含日常生活相关的内容。

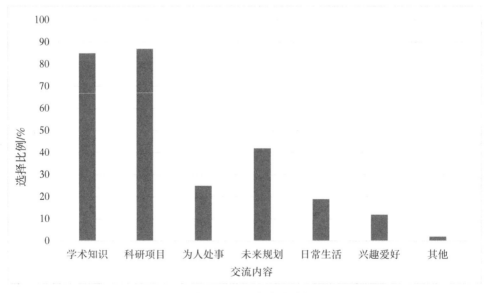

图 2-5 与导师交流内容的选择比例

导师与学生交流情况汇总，如表2-2所示。

表 2-2 学生与导师的交流情况表

变量名称	变量类别	人数/人	百分比/%
交流方式	单独面谈	462	82.35
	师门会议	390	69.52
	电话	144	25.67
	微信、QQ	401	71.48
	邮件	100	17.83
	其他	16	2.85
每次交流时间	15分钟以内	143	25.49
	15~30分钟	254	45.28
	31~60分钟	133	23.71
	61~120分钟	22	3.92
	121分钟及以上	9	1.60
与导师交流的频率	几乎每天	54	9.63
	每周一次	412	73.44
	每月一次	84	14.97
	每学期一次	9	1.60
	无	2	0.36
与导师的交流内容	学术知识	474	84.49
	科研项目	489	87.17
	为人处事	135	24.06
	未来规划	234	41.71
	日常生活	108	19.25
	兴趣爱好	67	11.94
	其他	15	2.67

(三) 学生与导师的关系现状

根据问卷调查结果,学生与导师的关系情况如表 2-3 所示。有近半数 (47.95%) 的学生认为自己从未与导师发生过令自己困扰或者关系紧张的事,有 29.23% 的学生认为自己很少与导师发生矛盾,有 12.48% 的学生认为自己偶尔会与导师之间产生矛盾,不到 10% 的学生认为自己有时甚至经常与导师发生关系紧张的事。这说明总体上来说学生与导师之间相处较为融洽，师生关系较为和谐。

而在与导师发生矛盾时，大多数（73.98%）学生会和导师坦诚相待，好好谈谈解决问题，极少数学生会从此不再主动联系导师，或向院系领导反映。还有10.34%的学生会当什么事情都没有发生过，15.33%的学生会向周围同学诉说。大多数学生对矛盾的解决方式倾向于积极主动，积极寻求解决问题的方法，或向周围同学诉说，发泄情绪。但仍存在少部分学生在解决矛盾的过程中采取消极极端的方式，不利于问题的根本性解决。

在现阶段与导师关系的选择中，有55.61%的学生认为自己与导师的关系正常，属于普通的师生关系。36.01%的学生认为自己与导师之间相处融洽，属于亦师亦友的关系。有4.63%的学生认为自己与导师之间属于上下级关系。还有0.89%的学生认为自己与导师之间比较冷漠，属于路人关系。从数据上看，大多数的学生都认为目前自己与导师的关系处于正向积极的状态，但仍有少部分学生对自己与导师之间关系的看法较为消极。

在对影响和导师之间关系的关键因素选择中，导师自身的学术研究、教学等能力和导师对学生的指导力度占比最高，分别为76.11%和75.76%，说明学生对导师自身学术能力和教学指导能力的重视，导师自身学术科研能力越强，对学生的指导力度越大，学生就会越尊重信赖导师，导学关系就可能越好。导师的道德品行、学生的积极主动性、师生双方的性格契合度占比也较高，分别为68.27%、52.58%、53.83%。如表2-3所示。

表2-3　学生与导师的关系情况表

变量名称	变量类别	人数/人	百分比/%
与导师发生过困扰或关系紧张的事	经常	15	2.67
	有时	43	7.66
	偶尔	70	12.48
	很少	164	29.23
	从未	269	47.95
当与导师发生矛盾时的解决方式	从此不再主动联系导师	1	0.18
	当什么都没有发生过	58	10.34
	向周围同学诉说	86	15.33
	向院系或领导反映	1	0.18
	和导师坦诚相待，好好谈谈解决问题	415	73.98

续表

变量名称	变量类别	人数/人	百分比/%
个人觉得目前与导师的关系	无所谓，路人关系	5	0.89
	比较官僚，上下级关系	26	4.63
	比较冷漠，雇佣关系	16	2.85
	正常，普通师生关系	312	55.61
	融洽，亦师亦友关系	202	36.01
认为影响和导师之间关系的关键因素	导师自身的学术研究、教学等能力	427	76.11
	导师对学生的指导力度	425	75.76
	导师对学生的物质资助	216	38.5
	导师对学生的关爱度	326	58.11
	导师的道德品行	383	68.27
	导师的个人魅力	269	47.95
	学生的积极主动性	295	52.58
	师生双方性格的契合度	302	53.83
	环境和制度的因素	162	28.88
	其他	23	4.10

（四）学生与导师相处的实际情况

在参与导师项目或论文工作时，有36.9%的学生认为自己承担了核心任务，有25.13%的学生认为自己参与研究设计、课题讨论等重要但是非核心内容，有18.36%的学生认为自己起到为师兄师姐提供帮助的作用，有9.8%的学生参与了资料的收集和整理，认为自己是"打酱油"甚至从未参与的学生分别占5.17%和4.63%。

在对继续攻读学位的主要目的的选择中，有78.97%的学生选择了"毕业后找到更好工作"，说明找工作仍是攻读学位的主要原因之一。50.98%的学生选择了"对学术研究感兴趣"，说明兴趣也是学生们坚持学术研究的重要原因。有10.87%的学生选择"暂时不想找工作"，这可能与目前大环境不太乐观，找工作难度上升等原因有关。有11.23%的学生选择了"周围同学都继续深造"，迫于同学压力继续科研。有9.09%的学生选择了"为了父母实现愿望"，17.47%的学生选择了"结交更多朋友，拓展社交网"，9.09%的学生选择了"其他"。

针对导师在学生心中的形象，有大多数的学生认为，导师在日常教学和生活中传达了强烈的爱国主义情怀,其高尚的理想信念一直激励着学生,并且导师经常为学生答疑解惑,致力于把学生培养成一位德智体美劳全面发展的优秀学生,是学生思想上的领路人。有极少数的学生认为导师时常抱怨学生不听话,自己和导师交流启发性一般,收获一般。大部分学生都认为导师在道德修养方面令人钦佩,为自己树立了一个良好的榜样,需要向导师学习。

针对导师对学生就业的影响来看,有半数左右的学生经常和导师沟通职业规划和人生理想,导师也经常通过各种方式(QQ、微信、面对面聊天等)分享给学生一些有关就业的内容,通过导师的言传身教,让学生知道了将来应该从事什么工作,导师对自身的生涯规划启发性很强,收获很大。但也有三成左右的学生认为导师很少过问自己未来的工作情况。

针对导师对学生生活上的帮助来看,超过半数的学生认为导师在生活中对学生非常体贴,非常关心,在生活上遇到困难时都可以从导师那里寻求帮助,并且每次与导师沟通都能解决实际问题。有少部分的学生常和导师沟通日常生活情况,并且与导师有丰富的日常交往活动(如吃饭等)。

针对导师对学生学习上的指导来看,有约一半的学生表示自己常和导师一起去调研或开会。七成左右的学生认为,导师指导学生的时间较多且给自己提供了很多科研帮助,导师自身踏实且专注于学术的精神令人感动,对自己的学习促进很大;自己常与导师沟通论文思路、科研项目情况或研究计划,导师也会根据自己的兴趣布置学习任务,布置任务时也会有明确的要求,在导师的帮助下,自己拥有了良好的学术素养和科研能力。

针对与导师相处的感受来看,有超过半数的学生认为自己在跟导师相处时感到轻松愉悦,和导师相处就像朋友一样,从来没有感受到拘束。有大约10%的学生会经常跟导师沟通个人情感问题。有20%左右的学生看到导师会觉得紧张焦虑,约有30%左右的学生认为自己跟导师之间的相处像老板和下属一样。有10%左右的学生跟导师几乎没有交往,9%左右的学生与导师经常发生冲突。

针对与导师沟通的反馈来看,大部分学生认为导师指导学生时认真负责,经常在言语上鼓励自己,会给自己带来成长启示。有七成的学生与导师沟通的过程常常高效且有价值,每次沟通也能得到及时的反馈。有八成的学生很佩服导师拥有渊博的学识,因此会努力提升自我。有四成左右的学生认为导师会给予学生有压力的指导。有一成左右的学生认为导师指导学生时怠慢懒散。

在关于是否接受导师沟通技巧辅导的选择中,有7.66%的学生选择一定不会,22.64%的学生选择可能不会,25.49%的学生选择不确定,37.08%的学生表示可能会参加,7.13%的学生表示一定会参加(表2-4)。这说明学生对于提升自己与导师的有效沟通有较强的意愿。表示可能不会或者一定不会接受辅导的学生可能是由于科研压力过大，担心没有时间，或者对于自己的沟通技巧已有足够的信心。

表 2-4 学生接受导师沟通技巧辅导意愿的选择比例

变量名称	变量类别	人数/人	百分比/%
是否接受关于导师沟通技巧的辅导	一定不会	43	7.66
	可能不会	127	22.64
	不确定	143	25.49
	可能会	208	37.08
	一定会	40	7.13

第二节 硕士研究生师生双选制下导学关系的满意度

一、问题提出

2012年至2021年，学位与研究生教育杂志社、北京理工大学研究生教育研究中心（周文辉团队）连续组织开展全国研究生满意度调查研究，形成了系统的反映研究生教育质量的指标，其中包含研究生对指导教师的满意度，研究结果表明，研究生对指导教师的满意度为89.1%，远高于总体满意度，也高于课程教学、科研训练、管理与服务等维度的满意度。本研究试图调查H大学的硕士研究生对导师满意度的现状，并进一步与周文辉团队的研究结果进行比较。

信息是硕士研究生在选择导师过程中需要参考的重要依据，而信息不对称则会造成硕士研究生选择导师时出现不满意的情况。信息不对称理论最早应用于经济学范畴，但同样适用于高等教育学。信息不对称导致的逆向选择和道德风险也受到了诸多学者的关注。王锁梁等[1]早在1990年就提出为了增加师生互选的透明度，应将导师的有关资料发给研究生，在互选的过程中，各教研室主任和导师在规定的时间内接待研究生，并回答他们的问题。同时，导师也可以

---

[1] 王锁梁，陈耀奎，戚建敏.硕士生导师和硕士生互选工作的探索[J].学位与研究生教育，1990（6）：3.

通过不同渠道主动地了解研究生的情况。经过双方的反复了解后，再填写选择导师志愿表。可见，真实准确的信息对于导师和硕士研究生双方都相当重要。在师生双向选择过程中有两个环节很重要，第一是相关信息的有效获取[①]；第二是协调沟通功能的高效发挥。信息不对称是造成师生关系弱化、冲突与矛盾，研究生与导师之间的相互满意度低的根本原因。[②]在研究生培养过程中，一些师生出现了分歧，其中最为突出的问题根源是师生间信息不对称，从而使学生的个性发展目标与导师的培养方案不能较好地拟合，师生间缺少有目标性的沟通，导致导师和研究生的共同目标不明确。[③]因此，信息的饱和度决定了师生间的了解程度。从理论上讲，在选择导师之前，对导师了解得越全面，师生之间日后可能出现的冲突和矛盾就越少，硕士研究生对导师的满意度也会越高。除了在文献梳理中反复提及的真实有效信息获取的重要性外，在编制问卷之前的小范围访谈中，笔者也发现硕士研究生在选择导师的过程中会动用一切资源获取导师的相关信息，在对获取信息的真实性做出主观评价的基础上利用信息筛选导师。由此可见，在整个选择导师的过程中，信息的真实性至关重要。那么，硕士研究生获取导师信息的途径有哪些？从这些途径获取的信息真实性是否存在显著性差异？这都是本研究要探究的重要问题。

二、导学关系满意度问卷结果的主成分分析及相关性分析

（一）被试者基本情况

本研究采用自编问卷，该自编问卷参考了众多文献中的问卷题目，并进行筛选，汇编成"硕士研究生对导学关系满意度现状的调查问卷"。问卷采用里克特式5点评分，得分越高说明硕士研究生对导师越满意。

本研究累计发放问卷520份，回收有效问卷共486份，有效回收率为93.46%。在486名硕士生中，160名研究生是跨专业读研，326名研究生则是继续攻读本专业研究生。本样本的年龄主要集中在21岁至25岁之间，硕士生类型主要为全日制，但也包含少数非全日制。样本的人口统计学信息如表2-5所示。

[①] 徐兰.有限数量下双向选择的效用分析——以硕士研究生与导师之间的双向选择为例[J].全国商情·经济理论研究，2006（12）：17-18.

[②] 麻春杰，李永乐，董秋梅，等.基于研究生期望的导师队伍建设研究[J].中国中医药现代远程教育，2020，18（21）：154-156.

[③] 杨红.硕士研究生个性培养目标中师生沟通的信息不对称问题——基于隐性契约视角[J].大众文艺，2020（09）：245-246.

表 2-5 样本人口统计学变量统计表

变量名称	变量类别	人数/人	占比/%
性别	男	192	39.51
	女	294	60.49
年龄	21岁及以下	20	4.98
	22岁	69	17.21
	23岁	117	29.18
	24岁	140	34.91
	25岁及以上	55	13.72
专业类别	文科	237	48.77
	理工科	225	46.30
	其他	24	4.93
年级	研一	219	45.06
	研二	174	35.80
	研三	93	19.14
考生类别	本校考研	45	9.26
	本校保研	69	14.20
	外校考研	214	44.03
	外校保研	156	32.10
硕士生类型	全日制学术型	339	69.75
	全日制专业型	130	26.75
	非全日制	17	3.50

（二）信度及效度检验

信度分析亦称可靠性检测，用来检验问卷收集到的数据结果是否一致，本书这里采用Cronbach's α 系数进行检验。通常情况下Cronbach's α 系数达到0.6以上，表明该问卷的数据结果具有较好的一致性。使用SPSS 26.0对问卷量表的数据进行可靠性分析，问卷总的信度为0.926，$N=27$，该问卷数据的信度表现为优秀。该问卷分为真实性、了解度和满意度三个维度，对于三个分量表进行的信度检验结果见表2-6，真实性的信度值为0.922，$N=10$；了解度的信度值为0.917，$N=11$；满意度的信度值为0.943，$N=6$。三者均表明数据可靠性高，如表2-6所示。

表 2-6　问卷信度分析

维度	N	Cronbach's α 系数
真实性	10	0.922
了解度	11	0.917
满意度	6	0.943

根据 KMO 和巴特利球形检验可知，KMO 的系数结果为 0.927，大于 0.8，KMO 检验的系数取值范围在 0~1 之间，越接近 1 说明问卷的效度越好，因此该问卷的效度表现很好。巴特利球形检验近似卡方值为 9314.327，自由度为 351，p 值小于 0.01，无限接近于 0，拒绝原假设。由此可知该问卷非常适合进行因子分析。

（三）主成分分析

通过主成分提取可知（表 2-7），3 个因子的累计解释方差变异为 63.674%，且 3 个因子的特征值都大于 1，说明该问卷数据提取 3 个因子可对原始数据解释较为理想。其中因子 1 的特征值为 10.763，解释方差百分比为 25.960%；因子 2 的特征值为 4.690，解释方差百分比为 22.588%；因子 3 的特征值为 1.739，解释方差百分比为 15.126%。

表 2-7　主成分提取

因子	初始特征值			提取平方和载入			旋转平方和载入		
	合计	方差百分比/%	累计方差百分比/%	合计	方差百分比/%	累计方差百分比/%	合计	方差百分比/%	累计方差百分比/%
1	10.763	39.864	39.864	10.763	39.864	39.864	7.009	25.960	25.960
2	4.690	17.369	57.232	4.690	17.369	57.232	6.099	22.588	48.548
3	1.739	6.442	63.674	1.739	6.442	63.674	4.084	15.126	63.674

随后根据碎石图分析可知（图 2-6），趋势图在成分 3 之前急剧下降，之后趋于平缓，说明该问卷中的 27 个题项提取 3 个主因子比较合适。

根据旋转成分矩阵结果中的因子荷载来判断各个题项的因子归属（表 2-8）。主因子 1 包括题项 22、23、24、25、26、27 属于满意度维度，主因子 2 包括题项 1、2、3、4、5、6、7、8、9、10 属于真实性维度，主因子 3 包括题项 11、12、13、14、15、16、17、18、19、20、21 属于了解度维度。

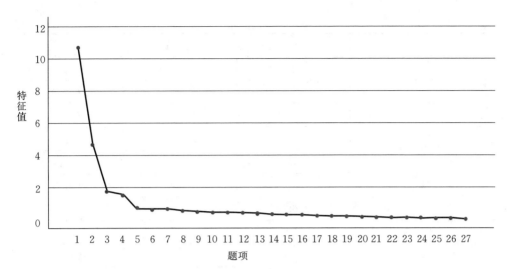

图 2-6 碎石图

表 2-8 旋转成分矩阵

题项	主因子		
	1	2	3
1		0.259	
2		0.856	
3		0.852	
4		0.640	
5		0.863	
6		0.865	
7		0.765	
8		0.704	
9		0.752	
10		0.722	
11			0.832
12			0.841
13			0.695
14			0.636
15			0.605
16			0.491

续表

题项	主因子		
	1	2	3
17			0.057
18			0.080
19			0.154
20			0.214
21			0.098
22	0.697		
23	0.781		
24	0.754		
25	0.765		
26	0.712		
27	0.694		

（四）相关性分析

从表2-9可以看出，获取导师信息的真实性与对导师的了解度具有显著的正相关（$r=0.524^{**}$），相关性分析结果在0.01水平上显著；获取导师信息的真实性与对导师的满意度具有显著正相关（$r=0.454^{**}$），相关性分析结果在0.01水平上显著；对导师的了解度与对导师的满意度具有显著正相关（$r=0.577^{**}$），相关性分析结果在0.01水平上显著。

表2-9 相关性分析表

	真实性	了解度	满意度
真实性	1		
了解度	0.524**	1	
满意度	0.454**	0.577**	1

注：**表示$p<0.01$。

三、导学关系满意度问卷调查结果综合分析

（一）选择导师的信息源

从信息源上看，在选择导师的过程中，学校官网、人际关系网和与导师直

接接触是研究生获取导师信息的主要三大渠道。超过80%的研究生选择从学校官网上获取导师相关信息，超过40%的研究生从人际关系网获取导师相关信息，将近40%的研究生通过与导师直接接触获取导师相关信息。从考研机构和考研App及其他渠道获取导师信息的研究生比例非常小（图2-7）。而在人际关系网中，本科学校的同学、目标院校的学生和老师是为研究生考生提供导师信息的三大主力军。

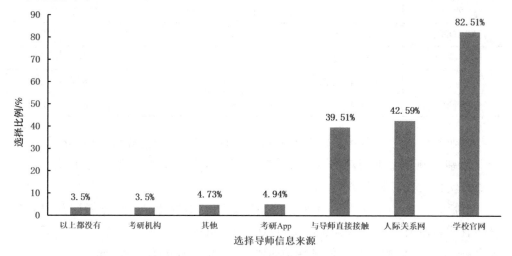

图 2-7　选择导师的信息源分布情况

（二）信息源的真实性

信息源真实性得分的描述性统计如表2-10所示，从真实率来看，学校官网的真实率最高，为70.57%；与导师直接接触和从目标院校的学生获得信息的真实率较高，分别为68.93%和59.46%；真实率最低的信息源是考研App，真实率仅为15.02%。从平均分来看，从与导师直接接触得到的信息的真实性得分最高，平均值达到了3.821分；其次是学校官网的真实性，平均值为3.746分。可以看出，在信息来源中，与导师直接接触和从学校官网获取的信息，是最接近导师真实情况的。

表 2-10　信息源真实性统计表

信息源	非常不真实/%	不太真实/%	一般/%	比较真实/%	非常真实/%	真实率/%	Mean	SD
学校官网	2.26	4.53	19.75	44.44	26.13	70.57	3.746	0.038
考研机构	2.26	10.29	38.89	14.40	2.67	17.07	3.042	0.026

续表

信息源	非常不真实/%	不太真实/%	一般/%	比较真实/%	非常真实/%	真实率/%	Mean	SD
与导师直接接触	1.23	1.23	12.35	37.65	31.28	68.93	3.821	0.037
考研App	2.67	11.11	39.71	12.35	2.67	15.02	3.011	0.026
亲人	3.29	6.58	28.60	18.52	9.26	27.78	3.203	0.032
朋友	0.62	4.53	22.22	36.83	7.41	44.24	3.391	0.029
同班同学	1.44	2.88	24.07	34.77	9.88	44.65	3.415	0.031
本科学校的同学	0.62	1.65	19.75	40.12	15.64	55.76	3.583	0.032
老师	0.82	2.47	18.11	35.39	18.11	53.5	3.574	0.033
目标院校的学生	1.03	1.44	16.05	38.27	21.19	59.46	3.657	0.034

专业类别、考生类别、硕士生类别对信息源真实性的单因素方差分析发现，专业类别、硕士生类别对信息源真实性不具有显著性影响，但是考生类别对信息源真实性具有显著性影响，$F_{(3,480)}=4.317$，$p=0.005$。

事后检验的结果如表2-11所示，结果表明，本校考研与外校考研获取的信息源真实性具有显著性差异，Mean=0.179，SD=0.078，$p=0.022<0.05$；外校考研与外校保研获取的信息源真实性具有显著性差异，Mean=0.165，SD=0.05，$p=0.001<0.01$。即本校考研的学生获取的信息源真实性比外校考研的学生获取的信息源真实性显著更高，外校保研的学生获取的信息源真实性比外校考研的学生获取的信息源真实性显著更高。

表2-11 考生类别对信息源真实性的事后检验

（I）考生类别	（J）考生类别	MD（I-J）	SD	p
本校考研	本校保研	0.093	0.091	0.308
	外校考研	0.179*	0.078	0.022*
	外校保研	0.014	0.081	0.863
本校保研	本校考研	−0.093	0.091	0.308
	外校考研	0.086	0.066	0.194
	外校保研	−0.079	0.069	0.251
外校考研	本校考研	−0.179*	0.078	0.022*
	本校保研	−0.086	0.066	0.194
	外校保研	−0.165*	0.05	0.001**

续表

（I）考生类别	（J）考生类别	MD（I-J）	SD	p
外校保研	本校考研	−0.014	0.081	0.863
	本校保研	0.079	0.069	0.251
	外校考研	0.165*	0.05	0.001**

注：* 表示 $p<0.05$，** 表示 $p<0.01$。

（三）对导师的了解度

在题项"总体来说，您在选择导师时，对自己最终所选导师的了解程度如何？"中，研究生对选择的导师了解率为 43.83%（表 2-12）。即从总体上来看，研究生在选择导师时，对导师的了解度不高。

表 2-12 对导师的总体了解度

选项	占比/%	了解率/%	Mean	SD
非常不了解	2.88			
不太了解	15.02			
一般	38.07	43.83	3.28	0.03
比较了解	38.89			
非常了解	4.94			

在选择导师前对导师的了解度的描述性统计如表 2-13 所示。从了解率来看，研究生对导师的师生关系、社会地位、管理风格、指导方式和经济补贴了解率都比对总体的了解率低。其中，经济补贴的了解率比总体了解率低了 18.53 个百分点。在 11 个题项中，研究生对导师的教育背景最为了解，了解率为 71.40%；其次是对导师的个人信息较为了解，了解率为 70.99%。但总体来说，有超过 6 个题目的了解率低于 50%。

从平均分来看，研究生们对导师教育背景的了解度得分最高，为 3.762；其次是对导师个人信息的了解度，分数为 3.742；但管理风格、指导方式和经济补贴的得分都低于 3 分。其中，经济补贴的得分最低，仅为 2.789 分。可见，从平均分来看，学生对导师的教育背景最为了解，对导师给予的经济补贴最不了解。

表 2-13 对导师的了解度统计表

项目	非常不了解/%	不太了解/%	一般/%	比较了解/%	非常了解/%	了解率/%	Mean	SD
个人信息（性别、年龄）	1.03	5.56	22.43	47.33	23.66	70.99	3.742	0.036
教育背景	0.82	5.14	22.43	47.33	24.07	71.40	3.762	0.036
工作经历	2.26	8.64	30.04	40.95	17.28	58.23	3.538	0.038
科研成果	1.85	9.26	36.21	41.15	11.11	52.26	3.427	0.035
研究方向	2.26	6.79	25.72	52.06	13.17	65.23	3.559	0.035
社会地位	3.5	17.28	40.74	31.07	7.41	38.48	3.181	0.036
管理风格	11.52	22.22	33.54	24.9	7.61	32.51	2.948	0.043
指导方式	11.52	23.05	32.51	24.49	7.41	31.90	2.941	0.043
师生关系	8.64	17.7	31.07	33.54	9.05	42.59	3.133	0.042
人格素质	8.02	15.02	30.86	35.8	10.08	45.88	3.210	0.042
经济补贴	14.61	27.78	23.3	18.72	6.58	25.30	2.789	0.044

对专业类别、考生类别、硕士生类别影响导师的了解度进行单因素方差分析，结果发现，专业类别、硕士生类别对导师的了解度不具有显著性影响，但是考生类别对导师的了解度具有显著影响，$F_{(3, 480)} = 5.39$，$p = 0.001 < 0.01$。

事后检验结果表明（表 2-14），本校考研与外校考研学生对导师的了解度存在显著性差异，$MD = 0.312$，$SD = 0.111$，$p = 0.005$；本校保研与外校考研学生对导师的了解度存在显著性差异，$MD = 0.262$，$SD = 0.094$，$p = 0.005$；外校考研与外校保研的学生对导师的了解度具有显著性差异，$MD = -0.216$，$SD = 0.071$，$p = 0.003$。即外校考研的学生在选择导师时对导师的了解度最低，且与其他三种类别的考生具有显著性差异。

表 2-14 考生类别对导师了解度的事后检验

（I）考生类别	（J）考生类别	MD（I-J）	SD	p
本校考研	本校保研	0.050	0.130	0.701
	外校考研	0.312*	0.111	0.005**
	外校保研	0.097	0.115	0.400
本校保研	本校考研	-0.050	0.130	0.701
	外校考研	0.262*	0.094	0.005**

续表

（I）考生类别	（J）考生类别	MD (I-J)	SD	p
本校保研	外校保研	0.047	0.098	0.635
外校考研	本校考研	−0.312*	0.111	0.005**
	本校保研	−0.262*	0.094	0.005**
	外校保研	−0.216*	0.071	0.003**
外校保研	本校考研	−0.097	0.115	0.400
	本校保研	−0.047	0.098	0.635
	外校考研	0.216*	0.071	0.003**

注：*表示$p<0.05$，**表示$p<0.01$。

（四）对导师的满意度

在486名研究生中，有279名研究生表示最终确认的导师是自己的心仪导师，有115名研究生表示最终确认的导师不是自己的心仪导师，还有92名研究生在选择之前就没有心仪导师。

从描述性统计分析来看（表2-15），研究生对导师的人格素质、学术水平和师生关系较为满意，满意率分别为78.60%、75.72%、71.89%；对导师的管理风格和学术指导的满意率较低，分别为65.64%、63.37%；研究生对导师提供的经济补贴的满意率最低，仅为57.20%。

表2-15 对导师的满意度统计表

项目	非常不满意/%	不太满意/%	一般/%	比较满意/%	非常满意/%	满意率/%	Mean	SD
学术水平	2.67	4.12	17.49	47.74	27.98	75.72	3.80	0.039
管理风格	3.70	8.44	22.02	38.89	26.75	65.64	3.65	0.042
学术指导	4.53	8.64	23.46	39.71	23.66	63.37	3.59	0.043
师生关系	2.88	6.38	19.34	39.30	31.89	71.89	3.78	0.042
人格素质	3.29	3.50	14.40	44.24	34.36	78.60	3.88	0.040
经济补贴	5.97	10.29	26.34	37.24	19.96	57.20	3.47	0.043

对性别、专业类别、考生类别、硕士生类型影响导师满意度的单因素方差分析发现，性别、考生类别和硕士生类别对导师满意度没有显著性影响。专业类别对导师满意度具有显著性影响，$F_{(2, 477)} = 3.608$，$p = 0.028$。

事后检验结果表明（表2-16），文科与理工科的硕士研究生对导师的满意度具有显著性差异，MD＝0.175，SD＝0083，p＝0.035；理工科的硕士研究生与其他专业类别的硕士研究生对导师的满意度具有显著性差异，MD＝－0.395，SD＝0.190，p＝0.038。即理工科的硕士研究生对导师的满意度最低，且与文科硕士研究生具有显著性差异。

表2-16 专业类别对导师满意度的事后检验

（I）专业类别	（J）专业类别	MD（I-J）	SD	p
文科	理工科	0.175*	0.083	0.035*
	其他	－0.220	0.189	0.247
理工科	文科	－0.175*	0.083	0.035*
	其他	－0.395*	0.190	0.038*
其他	文科	0.220	0.189	0.247
	理工科	0.395*	0.190	0.038*

注：* 表示 p＜0.05，** 表示 p＜0.01。

四、讨论

总体而言，硕士研究生对导师的满意率尚可，平均为68.74％，但该研究结果与周文辉团队2021年对全国上百所高校研究生对指导老师满意率（89.1％）的结果相差较大。本研究所得的硕士研究生对导师满意率比学者刘选会和钟定国在2020年通过问卷对陕西省各高校研究生进行调查得出的47.15％的满意率[①]要高，因此硕士研究生对导师满意率的高低可能受样本的影响。

从多维度来看，硕士研究生对导师的人格素质、学术水平和师生关系较为满意，但仍有较大的上升空间；对导师的管理风格和学术指导的满意度较低，建议导师能够因材施教、针对不同的学生采取个性化的培养方案和教育方式；对导师给予的经济补贴不太满意，希望导师能够提高经济补贴，满足学生基本的生活需求。周文辉团队2021年调查结果表明，研究生对指导老师的指导能力的满意率为87.4％[②]，本研究得到的研究生对导师的学术指导满意率为63.37％，这种结果的差异可能是由于样本类型的偏差所导致的。周文辉团队所得到的

[①] 刘选会，钟定国. 双一流背景下研究生学校管理满意度实证研究[J]. 高等教育研究学报，2020，43（01）：78-83.

[②] 周文辉，黄欢，牛晶晶，等. 2021年我国研究生满意度调查[J]. 学位与研究生教育，2021（08）：11-20.

87.4%高满意率是针对学术型研究生群体,而本研究中的样本除了学术型学位研究生之外,还包括专业型学位研究生和非全日制研究生,因此导师的学术指导满意率更低。

学校官网、人际关系网和与导师直接接触是研究生获取导师信息的三大主要渠道,其中学校官网和与导师直接接触所获得的信息真实性最高。这一结论与黄翠翠和颜素珍的研究结果有相似之处。黄翠翠和颜素珍通过大样本调查得出研究生在考虑收集导师资料时40.2%的人首先想到的是网络、55.6%首先想到的是朋友、同学等人际关系网,还有4.2%想到的是通过其他方式如考研辅导机构收集的导师资料①。本研究发现,与导师直接接触也是获取导师信息的主要渠道之一,这一点与黄翠翠和颜素珍的研究结果有出入。笔者认为这一出入是由于样本类型的不同所造成的,本研究中推免生比例高达50%左右,本校考研和本校推免的学生比例超过20%,因此本研究中硕士研究生与导师直接接触的机会更多,造成了研究结果的不同。

第三节 硕士研究生导师选择过程中存在的问题与解决路径

一、问题提出

2020年,全国考研人数首次突破了300万大关,高达341万人。2021年全国硕士研究生招生考试报名人数为377万,2022年全国硕士研究生报名人数为457万,比2021年增加80万人。五年内研究生招生考试报名人数翻了超过一番,可以看出研究生招生规模持续增长是发展趋势。

从数量上看,硕士研究生群体是一个数量庞大的群体。从教学质量上看,硕士研究生教育作为我国高等教育的重要组成部分,是培养高层次专业人才的主要途径。②硕士研究生教育在中国高等教育体系中肩负着承上启下的重任,不仅吸纳了优秀的本科生源,而且提供了博士生教育后备军。③在研究生培养机制中,导师负责制是最关键部分,它对硕士研究生的培养质量具有直接作用。国

---

① 黄翠翠,颜素珍.研究生选导师满意度影响因素分析——基于H大学的实证研究[J].扬州大学学报(高教研究版),2013,17(01):38-42.
② 桑冬鸣.研究生导师选择和确定工作的探索[J].教育现代化,2019,6(78):107-108.
③ 杨雨萌,张飞龙.建国以来硕士研究生招生制度回溯与展望[J].北京航空航天大学学报(社会科学版),2020,33(01):152-160.

家高度重视导师对硕士研究生的影响，2020年9月教育部、国家发展改革委、财政部发布的《关于加快新时代研究生教育改革发展的意见》（教研〔2020〕9号）中提出要发挥导师言传身教的作用，研究生导师要做研究生成长成才的引路人，同时文件还提出要强化导师岗位管理，全面落实导师育人职责等。

师生互选机制是目前我国高校普遍采用的招生模式和培养模式，是导师负责制的重要开端。当前研究者对硕士研究生在互选机制中选择导师的心理机制的探究极少，多数研究围绕导学关系、研究生的满意度、互选机制的改革、理想导师、导师胜任力等主题，缺乏对研究生选择导师时的心理规律和行为规律的探究。选择导师几乎是所有研究生都经历过的重大事件，有学者将研究生选择导师比作投资行为，在选择的过程中研究生们要耗费大量的时间、精力、金钱等成本，选择行为的背后伴随着一定的目的性，追求一定程度的社会效益[①]。对导师的选择将直接影响整个研究生生涯的生活甚至间接影响他们未来的人生规划和职业规划。那么，众多的研究生在选择导师的过程中，经历了怎样的心理历程？对导师有着怎样的标准和期望？选择导师的过程是否会影响后期对导师的满意度？本书总结了近年来对硕士研究生选择导师的心理特点、选择标准、对导师的期望以及导师期望模型等相关问题。希望能够深入了解硕士研究生选择导师的行为模式。

二、角色期望理论

在社会学领域，导师与研究生之间属于后天的获得性关系，双方扮演的角色随社会的发展、关系的需要而发生内涵上的变化，"角色期望"的具体定义是指一个人所表现的行为符合社会的需要、群体或组织的需要、他人的需要或者角色本身的需要。[②]导师角色期望是指某特定群体对导师这一职业人群应表现出的行为的预期或设想，构成导师与其利益相关者之间的桥梁。[③]研究生导师是培养研究生教学工作中的主要组织者和实施者，其思想道德素质、学术研究水平、创新创业意识和实践能力、工作作风对硕士研究生的培养质量都具有直接影响。通过深入了解硕士研究生对导师的期望，有针对性地加强导师队伍建设，不仅

---

① 朱林，李维. 社会网络视角下研究生选择导师的路径分析——以HH大学2014级研究生为例[J]. 学园，2015（33）：34-35.

② 陈晓梅. 角色期待与呼应：新情况下研究生导师的角色变化[J]. 研究生教育研究，2016（01）：70-74.

③ 徐文文，卢国华，王瑛. 护理硕士专业学位导师角色期望的质性研究[J]. 护理研究，2017，31（03）：321-324.

能够满足研究生培养的需求，而且能够利用外界的力量约束导师，进而对提高导师自身素质、提升硕士研究生培养质量都起到至关重要的作用。[①]

在中国知网和万方数据知识服务平台以"理想导师""导师期望""Ideal mentor"为主题和关键词进行检索，对文献的筛选有以下几条标准：一是研究的参与者为高校学生；二是文献中描述的是理想中的导师状态，是一种高于客观标准的要求，是一种对导师的极端积极的追求状态，而不是导师的典型状态。

通过对相关文献的梳理，笔者从三个层面对文献进行分析，即研究视角、研究方法、研究维度。第一，研究视角。笔者发现国内对导师角色期望维度的研究主要从研究生视角出发，很少有研究者关注到高校管理者和其他社会角色（如学生家长）对导师的期望。这种研究视角可能和研究生与导师具有直接利益相关，其他社会角色与研究生导师并无直接利害关系，因此大部分研究关注硕士生对导师的角色期望。第二，研究方法。多数文献主要采用问卷调查法和访谈法，问卷都为自编问卷，访谈主要是通过面对面访谈和电话访谈两种方法。第三，研究维度。笔者发现尽管使用的研究方法不同，但是所有文献中对导师期望的维度都包括导师的学术水平和个性品质。这说明理想导师具有这两个最基本的维度。同时，由这两项最基本的维度又延伸出多种副类属，而副类属在各项研究中的名称有所不同。如，由学术水平延伸出的副类属包括研究方法、科研成果、业务素质能力等；由个性品质延伸出的副类属包括责任感、道德修养、人格魅力、人格特征等。

三、硕士研究生选择导师的制度研究

师生互选制是目前我国高校普遍使用的师生匹配制度。互选机制也被称为双向选择机制。双向选择是我国在人事安排中的一种改革方式，起源于我国国有企业劳动用工方式的转变。改革开放后，各行各业兴起了双向选择的改革之风。硕士研究生与导师之间的双向选择，是众多双向选择中的一种[②]，自1986年开始，上海交通大学开始实行"师生互选"制[③]。随后，各高校本着学术公平、学术自由与合理竞争的原则，在硕士研究生与导师之间实行双向选择制度，

[①] 麻春杰，李永乐，董秋梅，等.基于研究生期望的导师队伍建设研究[J].中国中医药现代远程教育，2020，18（21）：154-156.

[②] 徐兰.有限数量下双向选择的效用分析——以硕士研究生与导师之间的双向选择为例[J].全国商情·经济理论研究，2006（12）：17-18.

[③] 刘静，杜建毅.浅议"师生互选"制[J].学位与研究生教育，1990，（02）：20-21.

它是硕士生培养工作的第一个环节。[1]自2006年起教育部试行研究生培养机制改革，赋予导师充分的招生权利，推行研究生与导师双向选择运作模式。[2]我国现行研究生招生录取工作中，研究生与导师的选择以双向选择为主要渠道，具体表现为研究生先选择意向的导师，再由导师根据考生的录取情况选择研究生，最后由研究生管理部门协调确定。[3][4][5]

1978年恢复招生初期，由于受主管部门对招生工作指导性措施的限制，研究生在录取时便确定了导师。[6]后来，为了解决部分落选导师的安排平衡问题，将竞争机制引进研究生培养工作中，以提高导师的竞争力[7]，推动教育公平[8]，优化资源配置，实现总体学术质量的提高。部分高校陆续以师生互选制取代了"学生初选，教师决定"的选择模式。在国内，率先实行师生互选制的是上海交通大学，上海交通大学于1986年开始试行互选机制，并在试行过程中不断进行经验总结。目前，我国众多高校都采取了师生互选制度，基本上是研究生先联系心仪导师，然后导师再反选学生的方式。各个高校内各个学院的具体实施方法有所不同。例如：云南农业大学现有的双选机制为，复试结果确认后，学生就开始通过各种方式获取研究生导师资料，并通过邮件或电话联系导师，开学之后的两周左右学院举行导师见面会，开学一个月后提交纸质版导师选择志愿表，学生能够按照顺序选择三位志愿导师。[9]各高校和学院在双选的时间上有着较大的差异，从复试结果出来后的当天至新生开学后的两个月之间，都有可能进行双选。刘静等建议师生互选工作的进行以安排在新生入学之后的三个月为宜，到第一学期结束前，确定好导师，制定培养计划，定好第二学期的选修课

---

[1]王锁梁，陈耀奎，戚建敏.硕士生导师和硕士生互选工作的探索[J].学位与研究生教育，1990（06）：20-22.

[2]李洁茗.从信息不对称理论看研究生导师双向选择[J].新西部，2010（12）：171-178.

[3]王志栋.硕士研究生与导师双向选择影响因素分析[J].山西医科大学学报（基础医学教育版），2006，8（03）：322-324.

[4]冯杰.导师双选过程的心理分析[J].商品与质量，2010（S5）：105.

[5]杨欣蓦，钱晓东，孟建军，等.研究生与导师互选工作中的师生心态分析和矛盾协调[J].学位与研究生教育，2011（03）：21-25.

[6]刘静，杜建毅.浅议"师生互选"制[J].学位与研究生教育，1990（02）：20-21.

[7]徐兰.有限数量下双向选择的效用分析——以硕士研究生与导师之间的双向选择为例[J].全国商情·经济理论研究，2006（12）：17-18.

[8]苗玥明，肖磊.硕士生"导师选择模式"探析[J].天津市教科院学报，2019（04）：42-47.

[9]麻春杰，李永乐，董秋梅，等.基于研究生期望的导师队伍建设研究[J].中国中医药现代远程教育，2020，18（21）：154-156.

程。①师生互选既不能安排得太早,以免影响师生相互间的了解;也不宜太迟,以免影响导师对研究生的课程选修指导。王星等则提出学生入学的第一个月是学生确定研究方向、树立学习目标的关键时期,尽早确定导师,有利于学生尽快地制定学习计划。②总的来说,师生互选机制是目前我国高校普遍采用的招生模式和培养模式,是导师负责制的重要开端。

四、选择导师存在的问题研究

(一)从众

现有的大部分研究认为,硕士生选择导师时具有从众心理,存在从众现象。石成奎认为,从众是指个体由于受到群体或舆论上的压力,从而在观点和行为上不由自主地趋向于跟多数人一致的行为,即通常说的"随大流"。③姚建银则认为从众是指个人受到外界人群行为的影响,而在自己的知觉、判断、认识上表现出符合于多数人群或公众舆论的行为方式。④可以看到,从众现象的发生,通常受到了群体的影响,而在行为结果上与大多数人相同。在选择导师上,则表现为个体受到其他学生选择的影响,最终大多数学生都选择了同一位老师作为自己的心仪导师。

冯杰研究了东北大学2009级硕士研究生与导师双向选择的全过程,发现学生在选择导师的过程中存在明显的从众现象,情境的模糊性导致遵从行为的发生,信息模糊是产生从众行为的主要原因。⑤同时,许多研究者认为,硕士生选择导师的过程中经常出现扎堆现象,但是对该现象的解读存在差异。⑥⑦杨欣蓦等认为学生对导师选择的期望存在一致性,造成了意向集中,因此满足职称高、研究成果丰富、社会地位高的条件的导师往往被研究生扎堆选择。王星等则认

---

①刘静,杜建毅.浅议"师生互选"制[J].学位与研究生教育,1990(02):20-21.

②王星,马志强.高校研究生师生互选存在的问题及模式创新[J].东北师大学报(哲学社会科学版),2014(03):267-268.

③石成奎.大学生从众心理成因及其对策[J].学校党建与思想教育,2006(12):51-52.

④姚建银.对从众心理影响下大学生行为的探讨[J].甘肃联合大学学报(社会科学版),2009,25(03):81-83.

⑤冯杰.导师双选过程的心理分析[J].商品与质量,2010(S5):105.

⑥杨欣蓦,钱晓东,孟建军,等.研究生与导师互选工作中的师生心态分析和矛盾协调[J].学位与研究生教育,2011(03):21-25.

⑦王星,马志强.高校研究生师生互选存在的问题及模式创新[J].东北师大学报(哲学社会科学版),2014(03):267-268.

为学生在选择导师的过程中缺乏科学的引导，对导师的认知过于片面化，单纯从导师的个人信息简介中了解导师，才导致了学生选择导师过程中出现盲目性。也有研究者认为，扎堆现象是由于学生不了解选择导师时应该考虑的必要因素，缺乏理性的思考，所以只能通过外在的、大家一致认可的标准去选择导师。①

从众现象对选择导师产生了严重的负面影响。从众现象会使得某些导师（尤其是受到冷落的导师）的自尊心受到刺激，同时没有选到自己心仪导师的学生会产生挫败感，当学生无法调节这种挫败感时，会严重影响学生的心理健康。学生选择意向集中，会导致调剂工作面临诸多困难，如果双方始终执着于自己的第一选择，那么当双向选择失败时就会产生大量负面情绪，影响学生的学习生活，硬性调剂也会激化学生与学院和老师之间的矛盾。学者苗玥明等认为从众现象会影响师生之间的感情，同时加大了学校研究生管理部门的工作难度，处理不当既会影响学生学习的积极性，又会影响导师的科研和工作热情。②

（二）信息不对称

信息不对称的概念最早见于阿克洛夫的代表作《柠檬市场》，其基本原理为：在市场经济行为中，对于同一对象，交易双方所掌握的信息量不对等，占有较多信息资源的一方为了自身利益利用其所拥有的信息优势作出不利于另一方的行为③。张爱秀④和杨红⑤认为缔约当事人一方知道而另一方不知道，甚至也无法通过第三方进行有效验证，即使能够验证，也必然花费大量的物力、财力和精力的现象就是信息不对称。将信息不对称的概念迁移到高校双选制度中，硕士研究生选择导师的情境中，可以认为当面对导师这一有限资源时，拥有同一心仪导师的研究生们互为竞争者，当其中有些研究生掌握导师的信息多于其他硕士研究生时，即可认为出现了信息不对称现象。

尽管信息不对称理论诞生于经济学领域，但它同样适用于高等教育范畴。曹淑江从契约选择的角度出发，认为尽管高校作为教育机构，具有其本身制度的特殊性⑥，但是从市场交易来看，学校与以营利为目的的企业本质相同，只是其内部结构和运营方式存在差异。同样地，导师与研究生之间也存在着经济学

---

①苗玥明，肖磊.硕士生"导师选择模式"探析[J].天津市教科院学报，2019（04）：42-47.
②苗玥明，肖磊.硕士生"导师选择模式"探析[J].天津市教科院学报，2019（04）：42-47.
③李洁茗.从信息不对称理论看研究生导师双向选择[J].新西部，2010（12）：171-178.
④张爱秀.研究生和导师关系研究：交易和契约[J].学位与研究生教育，2006（10）：64-68.
⑤杨红.硕士研究生个性培养目标中师生沟通的信息不对称问题——基于隐性契约视角[J].大众文艺，2020（09）：245-246.
⑥曹淑江.教育中的交易、契约选择和学校组织的契约性质[J].教育科学，2004（03）：8-11.

上的交易关系。交易（transaction）就是两个主体之间关于财产、产品（服务）的某种权力和价值的让渡、转移或者交换，双方在买卖自由的基础上通过契约来实现。张爱秀认为导师和研究生之间的交易是基于知识、学识、情感和直接经济利益，而且这种交易不是"一锤子买卖"，交易的延续时间取决于研究生就读的学制时长。这种交易以制度作为契约来实现——确立师生关系，但是交易的内容并没有明确地以契约的方式呈现，师生之间的知识、学识、情感和直接经济利益主要基于道德感和责任感，这是由教育市场中交易的特殊性所决定的。

以信息不对称理论作为理论基础，结合我国高校双选制度的实行，我们将硕士研究生和导师看作市场交易的双方，硕士研究生和导师在双选表上签字盖章即为签约行为。在签约过程中，在信息不对称的情况下，双方极易陷入逆向选择和道德风险的陷阱。逆向选择，即在签约之前，一方凭借自身的信息优势损害对方利益，使得另一方做出不利选择；道德风险则是交易双方在签约时占有对等信息，但在签约后因缺乏另一方能否履行契约的信息而导致一方出现违背约定的行为[①②]。硕士研究生和导师都有可能成为信息不对称的受害者。在逆向选择上，导师为了提高自身的优势，吸引优秀的研究生选报，通常会选择性地展示有利于自身形象的信息，塑造一个趋近于理想导师的形象。研究生为了提高自己竞争力，获得心仪导师的青睐，通常会隐瞒自己的劣势信息，极力展现自身的优点。双方为了达到自己的目的，都会有意利用信息差误导对方做出逆向选择。这些信息主要表现在：学术水平、科研能力、研究方向、兴趣爱好乃至性格风格。导师不遗余力地塑造一位拥有学者风范、关爱学生的良师形象；学生则积极地往乐观向上、吃苦耐劳的方向包装自己，塑造好学生的形象。双方都利用信息差的优势竭尽全力凸显自己的优势，回避自己的劣势。在道德风险上，主要表现为：研究生不服从管理、要求更换导师；导师对研究生重利用而轻培养、忙于自身事务，放养学生。从结果上看，部分研究者认为，信息不对称是导致导学关系异化的重要原因。研究者认为信息不对称是造成师生关系弱化、冲突与矛盾，以及研究生与导师之间的满意度低的根本原因[③]。吴玥乐等通过访谈得出以下结论：在导学关系建立的初始阶段进行防范是防止产生导学矛盾的最根本做法，即让导师和学生在进行双向选择时具备两个条件，一是导师和学生之间有一定的相互了解，二是导师的培养目标和学生的发展目标之间

---

① 李洁茗. 从信息不对称理论看研究生导师双向选择[J]. 新西部, 2010（12）：171-178.
② 张爱秀. 研究生和导师关系研究：交易和契约[J]. 学位与研究生教育, 2006（10）：64-68.
③ 郭萍, 胡军. 高等教育服务中的信息不对称及规制分析[J]. 高教探索, 2005（01）：4-6.

没有不可调和的矛盾。[①]师生间信息不对称致使学生的个人发展目标与导师的培养方案存在冲突矛盾,是研究生培养方面师生产生分歧的最重要的原因。[②]王锁梁早在1990年就提出为了增加互选的透明度,应将导师的有关材料发给研究生,并在互选的过程中,导师要积极回答硕士研究生提出的问题。[③]同时,导师也要主动地了解研究生。经过双方反复了解后,再填写志愿表,确定师生关系。

五、硕士研究生导师选择中的建议

(一)应做好导师信息发布工作,帮助学生树立正确的导师期望,有针对性地选择导师

各高校的学校官网及学院网站都有导师的部分信息,但是信息完整度参差不齐,大部分只提及导师的个人相关信息。硕士研究生在进行选择时不仅会考虑导师个人的因素还会考虑实验室和课题组的状况。

建议学院提供完善的导师信息模板,下发给各招生导师按要求进行填写,尽可能详细地完善相关信息,帮助研究生多渠道、多层面、全方位地了解导师。学院提供一手权威资料,避免了学生由于信息缺乏而扎堆选择导师的情况。同时,学院还应每年更新网站信息,避免信息过时误导学生。

完整的信息还能够为学生有针对性地选择导师提供良好的基础,有助于学生正确定位、做好研究生生涯规划和学习研究计划,根据计划选择合适的导师,使导师符合自己预设的角色期望,在根本上预防导学双方目标计划不一致或对科研的认识论和方法论存在冲突等现象的出现,从而提高研究生对导师的满意度。

(二)应建立更为公平公正的互选制度,避免恶性竞争

在教育公平方面,师生互选制度目前并没有完全实现教育公平,因为在师生互选开始之前甚至复试时,一些研究生就已经和导师达成了口头承诺,确立师生关系,占用招生名额,这使得无法与导师联系的学生只能被动等待"互选"的到来。然而,需要注意的是,口头承诺具有很高的道德风险,其实施完全依

[①] 吴玥乐,韩霞.高校导学关系的协同共建——基于导师深度访谈的质性研究[J].教育科学,2020,36(03):64-69.

[②] 杨红.硕士研究生个性培养目标中师生沟通的信息不对称问题——基于隐性契约视角[J].大众文艺,2020(09):245-246.

[③] 王锁梁,陈耀奎,戚建敏.硕士生导师和硕士生互选工作的探索[J].学位与研究生教育,1990(06):20-22.

靠承诺双方的自觉性和责任感，不负责任的导师可能会先口头答应学生的申请，继而等待更优秀的研究生；类似地，部分研究生也会先与心仪导师取得联系，占据名额，并在导师中优中选优。在这种恶性竞争下，研究生和导师无疑都成了受害者。

因此，建立公平公正的互选制度至关重要，务必要让所有的研究生在选择导师时都处于同一起跑线，彼此公平竞争，凭借自身实力获得导师的青睐，不打"时差战"和"信息战"，废除口头承诺的形式，规定在制度层面正式确立师生关系。

（三）将师生互选延后，为导师和学生提供多种形式的交流机会

尽管理论上，导师可以通过了解学生情况，选择与自己性格、研究方向等方面更为契合的学生，但事实上即使学校开展导师见面会，也容易因为时间过短而流于表面，最终还是只能通过意向书来了解学生的意向，而无法深入了解每个学生的性格和特长。

因此，让研究生们在第一个学期专注于专业课和公共课的学习，将师生互选延后至第一个学期末，使第一个学期成为互相了解的时机，有利于避免双方的信息阻塞。从学生角度来说，在进入学校之后，学生可以从更多的渠道收集各导师的信息，避免盲从。导师可以以学术讲座的方式，定期轮流介绍自己与课题组的研究成果和当前的研究重点，一方面提高学生的专业能力，另一方面也有助于师生之间加深对对方的了解。从导师角度来看，经过了一个学期的学习之后，导师们也可以根据学生的课业情况和所具备的能力技能来反选心仪的学生。此外，导师们还可以每周固定某一时间，在办公室里等待新生主动前来拜访，在聊天的过程中，双方可以将对方与自己的期望角色进行对照，最终确定心仪的对象。

（四）高校应组织导师研习《准则》，提高导师队伍的培养能力

研究生导师肩负着培养高层次创新人才的使命和重任，导师队伍的整体素质直接关系到研究生教育教学质量。教育部始终高度重视研究生导师的整体水平，为加强研究生导师队伍建设，规范研究生导师指导行为，全面落实研究生导师立德树人的职责，教育部在2020年印发《研究生导师指导行为准则》（简称《准则》），把《准则》作为研究生导师指导行为的基本规范。

研究生导师的重心不能仅停留在科研上，还要注重对研究生的培养工作。高校要引导导师从人才培养的大局出发，树立正确的育人观和择生观，根据研

究生的学科基础、个性特点、职业规划来培养研究生,从多方面多角度出发,确立立体的而非片面的、客观的而非主观的、发展的而非静止的评价原则。高校导师还可以定期举办交流会,一起学习《准则》,同时根据自身经验,交流培养研究生的心得。

第二部分 导学关系的影响因素

第三章 师生沟通对导学关系的影响

第一节 师生沟通对导学关系的影响：扎根理论

一、问题提出

研究生教育位居我国人才培养体系与教育结构的最高阶段，对国家高等教育的深远影响不言而喻。2020年7月29日，新中国成立以来的第一次全国研究生教育会议在北京举行，预示着我国研究生教育教学已经迈入新时期。2020年9月，在教育部、国家发展改革委、财政部发布的政策文件《关于加快新时代研究生教育改革发展的意见》中，明确提出了应当强化对导师岗位的监督管理，明确清晰地界定了职责边界。教育部也发布了新制定的文件，进一步完善落实对导师岗位的管理制度要求，为国家高层次人才培养构建德才兼备的导师队伍。尽管国家对研究生导师的要求规范日渐完善，但依然未能完全解决导师与研究生关系问题。近年来，研究生在网络上宣泄对导师不满与愤怒的情况时有发生，同时也有部分导师感叹当下研究生心理素质与抗压能力有待加强。如此看来，在某种程度上，当前研究生教育的主体似乎进入了一种"双向失望"的困局。

硕士生与导师的关系是研究生教育中最主要的关系之一，其质量不仅直接影响硕士生的课程学习与科研进展，也会潜移默化地影响研究生人格塑造乃至人生发展。研究发现，亲疏不同的导学关系状态对研究生的影响很大，疏离的导学关系更容易对研究生造成消极影响，反之亦然；研究生期待的导学关系状态是基于教育目的的"理性的亲密"[①]。沟通作为人际交往互动的桥梁，对硕士生和其导师之间关系的构建至关重要。针对导师与学生沟通对硕士生成长发展

[①] 欧阳硕，胡劲松.从"相安的疏离"到"理性的亲密"——基于扎根理论的研究生导学关系探析[J].高等教育研究，2020，41（10）：55-62.

的重要意义，早在1973年英国心理学家Snow[①]便采用实验法证明，沟通水平越高的导师，其学生的学业发展与个人成长收益越多，且高沟通水平的导师并不仅仅将沟通内容局限于学业、科研，也会关注学生的个人生活。Mccuen等人的研究也发现大部分硕士生均认同师生沟通对其学术科研具有深远影响，且硕士生表示渴望获得导师的关心支持以及器重培养，也希望导师能及时给予反馈。[②]尽管师生沟通具有如此重要的意义，但Katz等通过研究发现导师与研究生之间的沟通仍不尽如人意。[③]我国学者调查研究也发现，普遍存在师生沟通交流少，50.2％的在读硕士生认为与导师交流不足[④]，仅有半数导师（52.90％）承认与研究生每周交流和沟通1次以上，实现了研究生从导师那里接受指导[⑤]。有研究者构建了导师指导行为的情境互动模型，指出在需求满足和期望达成机制的作用下，导师与研究生的互动决定着具体的指导行为。[⑥]可见，导师也需要在不同领域对研究生采用不同的沟通模式，才有利于提高其指导效果。

当前国内学者对在读硕士生与导师沟通的研究大致有如下几个特点：其一，多采用问卷或访谈研究挖掘沟通过程中的影响因素，例如沟通频率、渠道等；其二，分析沟通主体的固有因素较多，例如导师和硕士生的性格、年龄差异等；其三，研究范畴逐渐拓宽，高校环境、政策制度等宏观因素逐渐走进研究者视角。虽然该主题研究热度的总体趋势逐年攀升，但缺乏多角度系统性连续性的分析，同主题不同样本的研究林立分散，尚未有学者提出较为成熟系统的理论将师生沟通纳入动态的体系中探究其对导学关系的深远影响。因此，本研究将在已有的导学关系研究基础上，采用定性与定量相结合的数据收集方式，试图从研究生和导师双方的沟通着手，探索师生沟通是否会影响以及如何影响导学关系的构建与和谐发展。采用了定量与定性相结合的混合研究方法，从行为现象分析和探索硕士生与导师的沟通对导学关系的影响机制。

[①] Snow S G. Correlates of faculty-student interaction [J]. Sociology of Education, 1973, 46 (4): 489-498.

[②] Mccuen R H, Akar G, Gifford I A, et al. Recommendations for improving graduate adviser-advisee communication[J]. Journal of Professional Issues in Engineering Education & Practice. 2009, 135 (4): 153-160.

[③] Katz J, Hartnett R T. Scholars in the making: The development of graduate and professional students [M]. Ballinger, 1976: 1-16.

[④] 陈世海, 宋辉, 滕继果. 高校导师与研究生关系研究——以华中地区某高校为个案[J]. 青年探索, 2003 (06): 27-30.

[⑤] 姚利民, 朱黎旻. 研究生培养现状调查与分析[J]. 高等教育研究, 2013, 34 (11): 55-59..

[⑥] 彭湃. 情境与互动的形塑：导师指导行为的分类与解释框架[J]. 高等教育研究, 2019, 40 (09): 61-67.

二、研究一：师生沟通的扎根理论研究

本研究从质性方法着手，期望通过对不同学科背景的在校研究生进行半结构化访谈，深入探究高校硕士研究生师生沟通对导学关系的影响因素，构建硕士研究生师生沟通对导学关系影响的理论模型，并提出影响产生的路径假设。

（一）研究方法

扎根理论由格拉斯和施特劳斯提出，它指导研究者扎根于原始资料与经验事实之中，逐级地分析总结归纳提炼，并不断横向比较检验理论饱和度，最终形成较为成熟完善的理论，尤为适用于聚焦微观与行动导向的社会互动过程研究。

本文研究的是高校硕士生与导师之间的沟通及其导学关系，属于组织内人与人之间的互动过程，且以往的研究尚未在此研究领域提出学界认可的理论模型，因此本研究适合采用扎根理论这种质性研究方法。

（二）访谈对象的选择

受访者涉及不同专业背景，包括人文社科、自然科学以及转专业学生，且在确保与导师有一定熟悉度的情况下（因此排除研一学生），覆盖在不同学习阶段的硕士研究生，即包括研二准备开题之前的硕士研究生、研二开题后的硕士研究生、研三完成学位论文前的研究生以及研三学位论文与工作均已确定的研究生。

在此前提下采用目的性抽样，最终选取的受访对象共有8人，为H高校硕士研究生，均在线下面对面的情境下完成深度访谈。其中男性4人（编码为M，male），女性4人（编码为F，female），例如，男性第1号被访者，编号为M01。访谈对象的分布特征如表3-1所示。

表3-1 受访者特征分布

项目	选项	人数/人	占比/%
专业类别	人文社科	4	50.0
	自然科学	3	37.5
	转专业	1	12.5
性别	男	4	50.0
	女	4	50.0
学习阶段	研二开题前	2	25.0

续表

项目	选项	人数/人	占比/%
学习阶段	研二开题后	2	25.0
	研三答辩前	1	12.5
	研三答辩后	3	37.5

（三）资料收集过程

在正式访谈前，首先选取了1名心理学专业学生与1名计算机专业学生作为预访谈对象，不设明确的访谈提纲，进行开放式访谈。分析整理预访谈结果，对访谈提纲进一步修改后，开始正式访谈。正式访谈采用半开放式，访谈提纲见附录A。

对正式访谈的访谈笔记进行整理，形成访谈转录稿43页。逐字逐句编码标注，撰写访谈备忘录与总结，对访谈文字稿进行开放式、主轴式、选择性三级编码。随机选择7名受访对象的原始访谈资料进行编码处理和分析，余下1名受访者的访谈资料作为理论饱和度检验材料。

（四）理论模型构建

1. 一级编码：开放式编码

通过"讯飞App"将所有原始访谈录音转录成文字稿并稍作调整，在保证文字明确通顺的情况下，尽量不改变受访者的原始表达，共获取了5.8万字文本数据。然后给原始资料定义现象，研究中用"（n）"划分每一个"标签"，共提取初始陈述句704条。针对提炼的704条初始陈述句，剔除其中与研究主题无关、语义重复以及表达不清的陈述句，得到最终陈述句434条。然后对最终陈述句进行概念化，将重复概念归纳合并，从中抽取出60个概念。最后对这60个概念深入进行范畴化，获取14个范畴（A1—A14）。

2. 二级编码：主轴式编码

通过深入分析发现，一级编码中获取的范畴在名词词义与现实概念上存在内在联系。据此，本研究对14个范畴进行重新归类，并萃取提炼出4个主范畴（AA1—AA4），分别为沟通易得性、沟通有效性、情感支持和个体特征。其中，沟通易得性指硕士研究生获取与导师沟通机会的便利性与时效性。沟通有效性指师生双方清晰准确地表达信息的内涵，解决沟通中面临的问题，达到沟通双方的需求或是对研究生成长有所裨益。情感支持指硕士研究生在与导师沟通过程中的直接情感体验，以及通过沟通获取的感性支持力量。个体特征指导师与学生存在的一些独有的个体特征。具体结果见表3-2。

表3-2 主轴式和选择性编码

主轴式编码	选择性编码
A1 沟通渠道、A2 沟通意愿、A10 沟通总时长	AA1 沟通易得性
A3 沟通效果、A6 学业督促、A12 问题解决	AA2 沟通有效性
A4 情感体验、A5 榜样示范、A13 重视认可、A8 人文关怀	AA3 情感支持
A7 学生因素、A11 时间精力、A9 导师因素、A14 关系期待	AA4 个体特征

3. 三级编码：选择性编码

通过深入观察高校实际硕士生与其导师的沟通现状与导学关系呈现，以及本研究中的深度访谈，对照不同专业、年级以及性别等因素的硕士研究生实际师生交往，将本研究的核心范畴认定为导学关系，同时发现这四个核心范畴与硕士生导学关系构成明显的因果关系。其中，个体特征作为前因变量，对于硕士生与导师之间的沟通易得性、沟通有效性以及情感支持存在比较明显的影响，而沟通易得性、沟通有效性、情感支持以及个体特征又明显影响导学关系的构建与维持，表现了硕士研究生师生沟通与导学关系构建的内在联系。因此，本研究得出硕士生师生沟通对导学关系影响的扎根理论研究模型图，见图3-1。

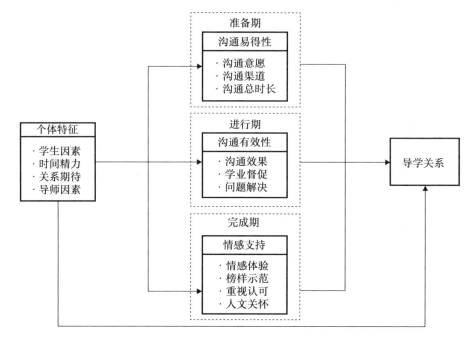

图3-1 硕士生师生沟通对导学关系影响模型图

4.理论饱和度检验

由于目的性抽样是具有一定导向性的抽样方法,扎根于原始资料得到的结果与实际现象之间存在偏差的可能,故需进行理论饱和度检验。按照罗顺均提出的以相同程序对理论饱和度进行检验的思路[①],本研究将剩余的1名受访者的访谈资料重新逐级完成三级编码。结果发现,对新的访谈资料提炼出的概念、范畴均能够被原有的主范畴充分概括,且类属之间并未出现新的关系,因此可以判断上述模型在理论上达到了饱和状态。

(五)模型阐释

根据扎根理论的三级编码,得到硕士研究生师生沟通对导学关系影响的4个维度。其中,个体特征维度既直接对导学关系构建产生影响,又通过影响沟通易得性、沟通有效性以及情感支持维度间接对导学关系的构建产生影响;与此同时,沟通易得性、沟通有效性以及情感支持直接对硕士生导学关系产生影响。据此,构建高校硕士研究生师生沟通对导学关系影响模型。

上述构建的硕士生师生沟通对导学关系影响模型遵循沟通易得性(沟通前)—沟通有效性(沟通中)—情感支持(沟通后)—导学关系的逻辑主线,为硕士研究生与导师沟通交流过程中更好地构建导学关系提供了重要理论基础,下面将进一步对硕士研究生师生沟通对导学关系的影响机制、模型进行阐释和总结。

1.沟通易得性

从访谈中发现,当前硕士研究生与导师沟通的渠道较为丰富,其中师门沟通较为普遍,大多以组会的形式展开,但由于参与人数较多,"沟通的针对性与灵活度不高(M02)","通常组会沟通频率固定,其他形式的沟通更多是随机发生的"(F01)。此外,有部分研究生在与导师相处的过程中常常有明确意愿,希望与导师沟通,但由于胆怯、拖延、学术工作繁忙、害怕被否定等原因,只等待导师的"召唤"。例如,"除了找导师签字,很少主动找导师单独聊"(M03),"一般是导师主动找学生安排事情"(F01)。

2.沟通有效性

囿于硕士研究生与其导师通常承担的教与学任务以及科研工作较为繁重,其沟通主题通常明确简洁明快,沟通效果显得尤为重要。硕士研究生与导师沟

[①] 罗顺均."引智"学习、组织信任及企业技术能力提升——基于珠江钢琴1987—2012年的纵向案例研究[J].管理学报,2014,11(09):1265-1275.

通的主线一般围绕研究生的学业发展与科研能力培养，例如，"导师对学生的思路提出指导意见"（M01），"和导师沟通科研进展"（M02），"专业知识的解答"（F02）。硕士研究生在遇到学业以及科研层面的问题时，通常会主动向导师寻求帮助，不会有太大心理负担。例如，"事务性问题的沟通有效性高"（F01），"有需求和困惑，找导师沟通，能够获得指导和建议"（M02）；"解决问题的效率非常高"（F02）。

3.情感支持

学生在与导师沟通过程中直接或间接的情感体验，会进一步影响学生对待导师的态度与科研、学习的积极性，最终对导学关系造成持续性影响。在访谈中发现，积极正向的情感体验，在潜移默化中拉近研究生与导师的距离。例如，"沟通氛围轻松，师生都感觉放下了束缚"（M01），"面对导师心里挺放松的"（M02）等。此外，导师在言行沟通中的榜样示范性，如"在德行上钦佩欣赏导师"（F01）；导师对于学生的肯定和关爱，如"学生希望被关注全面的情况和发展"（M01）等，对硕士研究生多方位的成长，以及导学关系建立的影响也更为显著。

4.个体特征

学生与导师固有个性因素的差异对于师生之间的沟通，以及导学关系的构建都会产生相应的影响。例如：一方面，学生对科研的态度，"对科研没有强烈的探索欲望"（M01），"有学术追求、对学术有热情"（F01）；学生的综合能力，"任务做不出来，找导师沟通感到胆怯"（M02）。另一方面，导师的指导风格，"导师严格，很少鼓励和表扬学生"（M02）；导师的科研能力，"导师没有精力学习新东西"（M02）；此外，还有导师的性格特征、行政职务、学生数量、导学双方对于关系的预期等。所有这些都会影响学生与导师之间的沟通，进而影响导学关系。

（六）关系假设构建

本研究以扎根理论分析的结果为基础，参考既有文献与相关研究成果，对沟通易得性、沟通有效性、情感支持、个体特征和导学关系五个核心范畴之间的关系与作用路径进行梳理，提出相应研究假设。

1.沟通易得性、沟通有效性、情感支持与导学关系的关系假设

在访谈中发现，沟通渠道稳定、沟通频率固定，且在希望与导师沟通时，能够及时获得导师的回应并进行充分沟通的情况下，硕士研究生对其导学关系质量的评价相对较高。因此，作出假设1：沟通易得性对导学关系质量有正向影响（H1）。沟通能否满足学生的需求，是否能准确高效地解决学生遇到的问题，

助力其科研与学业,对于导学关系来说影响明显。因此,作出假设2:沟通有效性对导学关系质量有正向影响(H2)。从师生沟通中获得正向的情感支持,不仅为其学习生活注入积极动力,也使其对导学关系质量表达了充分肯定。因此,作出假设3:情感支持对导学关系质量有正向影响(H3)。

2. 个体特征与沟通易得性、沟通有效性、情感支持和导学关系的关系假设

个体特征包括导师个性因素、学生个性因素、双方时间精力以及对彼此的期待。这些因素或是师生沟通和导学关系主体的基本特性,或是关系构建的精神或实质基础,对于沟通过程和导学关系构建有或根本影响直接。因此,本研究作出如下假设:

H4:个体特征对沟通易得性有正向影响;

H5:个体特征对沟通有效性有正向影响;

H6:个体特征对情感支持有正向影响;

H7:个体特征对导学关系质量有正向影响。

3. 沟通易得性、沟通有效性、情感支持的中介效应假设

个体特征维度作为个体固有因素的集合维度,对于其他维度必然存在一定程度的影响。同时,沟通易得性、沟通有效性、情感支持维度又对导学关系维度存在不同程度的影响,故在个体特征对导学关系的影响中,厘清沟通易得性、沟通有效性与情感支持维度的影响至关重要。在访谈中印证了个体特征会在整个沟通的过程中起持续性作用,并进一步对导学关系的构建产生影响。基于此,本研究作出如下假设:

H8:沟通易得性在个体特征与导学关系质量中存在中介效应;

H9:沟通有效性在个体特征与导学关系质量中存在中介效应;

H10:情感支持在个体特征与导学关系质量中存在中介效应。

基于上述研究假设,笔者构建了硕士生师生沟通影响导学关系的关系假设模型,见图3-2。

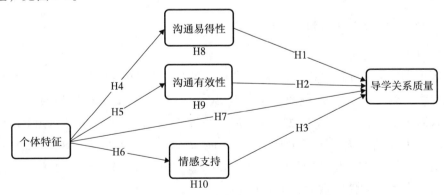

图3-2 硕士生师生沟通影响导学关系的关系假设模型

三、研究二：导生沟通验证研究

研究二将在研究一的基础上，通过编写问卷以及问卷调查的方式，探究硕士生师生沟通对导学关系的影响，将质性研究中概括的核心类属概念和形成的理论模型，进行量化检验，进一步证实质性研究中的初步结论，检验理论模型的科学性。

（一）研究方法

1. 问卷编制

本研究采用自编问卷，在研究一的基础上，通过访谈、文献查阅等途径整理相关资料，拟出本问卷的题项，并请部分学生提出修改意见，经过一次预测验两次修订，最终形成"硕士生师生沟通与导学关系现状调查问卷"。问卷共55个题项，包括基本情况收集、沟通易得性分问卷、沟通有效性分问卷、情感支持分问卷、导学关系质量分问卷。

2. 研究对象

通过线上线下相结合的方式收集数据，线上主要以问卷星平台为载体，面向国内高校硕士研究生群体；线下以在H高校内发放纸质问卷的方式。剔除无效问卷22份后，共回收有效问卷493份。

样本量收集主要分为两次，第一次样本作为预测样本，用于探索性因素分析与指导问卷题项修改，样本量为144份，男性样本44（30.6%），女性样本100（69.4%），样本平均年龄23.60±2.320岁。第二次问卷发放作为正式实测，用于验证性因素分析和数据统计分析。正式实测收到有效问卷349份（大于20倍数），其中男生109人（31.2%）、女生240人（68.8%），平均年龄23.69±2.326岁。

（二）探索型因素分析

1. 沟通易得性分问卷

运用SPSS 23.0软件录入数据，对第一次施测获得的144份有效问卷进行探索性因素分析。首先对预测数据进行KMO值检验和Bartlett球形检验，以判断问卷数据是否适合进行探索性因素分析；然后依据Kaiser的标准，知道KMO值在0.70以上才适合进行因素分析。检验结果显示，KMO值为0.782，Bartlett球形检验卡方值为412.696（df=21，$p<0.01$），Bartlett球形检验值显著，表明本问卷数据满足探索性因素分析的条件。

以主成分分析法结合最大方差法做正交旋转,得到3个因素的特征值大于1。根据旋转后的因子载荷矩阵,删除1个同时在两个因子上具有较大的负荷,且负荷值均高于0.4的项目(YD8),最终保留项目7个,提取3个特征值大于1的因子,累计方差贡献度为78.864%,根据题项内容结合访谈编码依次命名为沟通意愿、沟通准备、沟通时长。如表3-3所示。

表3-3 沟通易得性分问卷探索性因素分析

	沟通意愿		沟通准备		沟通时长	
	题项	载荷	题项	载荷	题项	载荷
	YD2	0.915	YD5	0.918	YD7	0.978
	YD3	0.831	YD4	0.728		
	YD6	0.742				
	YD1	0.640				
特征值	3.546		1.055		1.019	
累计贡献度/%	38.939		63.565		78.864	

根据第一次预测验结果对问卷的题目进行删减,并通过网络问卷与纸质问卷结合,共收集了349名高校学生的有效数据作为第二次预测试。分析结果显示,此分问卷的总体内部一致性系数为0.861,问卷的总体分半信度为0.781,说明本研究编制的问卷具有良好的信度。

采用因素间相关分析的方法检验问卷的结构效度。由表3-4可见,沟通准备维度与沟通意愿维度存在中等程度的显著相关;而其他维度之间存在低等程度显著相关。说明问卷各个维度间有较好的区分度,变量间既有一定的独立性,又有一定的联系,表明问卷的结构满足问卷编制的基本要求。

表3-4 沟通易得性分问卷各维度相关性分析

维度	沟通意愿	沟通准备	沟通时长
沟通意愿	1	0.706**	0.207**
沟通准备		1	0.130*
沟通时长			1

注:*表示$p<0.05$,**表示$p<0.01$。

2.沟通有效性分问卷

本研究制定了由16个题项(分别用YX1—YX16表示)组成的师生沟通有效性分问卷,采用李克特五点记分,总分越高,表明与导师的沟通有效性越高。

对144份有效问卷进行探索性因素分析,结果显示,KMO值为0.824,Bartlett球形检验卡方值为1015.642（df=120，$p<0.01$）,根据题项内容结合访谈编码,将提取的4个特征值依次命名为沟通效果、问题解决、学术交流和学业督促。具体结果见表3-5。

表3-5 沟通有效性分问卷探索性因素分析

	沟通效果		问题解决		学术交流		学业督促	
	题项	载荷	题项	载荷	题项	载荷	题项	载荷
	YX15	0.838	YX1	0.831	YX10	0.794	YX8	0.792
	YX14	0.812	YX2	0.818	YX9	0.68	YX6	0.725
	YX16	0.799	YX3	0.796	YX5	0.537	YX7	0.670
	YX12	0.739	YX4	0.780				
	YX13	0.738						
特征值	4.626		2.787		1.501		1.048	
累计贡献度/%	22.707		42.268		55.061		66.417	

将第二次样本数据进行信效度分析。结果显示,问卷的内部一致性系数为0.814,问卷总体半信度为0.782,说明本研究编制的问卷具有良好的信度,可以作为稳定可信的研究测量工具。

各维度之间的相关分析结果见表3-6。此问卷各个维度之间有较好的区分度,变量之间有一定的独立性,又有一定的联系,表明问卷的结构满足问卷编制的基本要求。

表3-6 沟通有效性分问卷各维度相关性分析

变量	沟通效果	问题解决	学术交流	学业督促
沟通效果	1	0.261**	0.133*	0.213**
问题解决		1	0.566**	0.222**
学术交流			1	0.222**
学业督促				1

注：* 表示$p<0.05$，** 表示$p<0.01$。

3. 情感支持分问卷

本研究制定了由17个题项（分别用QG1—QG17表示）组成的导生沟通情感支持分问卷。问卷采用李克特五点记分,总分越高,表明在与导师沟通过程中获取的情感支持越丰沛。

运用 SPSS 23.0 软件对 144 份有效问卷进行探索性因素分析，其 KMO 值为 0.836，Bartlett 球形检验卡方值为 1380.005（df= 136，$p<0.01$），根据题项内容依次命名为榜样示范、重视认可、人文关怀、情感体验，具体结果见表3-7。

表3-7 情感支持分问卷探索性因素分析

	榜样示范		重视认可		人文关怀		情感体验	
	项目	载荷	项目	载荷	项目	载荷	项目	载荷
	QG17	0.836	QG8	0.909	QG16	0.81	QG2	0.859
	QG4	0.795	QG7	0.707	QG13	0.788	QG15	0.571
	QG5	0.759	QG6	0.608	QG1	0.752		
	QG14	0.742	QG9	0.517				
	QG10	0.693						
特征值	5.597		2.259		1.466		1.181	
累计贡献度/%	29.332		47.985		59.564		70.021	

将第二次样本数据进行信效度分析。结果显示，问卷的内部一致性系数为 0.869，总体分半信度为 0.858，说明本研究编制的问卷具有良好的信度，可以作为稳定可信的研究测量工具。

各维度之间的相关分析结果见表3-8，人文关怀维度与榜样示范维度的相关系数为 0.544（$p<0.01$），其他维度之间的相关系数均低于 0.5，说明此问卷各个维度之间有较好的区分度，问卷的结构满足问卷编制的基本要求。

表3-8 情感支持分问卷各维度相关性分析

变量	榜样示范	重视认可	人文关怀	情感体验
榜样示范	1	0.327**	0.544**	0.445**
重视认可		1	0.417**	0.301**
人文关怀			1	0.410**
情感体验				1

注：**表示 $p<0.01$。

4.个体特征分问卷

本研究制定了由 15 个题项（分别用 GT1—GT15 表示）组成的个体特征分问卷。问卷采用李克特五点记分，总分越高，表明该个体特征对硕士研究生与导师沟通影响越大。

对 144 份有效问卷进行探索性因素分析结果显示，KMO 值为 0.776，

Bartlett球形检验卡方值为792（df=105，$p<0.01$），根据题项内容并结合访谈，编码依次命名为导师因素、学生因素、时间精力、关系期待。具体结果见表3-9。

表3-9 个体特征分问卷探索性因素分析

	导师因素		学生因素		时间精力		关系期待	
	项目	载荷	项目	载荷	项目	载荷	项目	载荷
	GT14	0.84	GT3	0.905	GT7	0.722	GT11	0.786
	GT15	0.781	GT4	0.812	GT6	0.702	GT1	0.777
	GT13	0.688	GT2	0.798	GT9	0.702	GT10	0.685
	GT12	0.612			GT8	0.52		
特征值	3.361		2.645		1.590		1.388	
累计贡献度/%	18.288		34.974		49.859		64.174	

将第二次样本数据进行信、效度分析。结果显示，问卷的总体内部一致性系数为0.761，问卷的总体分半信度为0.692，说明本研究编制的问卷信度尚可。

各维度之间的相关分析结果如表3-10所示，说明此问卷各个维度之间有较好的区分度，变量之间有一定的独立性，又有一定的联系，由此表明问卷的结构满足问卷编制的基本要求。

表3-10 个体特征分问卷各维度相关性分析

变量	导师因素	学生因素	时间精力	关系期待
导师因素	1	−0.05	0.332**	.273**
学生因素		1	0.246**	0.046
时间精力			1	0.091
情感体验				1

注：** 表示 $p<0.01$。

5. 导学关系质量分问卷

导学关系质量分问卷采用Allen等编制的五项量表[1]，调查对象在"非常符合"到"非常不符合"之间选择，得分高者表示其具有的导学关系质量高。在本研究中，此问卷的内部一致性系数为0.930，总体分半信度为0.899，说明该导学关系质量量表信度良好。

---

[1] Allen T D, Eby L T. Factors related to mentor reports of mentoring functions provided [J]. Sex Roles, 2004, 50 (1): 129-139.

（三）验证性因素分析

本研究通过 Amos23.0 软件，对第二次施测获取的 349 份有效数据进行验证性因素分析，验证分析模型拟合情况如图 3-3 所示。本研究模型拟合指数的结果表明，$\chi^2/df= 5.627$，CFI＝0.835，GFI＝0.791，NFI＝0.807，RMR＝0.051，RMSEA＝0.114，基本接近良好模型拟合的标准，拟合指数见表 3-11。

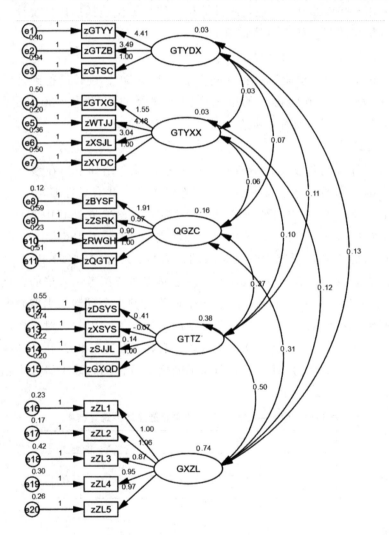

图 3-3　验证分析模型拟合图

注：GTYDX——沟通易得性；GTYXX——沟通有效性；QGZC——情感支持；GTTZ——个体特征；GXZL——导学关系质量。

表 3-11　验证性因素分析拟合指标

拟合指标	χ^2/df	RESEA	RMR	NFI	IFI	CFI	GFI
	900.29/160	0.144	0.051	0.807	0.836	0.835	0.791

（四）研究结果

数据采用 SPSS 23.0 软件进行统计分析。统计方法包括描述性统计、相关分析、回归分析与路径分析。具体结果如下。

1. 共同方法偏差的控制与检验

用 Harman 单因子检验法进行共同方法偏差检验[①]，旋转后得到公因子中有 12 个特征根大于 1，旋转得到的第一个因子解释的变异量为 30.375%，小于 40% 的临界值，表明本研究不存在明显的共同方法偏差。

2. 描述性统计结果

从人口统计学的角度对被调查对象的基本情况介绍如下。在参与本次关于硕士研究生师生沟通与导学关系现状的问卷调查中，共有男性 153 人，女性 340 人，分别占比 31.0% 和 69.0%，平均年龄 23.67±2.322 岁；其中有研一的 187 人，研二 186 人，研三 118 人，该题项存在缺失值 2 人；有 186 人（37.80%）是通过推免保送的方式被研究生学校录取的，有 242 人（49.19%）是通过应届统招考试的方式录取，还有 64 人（13.01%）是非应届统招考试入校的，该题项存在缺失值 1 人；368 人（74.65%）的硕士生培养类型为全日制学术型硕士，全日制专业型硕士 118 人（23.94%），非全日制硕士 7 人（1.42%）；对于毕业后的计划，有 67 人（13.59%）表示打算继续深造，有 374 人（75.86%）计划找工作就业，还有 52 人（10.55%）对未来规划尚不明确。具体的与硕士研究生相关的描述性统计数据见表 3-12 所示。

表 3-12　硕士生相关人口统计学变量描述性统计结果

变量	变量分类	人数/人	占比/%
性别	男	153	31.03
	女	340	68.97
年级	研一	187	38.08
	研二	186	37.88
	研三	118	24.03

[①] 周浩，龙立荣.共同方法偏差的统计检验与控制方法[J].心理科学进展，2004（6）：942-950.

续表

变量	变量分类	人数/人	占比/%
入学方式	面试推免	186	37.80
	应届统招考试	242	49.19
	往届统招考试	64	13.01
培养类型	全日制学术型	368	74.65
	全日制专业型	118	23.94
	非全日制	7	1.42
毕业规划	继续深造	67	13.59
	找工作	374	75.86
	不确定	52	10.55

参与调查的硕士研究生与其导师相识的时间最短的为3个月，最长的有108个月，平均时长为20±15.04月。其导师的人口统计学信息如表3-13所示。

表3-13 硕士生导师相关人口统计学变量描述性统计结果

变量	变量分类	人数/人	占比/%
性别	男	337	68.36
	女	156	31.64
年龄	30岁以下	7	1.42
	31~40岁	185	37.68
	41~50岁	207	42.16
	51岁及以上	92	18.74
行政职务	有	184	37.32
	无	309	62.68
职称	讲师	43	8.72
	副教授	188	38.13
	教授	262	53.14
指导研究生人数	5人及以下	124	25.15
	6~10人	200	40.57
	11~20人	128	25.96
	21人及以上	41	8.32

3. 变量的相关性分析结果

采用第二次实测的349份有效样本数据，对分问卷总分进行相关分析，具体结果见表3-14。结果表明各维度之间均存在显著相关。

表3-14　相关性分析结果

项目	沟通易得性	沟通有效性	情感支持	个体特征	关系质量
沟通易得性	1	0.670**	0.511**	0.385**	0.628**
沟通有效性		1	0.605**	0.488**	0.727**
情感支持			1	0.526**	0.720**
个体特征				1	0.477**
关系质量					1

注：** 表示 $p<0.01$。

4. 关系模型的假设检验与路径分析

针对第二次施测获得的349份有效样本，采用SPSS 23.0回归分析中的线性回归分析方法进行假设检验，并通过路径分析确定模型变量间的直接效应、间接效应以及总因果效应。

1) 回归分析

经过相关性分析，已明确自变量与因变量之间均存在中等程度以上的相关关系，且相关系数显著（$p<0.001$），因而采用线性回归法进行分析。以导学"关系质量"分问卷均分（总分/题项总数）为因变量，以其他的相关类别分问卷均分为自变量，采用线性回归法（逐步回归）进行了统计分析。其结果见表3-15。

表3-15　第一次线性回归分析结果

项目		偏回归系数 B	SE	标准回归系数 β	t值	p值	VIF
	常量	−1.051	0.213		−4.942	<0.01	
变量	沟通易得性	0.216	0.053	0.175	4.109	<0.01	1.878
	沟通有效性	0.552	0.073	0.353	7.544	<0.01	2.275
	情感支持	0.566	0.059	0.404	9.669	<0.01	1.819
	个体特征	0.046	0.071	0.025	0.650	0.516	1.476

注：VIF——方差膨胀因子，下同。

其中，师生个体特征变量回归系数在统计学水平上不显著（$p=0.516$），H7得到了检验。去除个体特征变量，重新进行回归分析，结果见表3-16。

表 3-16 第二次线性回归分析结果

项目		偏回归系数 B	SE	标准回归系数 β	t 值	p 值	VIF
常量		−0.969	0.170		−5.681	<0.01	
变量	沟通易得性	0.217	0.053	0.176	4.136	<0.01	1.876
	沟通有效性	0.561	0.072	0.359	7.837	<0.01	2.185
	情感支持	0.578	0.055	0.413	10.444	<0.01	1.630

从方差分析结果来看，df=3，$F=232.027$，$p<0.001$，说明该线性回归模型具备解释力。回归方程各系数的分析结果如表 3-16 所示。$t_1=4.136$（$p<0.01$），$t_2=7.837$（$p<0.01$），$t_3=10.444$（$p<0.01$），说明各回归系数均不为零，具有统计学意义。假设 H1、H2、H3 得到了检验。本研究中方差膨胀系数均远小于 10，即该研究中变量均没有共线性问题存在。因此，最终模型纳入沟通易得性、沟通有效性、情感支持 3 个变量，具有统计学意义。$R^2=0.669$，调整 $R^2=0.665$，可以解释导学关系质量得分总变异的 66.5%。设因变量导学关系质量为 Y，自变量沟通易得性为 X_1、自变量沟通有效性为 X_2、自变量情感支持为 X_3。根据数据分析得到的归模型结果，该模型的标准方程为：

$$Y = 0.176X_1 + 0.359X_2 + 0.413X_3$$

结果表明，导学关系质量与导生沟通易得性、沟通有效性、学生获取的情感支持均存在正相关，且对导学关系质量影响最大的因素是情感支持。

2）路径分析

在沟通易得性、沟通有效性、情感支持与导生个体特征对导学关系质量的回归分析中笔者发现，师生个体特征的回归系数在统计学水平上不显著（H7），然而个体特征分问卷得分与导学关系质量分问卷得分存在中等程度正相关（$r=0.477$，$p<0.01$），且在访谈分析中从原始资料扎根得到的结果也表明师生个体特征对导学关系质量存在影响，故对变量进行偏相关分析。

设变量沟通易得性为 X_1、变量沟通有效性为 X_2、变量情感支持为 X_3、变量个体特征为 X_4，变量导学关系质量为 X_5，求变量 X_4 与 X_5 之间的偏相关，结果如下：$r_{45.1}=-0.327^{**}$，$r_{45.2}=-0.204^{**}$，$r_{45.3}=-0.166^{**}$，$r_{45.123}=0.035$（$p=0.516$）。即在分别控制了变量 X_1、X_2、X_3 后，变量 X_4 与 X_5 的相关系数明显降低（$r_{15}=0.477^{**}$），且在同时控制变量 X_1、X_2、X_3 后，变量 X_4 与 X_5 相关系数极低且在统计学水平上不显著。因此，合理猜测变量 X_1、X_2、X_3 作为变量 X_4 对于变量 X_5 的中介变量，具有完全中介效应。根据相关分析与偏相关分析结果，列结构模型如图 3-4，即 X_1、X_2、X_3 为中介变量，沟通易得性 X_1、沟通有效性 X_2 和情感支持 X_3 对导学关系质量 X_5 存在直接效应，同时师生个体特征 X_4 通过沟通易得性 X_1、沟通有效性 X_2 和情感支持 X_3 对导生关系质量 X_5 产生间接效应。如图 3-4 所示。

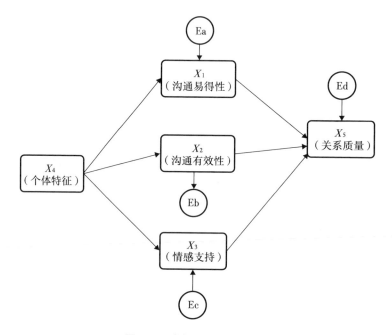

图 3-4　路径分析结构模型图

注：Ea、Eb、Ec、Ed 为残差。

针对该关系模型，通过 SPSS 23.0 对数据进行路径分析。首先建立 4 个结构方程，具体结果如下，其中 b_1-b_{10} 为回归系数。

方程 1：$X_1 = b_1 X_4 + b_2 \text{Ea}$（$X_1$ 沟通易得性为因变量，X_4 个体特征为自变量）

方程 2：$X_2 = b_3 X_4 + b_4 \text{Eb}$（$X_2$ 沟通有效性为因变量，X_4 个体特征为自变量）

方程 3：$X_3 = b_5 X_4 + b_6 \text{Ec}$（$X_3$ 情感支持为因变量，X_4 个体特征为自变量）

方程 4：$X_5 = b_7 X_1 + b_8 X_2 + b_9 X_3 + b_{10} \text{Ed}$（$X_5$ 导学关系为因变量，X_1 沟通易得性、X_2 沟通有效性、X_3 情感支持为自变量）

每一个结构方程，依次进行回归分析，确定结构模型路径系数。根据分析结果可知，对 4 个回归方程进行 F 检验，均发现 $p<0.01$，即回归效应显著；对回归系数进行 t 检验，发现所有 $p<0.01$，即回归系数存在，假设 H4、H5、H7 与 H8、H9、H10 得到验证。具体的回归分析结果见表 3-17。

表 3-17 路径分析的回归方程结果

因变量	自变量	偏回归系数 B	SE	标准回归系数 β	t 值	p 值
沟通易得性（方程1）	常量	1.099	0.255		4.303	<0.01
	个体特征	0.582	0.075	0.385	7.764	<0.01
沟通有效性（方程2）	常量	1.401	0.191		7.325	<0.01
	个体特征	0.584	0.056	0.488	10.407	<0.01
情感支持（方程3）	常量	0.648	0.208		3.112	<0.01
	个体特征	0.704	0.061	0.526	11.514	<0.01
导学关系质量（方程4）	常量	−0.969	0.170		−5.681	<0.01
	沟通易得性	0.217	0.053	0.176	4.136	<0.01
	沟通有效性	0.561	0.072	0.359	7.837	<0.01
	情感支持	0.578	0.055	0.413	10.444	<0.01

依据标准回归方程对应的系数即相应的路径系数的特点，得到路径系数如下：

$P_{14} = B_1 = 0.385$，$P_{1a} = \sqrt{(1-R_1^2)} = \sqrt{1-0.148} = 0.852$；

$P_{24} = B_3 = 0.488$，$P_{2b} = \sqrt{(1-R_2^2)} = \sqrt{1-0.238} = 0.762$；

$P_{34} = B_5 = 0.526$，$P_{3c} = \sqrt{(1-R_3^2)} = \sqrt{1-0.276} = 0.724$；

$P_{51} = B_7 = 0.176$，$P_{52} = B_8 = 0.359$，$P_{53} = B_9 = 0.413$，$P_{5d} = \sqrt{(1-R_4^2)} = \sqrt{1-0.669} = 0.331$

对模型积矩相关系数进行分析，变量 X_3 和 X_5 与 X_1、X_2、X_3 之间仅存在直接效应，积矩相关系数数据分析结果即等同于其路径系数；变量 X_1 对 X_4 与 X_5 之间的中介效应为两边路径系数的乘积（$P_{51} \cdot P_{14}$），即 0.068；同理变量 X_2 对 X_4 与 X_5 之间的中介效应为 0.175（$P_{52} \cdot P_{24}$）；变量 X_3 对 X_4 与 X_5 之间的中介效应为 0.217（$P_{53} \cdot P_{34}$）；而变量 X_4 与变量 X_5 之间仅存在间接效应（变量 X_1、X_2、X_3 的完全中介效应），变量 X_4、X_5 的积矩相关系数（间接效应）$r_{54} = P_{51} \cdot P_{14} + P_{52} \cdot P_{24} + P_{53} \cdot P_{34} = 0.460$。当前模型的解释力即整体拟合指数 $R_t^2 = 1 - (1-R_1^2)(1-R_2^2)(1-R_3^2)(1-R_4^2) \approx 0.844$，即当前模型能解释 84.4% 的变异，模型解释力较强。

四、讨论

（一）沟通易得性、沟通有效性、情感支持对导学关系质量的正向影响

研究结果显示，沟通易得性与导学关系质量显著正相关，硕士研究生与导师的沟通易得性越强，越有机会和时间来与导师沟通，其沟通渠道越稳定畅通，导学关系质量也就越高。这与哈贝马斯在交往行为理论中提出的观点是类似的。哈贝马斯认为，通过沟通以达成共识是以"理想沟通情境"和满足沟通的基本要求为基础的。[1]有学者通过实证研究发现，师生之间沟通交流与指导的频率显著正向影响研究生对导师及其受教育背景（学历）的满意度，甚至影响论文产出。[2]这也从侧面说明了沟通易得性对导学关系构建乃至研究生学术成长的重要意义。

研究结果还表明，沟通有效性与导学关系质量显著正相关。硕士研究生与导师的沟通有效性越高，师生双方从沟通中获取的收益越大，导学关系质量也就越高。哈贝马斯认为，合理化的交往行为应当以有效性的言语作为基础，在导师与研究生的导学关系搭建过程中亦是如此。若无法有效展开沟通，对于导学关系的构建具有严重的负向影响。此外，沟通作为双主体互动反应的过程，其有效性也应当是双向的，不仅在于导师有针对性地将有利于学生发展成长的信息传递给学生，也需要学生准确无误地向导师传达自己的相关信息，以及选择适合沟通内容的载体与渠道。

情感支持与导学关系质量显著正相关，即获取的情感支持越强，沟通对导学关系构建增益的转化率越高，导学关系质量也就越高。有学者研究发现，研究生在与导师的互动沟通中获取积极的情感可以提高其学业成就、学习投入、学习动机和自我调节[3][4]，进一步促进导学关系的和谐稳定；而缺乏情感支持的单因素沟通模式亦会弱化导学关系的根基，难以维持长久，难以抵御冲突对关系的破坏。

---

[1] 谢立中.哈贝马斯的"沟通有效性理论"：前提或限制[J].北京大学学报（哲学社会科学版），2014，51（05）：142-148.

[2] Shilbayama S, Kobayashi Y. Impact of PhD. training: A comprehensive analysis based on a Japanese national doctoral survey [J]. Scientometrics, 2017, 113 (1): 387-415.

[3] Lewis A D, Huebner E S, Reschly, A L, et al. The incremental validity of positive emotions in predicting school functioning [J]. Journal of Psychoeducational Assessment, 2009, 27 (5): 397-408.

[4] Pekrun R, Elliot A J, Maier M A. Achievement goals and achievement emotions: testing a model of their joint relations with academic performance [J]. Journal of Educational Psychology, 2009, 101 (1): 115-135.

（二）个体特征对导学关系质量的间接影响

回归分析结果表明，个体特征不能显著预测导学关系质量，而只能通过正向影响沟通易得性、沟通有效性与情感支持对导学关系质量产生影响。该中介模型可以从以下角度进行解释。一方面，个体特征来源于硕士研究生与导师稳定地固有各自不相同的性格特点，兼之受到个体成长差异或所处的物理与社会环境差异，以及个体主观能动性等因素带来的影响，其结构较为复杂。例如导师与学生的科研能力、兴趣、价值观、个人阅历、管理风格等必然会对师生沟通的各个维度产生影响。蔡翔和吕芬芬参考"管理方格论"对导师个人因素对师生互动模式影响的研究也认同了这一关联。[①]该研究提出，在硕士研究生与导师的互动中，导师仍处于主导地位，导师对"学术"与"情感"的关注度决定了不同的师生互动模式。同时，一些学生也由于性格或态度等问题未积极向导师表达自己的需求，以至于师生之间沟通不畅，隔阂难消，导学关系质量不佳。研究发现，导师实施工作进度和工作范围的控制有利于硕士生能力增长，导师对硕士生私人空间实施控制则起负面作用。[②]另一方面，个体特征对导学关系存在显著因果关系，但并无直接影响的研究结果，这与部分学者的相关研究存在差异。宋成认为，和谐导学关系建立的基础要素是师生双方的人格与能力，而导师自身的思想道德品质、学术科研水平与能为学生提供的资源等个体因素，更是底层根基。[③]但也有学者对此持不同意见。杜静等学者通过问卷研究发现，客观因素对导学关系的影响很小，而导学互动过程中的动态因素对导学关系的影响显著，[④]这与本研究中的结果较为一致。不同学者在个体特征因素上观点的矛盾性可能在于，个体特征或许并不会直接对导学关系的构建产生干扰，因而师生之间的个体特征的调适、匹配对导学关系构建的影响，值得相关领域的学者们进一步探讨与分析。

[①] 蔡翔，吕芬芬.研究生导师类型及"导师-研究生"互动模式分析[J].现代教育管理，2010（10）：66-68.

[②] 彭湃，胡静雯.控制型指导与研究生能力增长——基于2021年"全国硕士研究生学习和发展"调查数据的分析[J].高等教育研究，2021，42（09）：52-61.

[③] 宋成.研究生教育中的导学关系：影响因素与对策构建[J].学位与研究生教育，2021，（03）：9-14.

[④] 杜静，王江海，常海洋.究竟是什么影响了导学关系——我国博士生导学关系影响因素调查研究[J].教育学术月刊，2022（01）：43-50.

第二节 师生沟通对导学关系的影响：潜在剖面分析

一、问题提出

导学关系在本质上是一种教学关系，即导师通过指导研究生完成课程学业任务、进行科学探究、撰写学位论文等方式，来教导学生求学、科研与做人。王海林等人也赞同将"教与学"看作导师与研究生关系的核心。[①]学者姚远等在其基础上提出，导师并不仅仅是按照规定的要求完成教学任务，而是学生一生的"引路人"，为学生的当下和未来"传道、授业、解惑"。[②]

与本科教育不同，研究生教育具有一定的特殊性，研究生与导师之间的关系因人而异，但都会受到研究生与导师本身的整体素质和个体特征所制约[③]，沟通作为硕士生与导师之间信息交换、思想交流、情感传递的必要社会活动，其过程与结果不可避免与导学关系产生联动反应，进而影响研究生培养与成长的方方面面。研究生与导师是同处一个科研场域的两个带有异质特征的群体，其个体特征的影响渗透于师生沟通交往关系中，其交互作用会对导学关系造成影响或隔阂。[④]因此，对师生沟通如何影响个体特征和导学关系展开进一步的探究，挖掘三者之间影响机制，为构建良性的导学关系提供指导建议，是非常必要的。

总结此前的有关硕士生与导师沟通的研究发现，当前国内外关于沟通、基础教育中教师与学生间的沟通有较多的研究，但以沟通为研究主题、以硕士研究生与导师为研究对象，采用定量方法研究其沟通满意度及影响因素却较为缺乏；研究内容上主要聚焦于沟通现状、问题以及改善措施等方面，对于师生个体特征与沟通影响导学关系的交互研究几乎没有，尤其是其中的影响机制有待探索。

[①] 王海林，卢小慧.导师与研究生导学关系文献研究综述[J].扬州大学学报（高教研究版），2014，18（06）：60-63.

[②] 姚远，杨蒙蒙.朝向他在性：研究生导学关系反思与重构[J].黑龙江高教研究，2019（06）：106-109.

[③] 谢思渺.师生沟通对导学关系的影响机制[D].武汉：华中科技大学，2022.

[④] 胡楠，李志.硕士研究生与导师沟通的现状及满意度影响因素研究[J].高教学刊，2022，8（25）：57-60.

此外，以往研究者主要是以变量为中心，即从师生沟通的不同维度出发，分析不同维度可能引发的不同行为倾向。但是，个体水平在师生沟通的维度上如何组合及其表现水平，仍是一个亟须解决的问题。潜剖面分析（latent profile analysis，LPA）是以个体为中心的研究方法，可以据此了解不同的师生沟通维度在个体水平上是如何组合的，以及这些组合与个体发展是否存在关联。

综上所述，本研究拟通过LPA方法对研究生的师生沟通潜在结构进行分析，根据其在各维度上的作答模式来实现对研究生师生沟通的精确分类，了解各潜在剖面在整体中的比例，并在此基础上考察研究生师生沟通在其个体特征和导学关系之间的调节效应。

二、方法

（一）对象

通过线上线下相结合的方式收集数据。线上主要以问卷星平台为载体，面向国内高校硕士研究生群体；线下以H高校内发放纸质问卷的方式。共回收有效问卷493份，剔除作答时间过短（平均每题作答时间小于2s）[1]、漏答过多和应付式有规律作答的问卷后[2]，收回有效问卷480份。其中，男生151名（31.5%），女生329名（68.5%）。参与者的平均年龄为23.63±2.285岁。

（二）工具

1. 师生沟通问卷

采用谢思渺编制的师生沟通问卷进行测量。[3]该问卷共40个条目，包括沟通易得性、沟通有效性和情感支持3个分量表。沟通易得性指的是硕士研究生获取与导师沟通机会的便利性与时效性，即在希望能与导师沟通时，沟通意愿是否有充分的渠道表达、需要等待多久可以进行沟通以及能够获取的沟通时长等。沟通有效性指的是在硕士研究生与导师沟通中师生双方清晰准确地表达信息的内涵，解决沟通中面临的问题，达到沟通双方的需求或是对研究生成长有所裨益。情感支持指的是硕士研究生在与导师沟通过程中的直接情感体验，以及通

---

[1] 钟晓钰,李铭尧,李凌艳.问卷调查中被试不认真作答的控制与识别[J].心理科学进展,2021,29(2):225-237.

[2] 刘豆豆,陈宇帅,杨安,等.中学教师工作狂类型与工作绩效的关系研究:基于潜在剖面分析[J].心理科学,2020,43(1):193-199.

[3] 谢思渺.师生沟通对导学关系的影响机制[D].武汉：华中科技大学,2022.

过沟通获取的感性支持力量。采用5点计分（1=非常符合，5=非常不符合），项目取均值，分数越高，表示师生沟通水平越高。本研究中该问卷分量表及总分的Cronbach's α系数分别为0.850、0.837、0.888和0.936，说明数据信度较好，可以用于研究和分析。

2. 导学关系问卷

采用Allen等编制的5项量表测量研究生与导师的关系质量[①]，采用5点计分（1=非常符合，5=非常不符合），项目取均值，得分高者表示其具有的导学关系质量高。在本研究中，该问卷分量表及总分的Cronbach's α系数为0.926，说明该导学关系质量量表信度较好，可以作为稳定可信的研究测量工具。

3. 个体特征问卷

采用谢思渺编制的个体特征问卷测量高校硕士研究生与导师沟通的个体特征。[②]该问卷共14个条目，包括导师因素、学生因素、时间精力和关系期待4个维度。采用5点计分（1=非常符合，5=非常不符合），项目取均值，得分越高表明该个体特征对硕士研究生与导师沟通影响越大。在本研究中，该问卷的Cronbach's α系数为0.676。

（三）统计处理

采用SPSS 27.0进行数据录入及相关变量的描述性统计分析，使用Mplus 8.0对师生沟通进行潜剖面分析，并考察师生沟通的不同剖面与其他变量之间的关系。具体来说，数据分析包括两个部分。第一部分，通过LPA分析师生沟通的潜在剖面，寻求拟合指标最优的模型。[③]第二部分，将第一步得出的师生沟通剖面结果作为自变量，使用BCH命令分析研究生师生沟通的潜在剖面在不同的结果变量（个体特征和导学关系）上的差异，以及师生沟通潜在剖面的调节作用。

三、结果

（一）共同方法偏差检验

采用Harman单因素检验技术对有可能存在的共同方法偏差进行检验。将本

---

① Allen T D, Eby L T. Factors related to mentor reports of mentoring functions provided [J]. Sex Roles, 2004, 50 (1): 129-139.

② 谢思渺. 师生沟通对导学关系的影响机制 [D]. 武汉：华中科技大学, 2022.

③ Nylund-Gibson K, Asparouhov T, Muthén B. Deciding on the number of classes in latent class analysis and growth mixture modeling: A Monte Carlo simulation study [J]. Structural Equation Modeling: A Multidisciplinary Journal, 2007, 14 (4): 535-569.

研究所使用问卷的所有项目放在一起进行探索性因子分析，未经旋转时得到的第一个主成分解释的变异为30.055%，小于临界值40%[1]，说明本研究不存在严重的共同方法偏差问题。

（二）描述性统计分析

本研究的变量均值、标准差、相关系数以及量表的信度如表3-18所示。其中，师生沟通各维度与个体特征各维度、导学关系呈显著正相关，个体特征各维度和导学关系呈显著正相关。

表3-18 变量均值、标准差及相关矩阵

变量	Mean	SD	沟通易得性	沟通有效性	情感支持	导师因素	学生因素	时间精力	关系期待	个体特征	关系质量
沟通易得性	3.269	0.724	1								
沟通有效性	3.286	0.562	0.710**	1							
情感支持	3.029	0.634	0.675**	0.670**	1						
导师因素	3.671	0.824	0.281**	0.113*	0.206**	1					
学生因素	3.362	0.867	−0.014	0.159**	0.057	−0.029	1				
时间精力	3.379	0.518	0.169**	0.173**	0.206**	0.309**	0.285**	1			
关系期待	3.138	0.808	0.685**	0.634**	0.787**	0.287**	0.074	0.141**	1		
个体特征	3.407	0.461	0.450**	0.416**	0.490**	0.707**	0.508**	0.648**	0.598**	1	
关系质量	3.351	0.843	0.706**	0.712**	0.749**	0.287**	−0.023	0.171**	0.724**	0.465**	1

注：$N=480$；*，$p<0.05$，**，$p<0.01$，下同。

（三）师生沟通的潜剖面分析

Peugh和Fan提出的LPA统计指标包括信息指标、分类指标和似然比检验指标[2]。其中常用的信息指标包括LL（log likelihood）、AIC（akaike information criteria）、BIC（bayesian information criteria）[3]、aBIC（sample-size adjusted

---

[1]周华，龙立荣.共同方法偏差的统计补救措施[J].心理科学进展，2004，12（6）：942-942.

[2]Peugh J, Fan X. Modeling unobserved heterogeneity using latent profile analysis: a monte carlo simulation [J]. Structural Equation Modeling: A Multidisciplinary Journal, 2013, 20 (4): 616-639.

[3]Nylund-Gibson K, Asparouhov T, Muthén B. Deciding on the number of classes in latent class analysis and growth mixture modeling: a Monte Carlo simulation study [J]. Structural Equation Modeling: A Multidisciplinary Journal, 2007, 14 (4), 535-569.

BIC）[1]；常用的分类指标为熵值（entropy），即判断模型分类精确性的标准化指数，取值在0到1之间；似然比检验用于比较两个嵌套模型（k剖面模型和$k-1$剖面模型）之间的拟合优度差异，常用的指标包括LMR（lo-mendell rubin likelihood ratio test）、BLRT（bootstrap likelihood ratio test）。

基于以上统计指标的分析结果，本研究根据被试者在师生沟通3个维度上的得分模式，分别将研究生师生沟通的类型依次分为1~4类进行潜剖面模型拟合（见表3-19）。最优模型通过以下指标进行判断：（1）LL、AIC、BIC、aBIC数值越小模型拟合越好。（2）分类精确性指标Entropy值越大表示模型拟合越好，Entropy<0.60时相当于超过20%的个体存在分类错误，Entropy≥0.80时表示分类准确率超过90%，因此一般要求其大于0.7[2]。（3）LMR和BLRT显著（$p<0.05$），表明增加一个剖面显著提高了模型的拟合度。

表3-19　潜在剖面模型拟合指标汇总

Model	FP	LL	AIC	BIC	aBIC	Entropy	BLRT（p）	LMR（p）	类别概率
1	6	−2041.770	4095.539	4120.582	4101.539				
2	10	−1828.758	3677.516	3719.254	3687.515	0.746	<0.001	<0.001	0.523/0.477
3	14	−1741.160	3510.320	3568.753	3524.319	0.773	<0.001	<0.05	0.219/0.227/0.554
4	18	−1698.120	3432.240	3507.368	3450.238	0.812	<0.001	<0.01	0.073/0.398/0.429/0.100

由表3-19可知，首先，AIC、BIC、aBIC值随着分类数目的增多而逐渐降低，并且在3剖面之后下降幅度变得平缓，表明3剖面模型是下降的拐点。其次，3剖面模型的LMR以及BLRT检验均达到显著水平，虽然Entropy值在4剖面时取值最大，但从模型分类准确性的角度出发，做LPA时每个类别至少要有50个被试者才能保证根据aBIC正确选择模型[3]，因此4剖面模型的其中一个样本量为35不符合要求。所以，选择3剖面模型是比较合适的，其拟合数据最佳。每个剖面归属概率见表3-20。由表3-20可知，每个剖面中研究生的平均归属概

---

[1] Tofighi D, Enders C K. Identifying the correct number of classes in growth mixture models [J]. Advances in latent variable mixture models, 2008（1）：317-341.

[2] Stanley L, Kellermanns F W, Zellweger T. M. Latent profile analysis：Understanding family firm profiles [J]. Family Business Review, 2016, 30（1）：84-102.

[3] Yang C C. Evaluating latent class analysis models in qualitative phenotype identification[J]. Computational Statistics & Data Analysis, 2006, 50（4），1090-1104.

率在87%~91%之间,说明3个剖面模型的结果是可信的。3个潜在剖面在师生沟通的3个维度上的得分情况如图3-5所示。其中C1剖面在每个维度上的得分明显低于其他剖面,包含了21.9%的被试者,根据其得分特征将这一剖面命名为"低师生沟通型";C2剖面在各维度上的得分明显高于其他剖面,其包含了22.7%的被试者,将这一剖面命名为"高师生沟通型";C3剖面在各维度上得分低于C2剖面,但高于C1剖面,其包含了55.4%的被试者,将这一剖面命名为"中师生沟通型"。

表3-20 不同潜在剖面被试者的平均归属概率

剖面	平均归属概率		
	C1 ($N=105$)	C2 ($N=109$)	C3 ($N=266$)
C1	0.913	0.000	0.087
C2	0.000	0.877	0.123
C3	0.062	0.047	0.891

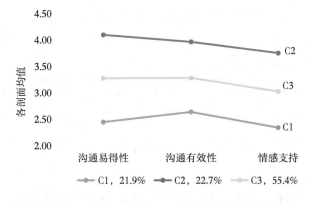

图3-5 师生沟通的潜剖面分析图

(四)不同类型研究生在师生沟通各维度上的差异

为探索研究生师生沟通潜在剖面的分类是否具备异质性,笔者将3种潜在剖面研究生的师生沟通情况进行了比较,结果如表3-21所示,3种类型研究生在师生沟通各维度得分上均存在显著差异。事后多重比较分析发现,不同类型研究生在师生沟通分量表得分上两两比较均差异显著。由此可见,研究生师生沟通的潜在剖面能够很好地区分研究生师生沟通的程度,同时也说明了该潜在剖面是有效的。

表 3-21　不同研究生师生沟通剖面的师生沟通状况比较

项目	低师生沟通型	高师生沟通型	中师生沟通型	F	Post Hoc
沟通易得性	2.392	4.113	3.269	408.378***	C1<C3<C2
沟通有效性	2.596	3.398	3.327	508.691***	C1<C3<C2
情感支持	2.314	3.760	3.012	332.101***	C1<C3<C2

注：$N=480$；***，$p<0.001$.

（五）研究生师生沟通的潜在剖面对导学关系的影响

为了探讨不同师生沟通类型研究生对个体特征和导学关系的影响，采用BCH命令分析不同师生沟通剖面在个体特征不同纬度和导学关系上的差异。由表3-22可知，不同类型的师生沟通剖面在个体特征不同纬度和导学关系上均存在显著差异。具体而言，高师生沟通型研究生具有最高水平的导学关系，并且其个体特征各维度得分也较高。

表 3-22　不同师生沟通类型研究生个体特征和导学关系水平差异

变量	C1（$n=105$）	C2（$n=109$）	C3（$n=266$）	F	Post Hoc
导师因素	3.331±0.091	3.868±0.101	3.736±0.052	18.840***	C2，C3>C1
学生因素	3.428±0.095	3.645±0.113	3.217±0.054	10.934**	C2>C3
时间精力	3.265±0.057	3.541±0.063	3.362±0.034	10.895**	C2>C3，C1
关系期待	2.126±0.073	4.017±0.070	3.211±0.037	348.414***	C2>C3>C1
导学关系	2.318±0.081	4.322±0.061	3.396±0.040	404.165***	C2>C3>C1

注：$N=480$；***，$p<0.001$。

（六）师生沟通潜在剖面在研究生个体特征和导学关系之间的调节作用

采用BCH命令，以师生沟通的4个潜在剖面为调节变量，研究生个体特征的不同维度作为自变量，导学关系作为因变量，进行分组回归分析。结果表明，除时间精力维度外，研究生个体特征的导师因素、学生因素和关系期待维度对导学关系的影响在不同剖面组内均存在差异。具体来说，在高师生沟通型（$\beta=0.268$，$p<0.001$）和低师生沟通型（$\beta=0.172$，$p<0.001$）群体中，导师因素越积极，导学关系越好，如图3-6所示；在高师生沟通型（$\beta=0.473$，$p<0.001$）和低师生沟通型（$\beta=0.238$，$p<0.001$）群体中，关系期待水平越低，导学关系越好，如图3-7所示；在中师生沟通群体（$\beta=-0.168$，$p<0.05$），学生因素水平越高，导学关系越低，如图3-8所示。

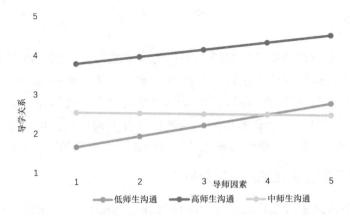

图 3-6　师生沟通不同剖面在导师因素和导学关系之间的调节作用

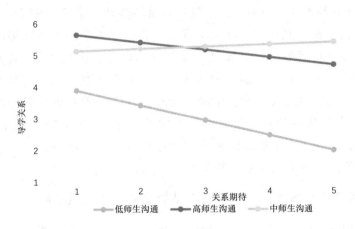

图 3-7　师生沟通不同剖面在关系期待和导学关系之间的调节作用

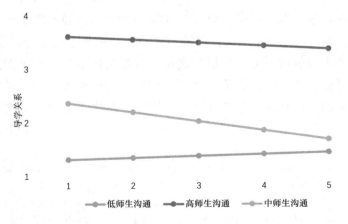

图 3-8　师生沟通不同剖面在学生因素和导学关系之间的调节作用

四、讨论

目前关于师生沟通虽然已经取得了丰富的研究成果,但以往研究主要是以变量为中心,探讨师生沟通的结构及其影响因素。而关于师生沟通的结构在个体水平是如何存在的及其与个体特征和导学关系的关系,我们知之甚少。本研究采用LPA探索个体水平上研究生师生沟通的潜在结构,并分析其与个体特征及导学关系之间的关系,为师生沟通相关研究提供了一个新的、辩证的视角。

(一)研究生师生沟通的潜剖面分析

本研究根据研究生师生沟通的3个维度得分,采用LPA探索研究生师生沟通潜在结构,依据相关拟合指标综合考虑选择3个潜在剖面模型为最优模型。师生沟通的3个剖面并不存在质的差异,仅存在量的差异,即每个剖面在各维度得分的趋势相一致。这可能反映了师生沟通在个体水平上是一个由低到高的连续体。其中,高师生沟通型(C2)及其各维度得分均高于其他剖面,其人数占总体的22.7%;低师生沟通型(C1)的各维度得分均低于其他剖面,其人数占总体的21.9%,占人群中的较少数;中师生沟通型(C3)的各维度得分在另外两个剖面之间,占总体的55.4%,约占人群中的一半。C2和C3一共占总体的78.1%,两种剖面的研究生群体的师生沟通是中等及以上水平,这反映了大部分学生的与导师的交流是比较密切的。

(二)不同研究生师生沟通剖面对个体特征和导学关系的影响

本研究采用BCH命令验证了不同类别的师生沟通剖面研究生个体特征对导学关系的不同影响。结果表明,高师生沟通型研究生在导学关系得分上显著高于另外两个剖面,这与以往研究一致[1][2],说明增加师生沟通有助于提升研究生导学关系。另一方面,尽管不同剖面间两两比较的结果并不是完全的差异显著,但是在个体特征不同维度得分上依旧呈现出高师生沟通型>中师生沟通型>低师生沟通型的趋势。个体特征在硕士研究生与导师沟通中所指的是导师与学生存在的一些独有的个体特征,包括导师个性因素、学生个性因素、双方时间精

---

[1] Katz J, Hartnett R. Scholars in the Making. The Development of Graduate and Professional Students [M]. Cambridge, Mass: Ballinger Publishing Company, 1976.

[2] Mccuen R H, Akar G, Gifford I A, et al. Recommendations for improving graduate adviser-advisee communication [J]. Journal of Professional Issues in Engineering Education & Practice, 2009, 135 (4): 153-160.

力以及对彼此的期待。这些因素或是师生沟通和导学关系主体的基本特性，或是关系构建的精神或实质基础，对于沟通过程和导学关系构建的影响直接又根本。①

调节效应检验结果表明，在高、低师生沟通型群体中，导师因素越积极，或者关系期待水平越低，导学关系越好；在中师生沟通群体，学生因素水平越高，导学关系越差；不同剖面类型在时间、精力对研究生导学关系的影响中差异不显著。导师固有个性因素的差异对于其与研究生之间的沟通，以及导学关系的构建都会产生相应的影响。本研究结果发现，导师本身对导学关系影响很大，如果导师性格好或者科研能力较强，即使师生沟通状况较差，依然有可能营造较高质量的导学关系；而如果做不到这一点，即使和学生沟通（时间、精力）再多，也最终和导学关系的建立无关。一方面，导师因素反映了研究生感受到的来自导师的指导安全感，即一种在大方向下自由探索的舒适感，类似于一种积极的依恋关系，因而更有利于和谐的导学关系的构建；另一方面，基于导师和学生地位的天然不平等，导师消耗较多的时间、精力可能会给研究生带来潜在的、隐形的压力，同时也会侵占研究生自主学习的时间和自由发展的机会，从而使其内心产生抗拒感，而较多的时间投入而没有取得满意的成果回报，也会引发导师对学生努力和认真程度的怀疑，从而引发导学关系恶化。

受制于社会期许、角色定位等前置因素，研究生与导师的实际相处与导学关系的构建极难放下预判与期待，仅通过坦诚又直接的交往达成。而双方对于关系的预期，在实际沟通中产生的差异，又必将反过来影响沟通与导学关系。本研究结果发现，降低关系期待可能是低师生交流研究生群体维持导学关系的手段。从另一个角度来看，面对当前科研压力，研究生降低对师生关系的期望，选择接受自己真实的水平，可能有利于调节自身心态，缓解压力，从而把更多的时间放在自我探索或者潜心修炼自身素质上，这可能降低了师生沟通水平，但却有利于研究生在学习生涯中找到自己真正热爱和愿意为之奋斗一生的事业，进而提高整段研究生生涯的获得感和人生目的感，同时也反映在对自身导学关系评价的提高上。

本研究结果表明，在占比最高的中师生沟通型群体中，学生自身因素对导学关系产生了消极影响，这一定程度上反映了个体能力不足可能会引发情绪问题从而降低个体的导学关系；反过来说，这也进一步强调了导师的作用。由于

---

① 蔡翔，吕芬芬.研究生导师类型及"导师-研究生"互动模式分析[J].现代教育管理，2010，(10)：66-68.

学生个人素质的限制，无论是增加或减少师生沟通对导学关系都没有影响，但是，导师的一些积极因素对导学关系的建立和巩固还是有很大影响的。

第三节　师生沟通对导学关系的影响：近红外技术的证据

一、问题提出

近年来，高校恶性事件时有发生，许多学者也将研究重点转移到导学关系的现状中。导学关系作为一种人际关系，与主体双方心理层面的距离感密切相关。牟晖等心理学领域的学者表示，导学关系是以师与生的认知和情感交互为核心，在双方相处过程中相互影响功能沟通塑造的心理连接。[①]学者刘志认为导学关系的稳定建立过程是基于导师与研究生的良性互动，而相互作用的重心依然围绕着导师。[②]理想的导学关系是复杂而又多维的[③]，但沟通是导学关系得以联通的重要渠道。

Katz等人试图分辨研究生在学业教育中感知的重要因素，结果发现研究生与其导师的沟通可能是其中最显著的因素。[④]Mccuen等研究者调查了100余名在读研究生，结果发现大部分硕士生均认同师生沟通对其学术研究具有深远影响。[⑤]吴玥乐等选择硕士生导师作为访谈对象，对影响导学关系的因素展开开放式深度访谈，并从原始访谈资料中抽象提炼出5类重要影响因素，其中一种就是沟通交流。[⑥]Militaru等研究者调查（135名学生和24名教师）发现100％的教师和88％的学生认为师生关系中的沟通非常重要，认为师生之间的有效沟通是实

[①] 牟晖，武立勋，徐淑贤.和谐视域下研究生导学关系构建浅析[J].思想教育研究，2014（05）：72-74.

[②] 刘志.研究生教育中和谐导生关系何以可能?[J].学位与研究生教育，2018（10）：20-25.

[③] German K T, Sweeny K, Robbins M L. Investigating the role of the faculty advisor in doctoral students' career trajectories[J]. Professional Development in Education，2019，45（5）：762-773.

[④] Katz J, Hartnett R. Scholars in the making[C]. The Development of Graduate and Professional Students，1976：49.

[⑤] Mccuen R H, Akar G, Gifford I A, et al. Recommendations for pmproving graduate adviser-advisee communication [J]. Journal of Professional Issues in Engineering Education & Practice，2009，135（4）：153-160.

[⑥] 吴玥乐，韩霞.高校导学关系的协同共建——基于导师深度访谈的质性研究[J].教育科学，2020，36（03）：64-69.

现高质量教育的重要因素。[①]

导学关系与沟通有着密切的联系。王静雯研究提出当前硕士生与导师沟通不良可能与师生关系的变异有关。[②]Mainhard等结合人际关系管理行为模型，证实了和谐高质量的导学关系能有效促进硕士生学业成功，同时该研究也发现人际交往模式对良好导学关系构建的影响。[③]

师生沟通受到师生关系的影响，但又对导学关系的构建起重要作用。但师生沟通与导学关系之间缺乏明确的、直接的神经生理学证据来证实两者的关系。因此，本研究将联合成熟的实验范式和脑神经科学研究方法对两者关系进行验证，并将师生沟通与导学关系相互影响机制深化到脑神经层面，以更加全面地了解导学关系优劣在沟通过程中的认知特点与神经机制。

二、研究方法

（一）研究对象

依据Allen等开发的五项量表[④]来筛选导学关系质量高与低两个维度的被试者。通过问卷调查，本研究获取了H高校硕士研究生调查问卷160份，选取量表得分前17%与后17%的问卷填写者作为导学关系质量高、低两个水平的被试者，各27人，共54人。其中，研一20人，研二21人，研三13人，平均年龄23.81±2.155岁。两组被试者听力正常，视力或矫正视力正常，无色盲、色弱等视力障碍，右利手。实验前明确告知被试者关于实验内容与使用仪器的具体信息，就实验流程达成一致并确定被试者没有疑问后，签署了书面知情同意书，并在结束后给予被试者一定报酬。实验方案经所属院系伦理委员会批准。

（二）研究工具及过程

1. 现实情境任务范式

实验任务改编自现实情境任务范式（realistic presented problem，RPP），该

[①] Militaru M, Furnaris M M, Craciun M M, et al. The perception of the concept of communication between teacher and student in veterinary education[J]. Revista Romana De Medicina Veterinara, 2020, 30 (3): 35-43.

[②] 王静雯. 研究生沟通问题的现状与对策[J]. 传承, 2012 (18): 51-53.

[③] Mainhard T, van der Rijst R, van Tartwijk J, et al. A model for the supervisor-doctoral student relationship [J]. Higher Education, 2009, 58 (3): 359-373.

[④] Allen T D, Eby L T. Factors related to mentor reports of mentoring functions provided [J]. Sex Roles, 2004, 50 (1): 129-139.

类型任务要求个体以新颖的方式解决一个开放式的现实问题[1][2][3],同时参考了情节模拟任务,针对预访谈且经过评定的困境情境内容(表3-23)改编成问题解决情节下的沟通模拟任务。情境模拟能够有效反映个体的习惯行为,展现其固有思维模式与神经活动情况。[4]本研究拟通过模拟硕士生与导师沟通的情境,探究其不同导学关系质量的学生在与导师沟通过程中是否存在认知神经层面的差异。

表3-23 实验材料评定结果表

困难情境	熟悉性	发生频率	困境程度	可控程度
离学位论文开题的时间越来越近了,你的学位论文还没有思路	4.32	3.68	5.95	3.74
研究必须用到的科研软件,你反复尝试依然总遇见错误	4.37	4.37	5.53	4.26
你想要将课程论文修改并投稿,但是找不到合适的期刊	4.09	3.42	4.47	4.47
你有想研究的方向,但导师仅允许你研究她(他)指定的内容	4.53	3.26	4.95	3.11
你不知道完成课程作业和科研任务之外,自己的学习方向在哪	4.42	3.63	4.68	4.11
你的导师因为你不主动找他交流,在组会上指责你的态度有问题	4.32	2.89	5.00	4.05
你陷入了对工作的迷茫和焦虑,不知道未来的方向在哪里	4.94	4.68	5.84	3.21
学习小组太多,你感觉自己不能应对过多的合作学习	4.13	3.32	4.42	4.26
你和导师在学位论文的设计方向上,产生完全不同见解	5.26	3.00	5.47	3.21

---

[1] Agnoli S, Corazza G E, Runco M A. Estimating creativity with a multiple-measurement approach within scientific and artistic domains [J]. Creativity Research Journal, 2016, 28(2): 171-176.

[2] Hao N, Xue H, Yuan H, et al. Enhancing creativity: proper body posture meets proper emotion [J]. Acta Psychologica, 2017, 173: 32-40.

[3] Xue H, Lu K L, Hao N. Cooperation makes two less-creative individuals turn into a highly-creative pair [J]. Neuroimage, 2018, 172: 527-537.

[4] 曹贤才,王大华,王岩. 情节模拟对预期伴侣反应性及依恋安全感的影响[J]. 心理学报, 2020, 52(8): 982-992.

续表

困难情境	熟悉性	发生频率	困境程度	可控程度
你觉得自己志不在科研,但是导师对你的科研寄予厚望	4.29	3.26	5.11	3.05
因为导师曾在公开场合批评你,你感觉每次单独面对导师都紧张害怕	4.16	2.58	5.26	3.05

在该任务中,先给被试者呈现在硕士研究生学习生活过程中遇到的问题情境,要求被试者针对每个情境进行思考:如何与导师沟通以寻求导师的帮助,解决当前困境,即想象怎么向导师寻求帮助以及怎么在导师的帮助之下解决问题。接着想象导师就在面前,以第一人称的角度模拟与导师的沟通过程。

任务通过电脑屏幕呈现,首先在屏幕中央会呈现一个注视点,持续时间8 s,然后呈现联系阶段的困难情境与指导语,呈现时间为16s。指导语与黑屏之间会呈现1s的空屏,用以缓冲指导语带来的视觉后效,以便被试者更好地沉浸在情境中;接着被试者进入30 s的思考,在被试者完成思考后,会在屏幕上看到指导语"请在黑屏后想象导师就在你面前,口头报告模拟与导师现场沟通的情境,沟通时间20 s",指导语消失后被试者会看到20 s的黑屏,用以口头模拟与导师的沟通过程,主试者会根据被试者的口头报告判断被试者的任务完成投入情况,以筛除未沉浸模拟与导师沟通的被试者。任务完成后,被试者有15 s的放松时间。实验全程共1个练习阶段,10个正式阶段,每个阶段100 s,其间包括思考情境任务与模拟沟通任务。10个情境采用随机顺序呈现。实验流程如图3-9所示。

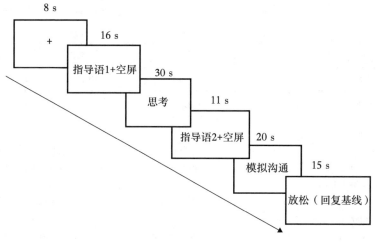

图3-9　实验流程图

2.功能近红外光谱成像检测

本研究所使用的 NIRScout 台式近红外脑功能成像仪为深圳市瀚翔生物医疗电子股份有限公司研制,用以检测被试者执行模拟沟通任务时前额叶区域的氧合血红蛋白(HbO)的变化情况,采样频率为 7.8125 Hz。梳理已有文献,人际交往、社会互动以及沟通等高级。认知功能的主要激活脑区在前额叶皮层,所以本研究把大脑前额叶作为兴趣区。[1][2][3]

实验采用"2(被试类型:高质量导学关系,低质量导学关系)×2(情境:思考,模拟沟通)"的混合实验设计,被试者类型为被试间变量(组间变量),实验情境为被试内变量(组内变量),因变量为在不同实验条件下获得的氧合血红蛋白值。

三、研究结果

(一)氧合血红蛋白值的方差分析结果

高、低质量导学关系的两组被试者在不同条件下,各通道氧合血红蛋白值的描述性统计分析结果见表3-24至表3-31。将设备探测到的不同组别被试者在不同条件下被激活的氧合血红蛋白值导出,叠加平均后采用 SPSS 23.0 软件,对不同通道的数值进行"2(组别:高质量关系组,低质量关系组)×2(情境:思考,模拟沟通)"的重复测量方差分析。其中通道1、2、4情境与组别的氧合血红蛋白值交互作用显著,通道18不同情境的氧合血红蛋白值主效应边缘显著,其他通道均不显著。

表3-24 两组被试者在通道1上的 HbO 值描述性分析结果

项目	低质量关系组($n=21$)		高质量关系组($n=21$)	
	Mean	SD	Mean	SD
思考	1.788	7.807	−2.831	7.955
模拟沟通	−0.060	13.028	5.063	14.173

注:数据显示为平均值×10000、标准误×10000。

---

[1] Holper L, Goldin A P, Shalom D E, et al. The teaching and the learning brain: A cortical hemodynamic marker of teacher-student interactions in the socratic dialog [J]. International Journal of Educational Research, 2013, 59: 1-10.

[2] Piva M, Zhang X, Noah J A, et al. Distributed neural activity patterns during human-to-human competition [J]. Frontiers in Human Neuroscience, 2017, 11: 571.

[3] Suda M, Takei Y, Aoyama Y, et al. Frontopolar activation during face-to-face conversation: An in situ study using near-infrared spectroscopy [J]. Neuropsychologia, 2010, 48 (2): 441-447.

表 3-25　两组被试者在通道 1 上的 HbO 值方差分析结果

变异来源	df	F	p	η^2
情境（A）	1	1.637	0.208	<0.001
组别（B）	1	0.010	0.920	0.039
A×B	1	4.249*	0.046	0.096

注：*, $p<0.05$；**, $p<0.01$；***, $p<0.001$，下同。

表 3-26　两组被试者在通道 2 上的 HbO 值描述性分析结果

项目	低质量关系组（n=21）		高质量关系组（n=21）	
	Mean	SD	Mean	SD
思考	2.302	6.233	−2.739	8.038
模拟沟通	−1.267	12.885	5.622	12.532

注：数据显示为平均值×10000、标准误×10000。

表 3-27　两组被试者在通道 2 上的 HbO 值方差分析结果

变异来源	df	F	p	η^2
情境（A）	1	0.985	0.327	0.024
组别（B）	1	0.198	0.659	0.005
A×B	1	6.104*	0.018	0.132

表 3-28　两组被试者在通道 4 上的 HbO 值描述性分析结果

项目	低质量关系组（n=21）		高质量关系组（n=21）	
	Mean	SD	Mean	SD
思考	2.673	5.694	0.590	3.373
模拟沟通	−2.429	7.574	2.486	6.048

注：数据显示为平均值×10000、标准误×10000

表 3-29　两组被试者在通道 4 上的 HbO 值方差分析结果

变异来源	df	F	p	η^2
情境（A）	1	1.097	0.301	0.027
组别（B）	1	2.144	0.151	0.051
A×B	1	5.223*	0.028	0.115

表 3-30　两组被试者在通道 18 上的 HbO 值描述性分析结果

项目	低质量关系组（$n=21$）		高质量关系组（$n=21$）	
	Mean	SD	Mean	SD
思考	−3.816	14.821	−8.389	37.593
模拟沟通	15.627	56.437	2.204	18.090

注：数据显示为平均值×1000、标准误×10000

表 3-31　两组被试者在通道 18 上的 HbO 值方差分析结果

变异来源	df	F	p	η^2
情境（A）	1	3.569	0.066	0.082
组别（B）	1	1.365	0.250	0.033
$A \times B$	1	0.310	0.581	0.008

结果表明：在通道 1 上，组别与情境的氧合血红蛋白值交互作用显著（$F_{(1, 40)} = 4.249$，$p = 0.046 < 0.05$，$\eta^2 = 0.096$）；在通道 2 上，组别与情境的氧合血红蛋白值交互作用显著（$F_{(1, 40)} = 6.104$，$p = 0.018 < 0.05$，$\eta^2 = 0.132$）；在通道 4 上，组别与情境的氧合血红蛋白值交互作用显著（$F_{(1, 40)} = 5.223$，$p = 0.028$，$\eta^2 = 0.115$）；在通道 18 上，情境的氧合血红蛋白值主效应边缘显著（$F_{(1, 41)} = 3.569$，$p = 0.066$，$\eta^2 = 0.082$），其他通道在组别与情境类型上的主效应和交互作用都不显著（$p > 0.05$）。

通道 1 上，组别与情境的交互作用显著，进行进一步的简单效应分析，发现在模拟沟通情境上导学关系质量高低两组的差异不显著（$p = 0.230$），但在思考情境的组别差异边缘显著（$F_{(1, 40)} = 3.680$，$p = 0.065$，$\eta^2 = 0.083$），低质量导学关系组氧合血红蛋白含量均值要高于高质量导学关系组。在低质量导学关系组，情境差异不显著（$p = 0.583$）；在高质量导学关系组，情境差异显著（$F_{(1, 40)} = 5.580$，$p = 0.023 < 0.05$，$\eta^2 = 0.122$），模拟沟通情境下氧合血红蛋白含量均值显著高于思考情境。

通道 2 上，组别与情境的交互作用显著，进行进一步的简单效应检验，发现在模拟沟通情境上导学关系质量高、低两组的差异不显著（$p = 0.087$），但在思考情境的组别差异显著（$F_{(1, 40)} = 5.156$，$p = 0.029 < 0.05$，$\eta^2 = 0.114$），低质量导学关系组氧合血红蛋白含量均值显著高于高质量导学关系组。在低质量导学关系组，情境差异不显著（$p = 0.302$）；在高质量导学关系组，情境差异显著（$F_{(1, 40)} = 5.997$，$p = 0.019 < 0.05$，$\eta^2 = 0.130$），模拟沟通情境下氧合血红蛋白含量均值显著高于思考情境。

通道4上，组别与情境的交互作用显著，进行进一步的简单效应检验，发现在思考情境上高、低质量导学关系两组的差异不显著（$p=0.157$），但在模拟沟通情境的组别差异显著（$F_{(1, 40)}=5.400$，$p=0.025<0.05$，$\eta^2=0.119$），高质量导学关系组氧合血红蛋白含量均值显著高于低质量导学关系组。在高质量导学关系组，情境差异不显著（$p=0.387$）；在低质量导学关系组，情境差异显著（$F_{(1, 40)}=5.554$，$p=0.023<0.05$，$\eta^2=0.122$），思考情境下氧合血红蛋白含量均值显著高于模拟沟通情境。

（二）Nirslab分析结果

将经过预处理的原始数据导入Nirslab软件，参考fMRI的分析方法，进行SPM统计分析，主要目的是将空间位置与血流动力学的信号相结合，查看每个条件下大脑的激活区域。继而，将经过SPM处理的被试者数据按照分组的形式依次导入Nirslab软件中，在SPM level2模块上进行t检验，将显著性p设置为0.05，结果发现两组被试者在思考与模拟沟通条件下，前额叶区域部分差异显著，具体脑区差异见图3-10。

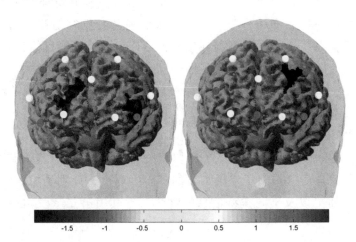

图3-10　被试者在思考情境（左）与模拟沟通情境（右）的脑区激活情况对比

注：图中被试者面部朝前，以被试者自身为参照来定义"左"/"右"，与读者视角相反。

通过Nirslab分析结果发现，思考情境下，高质量导学关系组在布罗卡三角区（通道1）、背外侧前额叶（通道2）的氧合血红蛋白含量显著低于低质量导学关系组；而在模拟沟通的情境下，高质量导学关系组在额极区（通道4）、眶额区（通道4）与左侧背外侧前额叶（通道4）的氧合血红蛋白的含量显著高于低质量导学关系组。显著通道对应的布鲁德曼分区如表3-32所示。

表 3-32　显著通道对应的布鲁德曼分区

通道	布鲁德曼分区（BA）	覆盖率/%
1	布罗卡三角区（BA45）	70.6
1	背外侧前额叶（BA46）	29.3
2	背外侧前额叶（BA9）	88.48
2	背外侧前额叶（BA46）	11.52
4	额极区（BA10）	38.26
4	眶额区（BA11）	42.13
4	背外侧前额叶（BA46）	6.96

四、讨论

近红外成像技术的实验结果发现，思考情境下，高质量导学关系组在布洛卡三角区（BA45）、背外侧前额叶（BA9、BA46）的氧合血红蛋白含量显著低于低质量导学关系组，即低质量导学关系组相较于高质量导学关系组，在与导师沟通前的思考阶段，布洛卡三角区与背外侧前额叶更容易被激活。而在模拟沟通的情境下，高质量导学关系组在额极区（BA10）、眶额区（BA11）和左侧背外侧前额叶（BA46）的氧合血红蛋白量显著高于低质量导学关系组，即在模拟沟通过程中，高质量导学关系组的额极区、眶额区与侧背外侧前额叶相较于低质量导学关系组更容易被激活，且这种差异集中表现在左侧。

梳理以往研究发现，布洛卡三角区（pars triangularis, part of Broca's area）是主要的语言运动区，与语言的产生密切相关。[1][2][3]Friederici基于脑电与脑功能成像技术的研究方法，提出了言语加工的三阶段理论，分别是短语结构的建立、句法与语义的加工以及不同类型信息的整合。[4][5]其中第二阶段句法与语义加工

---

[1] Long M A, Katlowitz K A, Svirsky M A, et al. Functional segregation of cortical regions underlying speech timing and articulation [J]. Neuron, 2016, 89（6）: 1187-1193.

[2] Skipper J I, Goldin-Meadow S, Nusbaum H C, et al. Speech-associated gestures, Broca's area, and the human mirror system [J]. Brain and Language, 2007, 101（3）: 260-277.

[3] Zilles K, Amunts K. Cytoarchitectonic and receptorarchitectonic organization in Broca's region and surrounding cortex [J]. Current Opinion in Behavioral Sciences, 2018, 21: 93-105.

[4] Friederici A D. Towards a neural basis of auditory sentence processing [J]. Trends in Cognitive Sciences, 2002, 6（2）: 78-84.

[5] Friederici A D, Kotz S A. The brain basis of syntactic processes: Functional imaging and lesion studies [J]. Neuroimage, 2003, 20: S8-S17.

过程涉及大脑额叶和颞叶的系列脑区，其中额下回的BA44区主要参与句法加工，而更靠前的BA45/47区与语义加工密切相关。[①]该理论既表述了对言语加工的阶段过程，也探究了相应的脑功能定位信息。这与本研究中在沟通的过程中，被试者言语产生与相关脑区（BA45）被显著激活的结果是一致的，也从侧面印证了实验操作有效性。思考过程中，低质量导学关系组在该区域更容易被激活，可能正是由于低质量导学关系组被试者不擅长与导师沟通或存在畏惧逃避心态，因而在面对需要与导师沟通并请求对方协助解决当前困境的情境时，需要调动更多的心理准备与认知资源去组织语言，完成语义加工过程，即在布洛卡三角区激活更为显著。

高质量导学关系组的被试者在模拟沟通情境中额极区（BA10）更容易被激活，这与以往关于额极区与前瞻记忆的研究相一致。许多研究通过神经影像学技术已证实了大脑额极区（frontopolar area）参与调节前瞻记忆过程。[②③]一项研究证明，通过经颅磁技术（TMS）短暂性抑制被试者的布罗德曼10区（额极区），会损害其前瞻性语言记忆。[④]Costa基于该假设设计了TMS干预实验探讨额极皮层在视觉空间前瞻记忆中的作用，结果也佐证了额极区在进行前瞻性记忆活动中起着关键作用。[⑤]已有研究通过功能性神经成像技术[⑥]证明了与前瞻性记忆相关任务的不对称神经活动模式，其特征是左侧额叶比右侧额叶激活更强，这也与本实验结果是一致的。在沟通情境下，高质量导学关系组仅在左侧额极区的激活情况显著高于低质量导学关系组。有些研究表明，左额叶和右额叶的

[①] Klepousniotou E, Gracco V L, Pike G B. Pathways to lexical ambiguity: fMRI evidence for bilateral fronto-parietal involvement in language processing [J]. Brain and Language, 2014, 131: 56-64.

[②] Matsuura A, Aiba N, Yamamoto H, et al. Stroking a real horse versus stroking a toy horse: Effects on the frontopolar area of the human brain [J]. Anthrozoos, 2020, 33 (5): 673-683.

[③] Okuda J, Fujii T, Ohtake H, et al. Differential involvement of regions of rostral prefrontal cortex (Brodmann area 10) in time- and event-based prospective memory [J]. International Journal of Psychophysiology, 2007, 64 (3): 233-246.

[④] Costa A, Oliveri M, Barban F, et al. The right frontopolar cortex is involved in visual-spatial prospective memory [J]. PLoS ONE, 2013, 8 (2): e56039.

[⑤] Costa A, Oliveri M, Barban F, et al. Keeping memory for intentions: A cTBS investigation of the frontopolar cortex [J]. Cerebral Cortex, 2011, 21 (12): 2696-2703.

[⑥] Bunge S A, Helskog E H, Wendelken C. Left, but not right, rostrolateral prefrontal cortex meets a stringent test of the relational integration hypothesis [J]. Neuroimage, 2009, 46 (1): 338-342.

参与程度分别取决于任务的整合性与复杂性的处理需求。[①②]然而，目前仍尚未有研究直接揭示额极区脑激活情况存在显著的半球差异。[③]此外，一些学者研究额极区在认知活动中的功能特性，发现额极皮层和观点采择、心理理论能力有关。[④⑤⑥⑦]有关人际交往与互动的研究表明，观点采择与心理理论能力是良好沟通和关系建立成功的关键。[⑧⑨⑩⑪]如前所述，额极区在涉及心理理论加工时起着重要的作用。本实验模拟了与导师沟通的情境，个体在构思如何与导师沟通以解决当前困境时，可能也会利用心理理论能力去想象导师的预期反应，进而充分组织更有可能获得导师帮助的有效沟通内容。而导学关系质量高组的硕士生额极区激活更为显著，也可能正是由于善于运用观点采择与心理理论，更能发起有效沟通，搭建高质量导学关系。

眶额区（orbitofrontal area，简称OFC）作为大脑前额叶一部分，在以往的

---

① Volle E, Gonen-Yaacovi G, Costello A D, et al. The role of rostral prefrontal cortex in prospective memory: A voxel-based lesion study [J]. Neuropsychologia, 2011, 49 (8): 2185-2198.

② Wendelken C, Chung D, Bunge S A. Rostrolateral prefrontal cortex: Domain-general or domain-sensitive? [J]. Human Brain Mapping, 2012, 33 (8): 1952-1963.

③ Miyamoto K, Setsuie R, Osada T, et al. Reversible silencing of the frontopolar cortex selectively impairs metacognitive judgment on non-experience in primates [J]. Neuron, 2018, 97 (4): 980-989.

④ Preston S D, Bechara A, Damasio H, et al. The neural substrates of cognitive empathy [J]. Social Neuroscience, 2007, 2 (3-4): 254-275.

⑤ Reniers R L E P, Vollm B A, Elliott R, et al. Empathy, ToM, and self-other differentiation: An fMRI study of internal states [J]. Social Neuroscience, 2014, 9 (1): 50-62.

⑥ Rueckert, Naybar N. Gender differences in empathy: The role of the right hemisphere [J]. Brain and Cognition, 2008, 67 (2): 162-167.

⑦ van der Meer L, Groenewold N A, Nolen W A, et al. Inhibit yourself and understand the other: Neural basis of distinct processes underlying Theory of Mind [J]. Neuroimage, 2011, 56 (4): 2364-2374.

⑧ Dodell-Feder D, Felix S, Yung M G, et al. Theory-of-mind-related neural activity for one's romantic partner predicts partner well-being [J]. Soc Cogn Affect Neurosci, 2016, 11 (4): 593-603.

⑨ El Haj M, Antoine P, Nandrino J L. When deception influences memory: The implication of theory of mind [J]. Q J Exp Psychol (Hove), 2017, 70 (7): 1166-1173.

⑩ Healey M L, Grossman M. Cognitive and affective perspective-taking: Evidence for shared and dissociable anatomical substrates [J]. Frontiers in Neurology, 2018, 9: 00491.

⑪ Sun B H, Yu X J, Yuan X H, et al. The effect of social perspectivetaking on interpersonal trust under the cooperative and competitive contexts: The mediating role of benevolence [J]. Psychol Res Behav Manag, 2021, 14: 817-826.

研究中被证实，其主要参与个体执行认知功能的过程。[1][2]在本研究中发现，高质量导学关系的被试者在模拟沟通情境中眶额区更容易被激活，这与以往的研究发现并不冲突。中脑地区的多巴胺（dopamine）是公认的大脑完成奖赏信息表征的重要神经递质，而中脑多巴胺在大脑皮层中的主要游移部位共同组成了人类大脑加工奖赏信息的特定回路，即奖赏系统（reward system）[3]，具体包括眶额叶、扣带回、杏仁核、皮层下纹状体、脑岛等。[4][5]进一步研究发现，在执行奖赏相关认知功能时，奖赏系统的构成脑区具体分工也存在较大差异，其中眶额区主要参与奖赏信息的价值表征功能。[6][7]有学者认为眶额区的激活强度与预期或实际获得的奖赏强度以及价值有关。[8][9][10][11]本研究中，高质量导学关系组的被试者比低质量导学关系组的被试者在眶额区的激活更为显著，可能正是由于在高质量导学关系的硕士研究生看来，通过导师帮助自己解决当前的困境，会获得更高预期收益。相对应地，低质量导学关系组的被试者可能对于通过与

---

[1] 陈从新，姚晶晶，吕一丁，等.眶额叶皮质功能及其在精神疾病中的作用[J].中国神经精神疾病杂志，2020，46（12）：755-758.

[2] 王子祥，刘振亮，李岩松.人脑眶额皮质表征奖赏信息的进展[J].心理科学，2019，42（05）：1047-1053.

[3] Haber S N, Knutson B. The reward circuit: Linking primate anatomy and human imaging [J]. Neuropsychopharmacology, 2010, 35 (1): 4-26.

[4] Rothkirch M, Schmack K, Schlagenhauf F, et al. Implicit motivational value and salience are processed in distinct areas of orbitofrontal cortex reversible silencing of the frontopolar cortex selectively impairs metacognitive judgment on non-experience in primates [J]. Neuroimage, 2012, 62 (3): 1717-1725.

[5] Schultz W. Updating dopamine reward signals [J]. Current Opinion in Neurobiology, 2013, 23 (2): 229-238.

[6] Kim H, Shimojo S, O'Doherty J P. Overlapping responses for the expectation of juice and money rewards in human ventromedial prefrontal cortex[J]. Cerebral Cortex, 2011, 21 (4): 769-776.

[7] Levy D J, Glimcher P W. The root of all value: A neural common currency for choice[J]. Current Opinion in Neurobiology, 2012, 22 (6): 1027-1038.

[8] Burke S N, Thome A, Plange K, et al. Orbitofrontal cortex volume in area 11/13 pedicts reward devaluation, but not reversal learning performance, in young and aged monkeys[J]. Journal of Neuroscience, 2014, 34 (30): 9905-9916.

[9] Kahnt T, Park S Q, Haynes J D, et al. Disentangling neural representations of value and salience in the human brain[J]. Proceedings of the National Academy of Sciences of the United States of America, 2014, 111 (13): 5000-5005.

[10] Suzuki S, Cross L, O'Doherty J P. Elucidating the underlying components of food valuation in the human orbitofrontal cortex[J]. Nature Neuroscience, 2017, 20 (12): 1780-1786.

[11] Takahashi Y K, Roesch M R, Stainaker T A, et al. The orbitofrontal cortex and ventral tegmental area are necessary for learning from unexpected outcomes[J]. Neuron, 2009, 62 (2): 269-280.

导师沟通以脱离当前困境并不抱有高期待,其认知中预期获得的奖赏强度也不及关系质量高的被试者。

对脑部前额叶皮层中的背外侧前额叶(dorsolateral prefrontal cortex,DLPFC)的研究,一直是认知神经领域研究的热点。大量研究发现,背外侧前额叶皮层是大脑执行控制网络的重要脑区,主要负责认知监控与抑制。[1][2]在低质量导学关系组的硕士研究生思考如何与导师沟通阶段,其背外侧前额叶较导学关系质量高组被显著激活,可能也反映了执行控制功能对思考如何与导师沟通过程中的参与。以往元分析研究发现,背外侧前额叶对于参与抑制或控制至关重要[3],尤其在具有高度冲突的情境下,它执行认知冲突监控的功能。[4]Carter等对于冲突监控功能进行了进一步的脑成像技术分析,提出了冲突监测理论。[5]该理论认为当个体处于高度冲突的情境时,位于前扣带回(anterioringulate cortex,ACC)的冲突检测模块负责监测冲突与信号传递[6][7],作为冲突控制模块的背外侧前额叶接收到信号后,对个体认知资源进行整合,抑制对干扰刺激的加工,使得个体能够将更多的认知资源集中在核心目标上,以有效解决冲突[8][9]。

---

[1] Li Y, Zhang L, Long K H, et al. Real-time monitoring prefrontal activities during online video game playing by functional near-infrared spectroscopy [J]. J Biophotonics, 2018, 11 (9): e201700308.

[2] Zhou X S, Hu Y N, Liao P C, et al. Hazard differentiation embedded in the brain: A near-infrared spectroscopy-based study[J]. Automation in Construction, 2021, 122, 103473..

[3] Zhang R B, Geng X J, Lee T M C. Large-scale functional neural network correlates of response inhibition: An fMRI meta-analysis[J]. Brain Structure & Function, 2017, 222 (9): 3973-3990.

[4] Zhang M M, Liu T, Pelowski M, et al. Gender difference in spontaneous deception: A hyperscanning study using functional near-infrared spectroscopy [J]. Scientific Reports, 2017, 7 (1): 7508.

[5] Carter C S, MacDonald A W, Ross L L, et al. Anterior cingulate cortex activity and impaired self-monitoring of performance in patients with schizophrenia: An event-related fMRI study [J]. American Journal of Psychiatry, 2001, 158 (9): 1423-1428.

[6] Brown J W. Beyond conflict monitoring: Cognitive control and the neural basis of thinking before you act [J]. Current Directions in Psychological Science, 2013, 22 (3): 179-185.

[7] Scherbaum S, Dshemuchadse M, Ruge H, et al. Dynamic goal states: Adjusting cognitive control without conflict monitoring [J]. Neuroimage, 2012, 63 (1): 126-136.

[8] Botvinick M M, Braver T S, Barch D M, et al. Conflict monitoring and cognitive control [J]. Psychological Review, 2001, 108 (3): 624-652.

[9] Kerns J G. Anterior cingulate and prefrontal cortex activity in an fMRI study of trial-to-trial adjustments on the Simon task [J]. Neuroimage, 2006, 33 (1): 399-405.

同时，也有研究表明DLPFC在执行功能[1]、工作记忆[2]、情绪调节[3][4]上也发挥着重要作用。基于前人的研究结果，合理推测在本研究中，导学关系质量低组的硕士生可能正处于高度冲突情境中——在日常学习生活中遇到困境，并不会选择与导师沟通来寻求其帮助。因而在完成实验任务并思考"如何与导师沟通以解决当前困境"时，个体必须抑制其面对高度冲突情境的矛盾性认知，压抑他们面对情境真实的反应，做出与惯常行为相反的反应，同时也伴随着比高质量导学关系组的被试者更大的紧张感与体验到的认知冲突，这一过程使得DLPFC被显著激活。且这一行为也可能涉及执行功能的很多其他成分，如工作记忆、执行功能和情绪调节等，这些成分也可能强化被试者在DLPFC的激活情况。

  同样是在背外侧前额叶脑区，模拟沟通情境下高质量导学关系组却呈现了更高水平的激活，且这种差异仅表现在左侧背外侧前额叶部位。一方面，这可能与大脑抑制功能半球差异有关。一项对大脑抑制控制神经机制的元分析研究表明，不同类型的抑制反应，包括认知抑制、情绪抑制以及反应抑制等，其参与的神经组织是不同的。[5]但多项研究均发现，不论是何种类型的抑制控制过程，被激活的相关负责脑区主要在右半球。[6][7][8]另一方面，也可能与背外侧前额

---

[1] Nouchi R, Kawata N Y D, Saito T, et al. Dorsolateral prefrontal cortex activity during a rain training game predicts cognitive improvements after four weeks' brain training game intervention: Evidence from a randomized controlled trial [J]. Brain Sciences, 2020, 10: 10080560.

[2] Kronovsek T, Hermand E, Berthoz A, et al. Age-related decline in visuo-spatial working memory is reflected by dorsolateral prefrontal activation and cognitive capabilities [J]. Behavioural Brain Research, 2021, 398: 112981.

[3] Suwabe K, Hyodo K, Fukuie T, et al. Positive mood while exercising influences beneficial effects of exercise with music on prefrontal executive function: A functional NIRS study [J]. Neuroscience, 2021, 454: 61-71.

[4] Yan W H, Zhang M, Liu Y T. Regulatory effect of drawing on negative emotion: A functional near-infrared spectroscopy study [J]. Arts in Psychotherapy, 2021, 74: 101780.

[5] Hung Y, Gaillard S L, Yarmak P, et al. Dissociations of cognitive inhibition, response inhibition, and emotional interference: Voxelwise ALE meta-analyses of fMRI studies [J]. Human Brain Mapping, 2018, 39 (10): 4065-4082.

[6] D'Alberto N, Funnell M, Potter A, et al. A split-brain case study on the hemispheric lateralization of inhibitory control [J]. Neuropsychologia, 2017, 99: 24-29.

[7] Houde O, Borst G. Evidence for an inhibitory-control theory of the reasoning brain [J]. Frontiers in Human Neuroscience, 2015, 9: 00148.

[8] Van Strien J W, Valstar L H. The lateralized emotional stroop task: Left visual field interference in women [J]. Emotion, 2004, 4 (4): 403-409.

叶左右两侧功能化差异有关。有学者使用经颅直流电刺激系统（transcranial direct current stimulation，tDCS）刺激被试者两侧DLPFC，发现在抑制情绪有关的干扰信息时，DLPFC呈现大脑偏侧化现象。具体表现在右侧DLPFC在抑制消极干扰信息时被显著激活[1][2]，而左侧DLPFC则更多在抑制积极干扰信息中发挥重要作用[3][4]。一些学者研究提出自上而下的情绪调节处理过程主要是由背外侧前额叶皮层控制的[5][6][7]，且已有神经成像研究证据表明，DLPFC对情绪刺激反应存在不对称性，即面对消极情绪效价、令人厌恶的刺激，被试者右侧DLPFC被优先激活；而面对具有积极情绪效价的，即本质上是有吸引力的刺激，则优先激活左侧DLPFC[8]。本研究中，在模拟沟通情境下，高质量导学关系组的被试者左侧背外侧前额叶激活更显著，说明与导师沟通当前遇到的困境并求助的过程，对于高质量导学关系的硕士生而言属于积极效价的刺激，因为左侧DLPFC被显著激活。这一结果也从侧面印证了前人关于大脑抑制功能和背外侧前额叶功能半球差异。

---

[1] Berkman E T, Lieberman M D. Approaching the bad and avoiding the good: Lateral prefrontal cortical asymmetry distinguishes between action and valence [J]. Journal of Cognitive Neuroscience, 2010, 22 (9): 1970-1979.

[2] Spielberg J M, Miller G A, Engels A S, et al. Trait approach and avoidance motivation: Lateralized neural activity associated with executive function [J]. Neuroimage, 2011, 54 (1): 661-670.

[3] Balconi M, Mazza G. Lateralisation effect in comprehension of emotional facial expression: A comparison between EEG alpha band power and behavioural inhibition (BIS) and activation (BAS) systems [J]. Laterality, 2010, 15 (3): 361-384.

[4] Herrington J D, Mohanty A, Koven N S, et al. Emotion-modulated performance and activity in left dorsolateral prefrontal cortex.[J] Emotion, 2005, 5 (2): 200-207.

[5] Russell J A. Core affect and the psychological construction of emotion [J]. Psychological Review, 2003, 110 (1): 145-172.

[6] Tomarken A J, Davidson R J, Henriques J B. Resting frontal brain asymmetry predicts affective responses to films [J]. J Pers Soc Psychol, 1990, 59 (4): 791-801.

[7] Wheeler R E, Davidson R J, Tomarken A J. Frontal brain asymmetry and emotional reactivity: A biological substrate of affective style [J]. Psychophysiology, 1993, 30 (1): 82-89.

[8] Sugi M, Sakuraba S, Saito H, et al. Personality traits modulate the impact of emotional stimuli during a working memory task: A near-infrared spectroscopy study [J]. Frontiers in Behavioral Neuroscience, 2020, 14: 514414..

第四章 指导风格对导学关系的影响

第一节 指导风格对导学关系的影响：人格视角

一、问题提出

导师责任制是现代研究生指导制度的主体，研究生和导师的关系中，导师具有更大的权力，权力意味着能控制更多稀缺资源，影响和控制目标对象的行为[1][2][3]，领导者的权力运用对他人的心理和行为产生多方面影响。管理学相关研究表明，低权力感知的个体表现出行为抑制，受情景压力影响更大[4]，更关注与自己相关的消极和威胁方面，面对压力更脆弱，更容易被控制。[5]此外，权力高低可能会导致不同类型的社会认知倾向，高权力个体容易对他人产生刻板印象，低权力个体会抑制自己的实际态度。[6]

从管理学的领导风格概念出发，学者提出导师存在不同类型的指导风格，如王茜将导师指导风格划分为支持型和控制型[7]，吴价宝将导师指导分为严格控制型、目标管理型和放任自留型等。[8]一些研究将大脑神经活动与领导风格相联

---

[1] Anderson C, John O P, Keltner D. The personal sense of power [J]. Journal of Personality, 2012, 80 (2): 313-344.

[2] Bass B M. Leadership, psychology, and organizational behavior [M]. Harper, 1960.

[3] Farmer S M, Aguinis H. Accounting for subordinate perceptions of supervisor power: An identity-dependence model [J]. Journal of Applied Psychology, 2005, 90 (6): 1069-1083.

[4] Keltner D, Gruenfeld D H, Anderson C. Power, approach, and inhibition [J]. Psychological Review, 2003, 110 (2): 265-284.

[5] Anderson C, John O P, Keltner D. The personal sense of power [J]. Journal of Personality, 2012, 80 (2): 313-344.

[6] Kelley H H, Stahelski A J. Social interaction basis of cooperators' and competitors' beliefs about others [J]. Journal of Personality and Social Psychology, 1970, 16 (1): 66-91.

[7] 王茜.导师指导风格对研究生创造力的影响研究 [D].合肥：中国科学技术大学, 2013.

[8] 吴价宝.导师的学术心态、指导行为与绩效透视[J].学位与研究生教育, 2002 (04): 34-35.

系，认为不同的领导风格会引起不同的脑电波，如变革型领导的辨别主要在于前额叶和颞叶激活。①从事社会化沟通的领导与更个性化沟通的领导在大脑皮层右前额叶的活动存在差异，在右额叶区域大脑皮层右额叶部分与情绪控制和对他人情绪的理解有关。②在此基础上，Berntson和Boyatzis等采用fMRI技术进行了关于领导风格的启动研究，探究被试者在回忆和谐和不和谐型领导时的大脑神经活动差异，发现当被试者回忆和谐型领导时，会激发被试者右侧额下回、左侧额中回、右下顶叶、双侧脑岛活动，这些脑区与积极愉悦的体验、认知评价相关。当被试者回忆不和谐型领导时，会激发双侧额下回、双侧脑岛活动，抑制右侧额下回、右侧前扣带回活动，这往往与注意狭窄和负面情绪相关联。③④Boyatzis的研究再次证明了不同的领导风格影响被试者脑部不同区域活动的激活，因此我们可以推测，导师的指导风格会对被试者的大脑神经活动产生影响。

大量针对情绪刺激的ERP研究发现，与中性词相比，被试者会优先处理含有情绪刺激的单词，并且反应更大。⑤与中性刺激相比，积极和消极刺激诱发了更大的P1⑥、LPP⑦、P300⑧波幅。同样，也有研究者使用ERP研究人格词汇判断过程，考察人格特质与身体特征加工与情绪效价的神经关联，以积极和消极人格词汇作为实验材料，积极词的反应时显著长于消极词，消极词比积极词诱

---

① Balthazard P A, Waldman D A, Thatcher R W, et al. Differentiating transformational and non-transformational leaders on the basis of neurological imaging [J]. The Leadership Quarterly, 2012, 23 (2): 244-258.

② Waldman D A, Balthazard P A, Peterson S J. Leadership and neuroscience: Can we revolutionize the way that inspirational leaders are identified and developed? [J] Academy of Management Perspectives, 2011, 25 (1): 60-74.

③ Berntson G G, Norman G J, Bechara A, et al. The insula and evaluative processes [J]. Psychological Science, 2011, 22 (1): 80-86.

④ Boyatzis R E, Passarelli A M, Koenig K, et al. Examination of the neural substrates activated in memories of experiences with resonant and dissonant leaders [J]. The Leadership Quarterly, 2012, 23 (2): 259-272.

⑤ Kissler J, Herbert C, Winkler I, et al. Emotion and attention in visual word processing——An ERP study [J]. Biological Psychology, 2009, 80 (1): 75-83.

⑥ Müller-Bardorff M, Bruchmann M, Mothes-Lasch M, et al. Early brain responses to affective faces: A simultaneous EEG-fMRI study [J]. NeuroImage, 2018, 178: 660-667.

⑦ Citron F M M. Neural correlates of written emotion word processing: A review of recent electrophysiological and hemodynamic neuroimaging studies [J]. Brain and Language, 2012, 122 (3): 211-226.

⑧ Ito T A, Larsen J T, Smith N K, et al. Negative information weighs more heavily on the brain: The negativity bias in evaluative categorizations [J]. Journal of Personality and Social Psychology, 1998, 75 (4): 887-900.

发了更大的 P2 和 LPC 波幅。①

启动范式为研究研究生对导师的认知提供了有效方法，启动范式是指在目标刺激之前呈现启动刺激，启动刺激对目标刺激产生影响。阈下启动通常呈现一些时间较短且未被觉察的启动刺激。启动刺激的呈现时间对启动效应有重要影响，研究发现，呈现时间为 0 到 100 毫秒之间时有明显的启动效应。②研究者发现，效价相同的启动刺激与目标刺激建立某种联结，能够激活目标刺激的部分信息，产生反应一致效应。③如在研究面孔吸引力与人格词汇的关系时，通过将面孔图片与人格词汇相连，验证了当启动刺激为有吸引力的面孔图片时，被试者对积极人格词汇的反应时更长，准确率更高。④姓名有强烈的指代作用，研究发现，个体面对与自己相关程度不同的刺激时大脑反应存在差异。自我参照效应的存在使个体对与自身相联系的事物更感兴趣⑤，鸡尾酒会现象证明了在嘈杂环境中个体对自己名字有更灵敏的注意。相比于陌生人姓名，自我相关信息会在早期成分的诱发上具有优势，如诱发更高的 P2、P3 波幅。⑥⑦⑧⑨姓名不仅能够自我指代，还有一定的社会含义，导师的姓名可能包含其社会地位、学术身份等含义，并与指导、督促等行为和情境相联系。本书使用导师姓名和陌生人姓名作为启动刺激，考察其对被试者人格词汇判断的影响。

因此，我们采用阈下启动范式，以导师和陌生人姓名作为启动刺激，以人格词汇作为目标刺激，探究导师指导风格对研究生人格词汇认知的影响，帮助

---

① Kong F C, Zhang Y, Chen H. ERP differences between processing of physical characteristics and personality attributes [J]. Behavioral and Brain Functions, 2012, 8 (1): 49.

② Klauer K C, Roßnagel C, Musch J. List-context effects in evaluative priming [J]. Journal of Experimental Psychology: Learning, Memory, and Cognition, 1997, 23 (1): 246-255.

③ 王沛, 霍鹏飞, 王灵慧. 阈下知觉的加工水平及其发生条件——基于视觉掩蔽启动范式的视角 [J]. 心理学报, 2012, 44 (09): 1138-1148.

④ Zhang Y, Zheng M X, Wang X Y. Effects of facial attractiveness on personality stimuli in an implicit priming task: An ERP study [J]. Neurological Research, 2016, 38 (8): 685-691.

⑤ Rogers T B, Kuiper N A, Kirker W S. Self-reference and the encoding of personal information [J]. Journal of Personality and Social Psychology, 1977, 35 (9): 677-688.

⑥ 周海波, 杨璐, 易靓靓, 等. 情绪效价影响自我姓名加工的电生理证据 [J]. 中国临床心理学杂志, 2017, 25 (02): 225-230.

⑦ 钟毅平, 范伟, 蔡荣华, 等. 正性情绪诱导下的自我参照加工：来自 ERPs 的证据 [J]. 心理学报, 2014, 46 (03): 341-352.

⑧ Fields E C, Kuperberg G R. It's all about you: An ERP study of emotion and self-relevance in discourse [J]. Neuroimage, 2012, 62 (1): 562-574.

⑨ Chen J, Yuan J J, Feng T Y, et al. Temporal features of the degree effect in self-relevance: Neural correlates [J]. Biological Psychology, 2011, 87 (2): 290-295.

我们认识导师指导过程中导学双方的认知,创设良好的指导氛围,改善导学关系,促进研究生心理健康发展。

二、研究方法

(一)被试者

使用 G*Power 对样本量进行计算, effect size $f= 0.4$, $\alpha= 0.05$, $1-\beta= 0.8$,计算出所需样本量为56人。根据计算出的样本量在某大学随机招募被试者,被试者均视力或矫正视力正常,无影响实验的生理疾病与精神病史,均为右利手。实验开始前,明确告知实验目的与实验流程,并签署知情同意书。

实验共抽取被试者65人,完成研究生指导风格问卷,删除了因被试者个人原因不能完成或仪器失灵的数据,最终有效被试者59人,其中男生34人,占比57.6%,女生25人,占比42.4%。所有被试者填写由王茜所编的"研究生指导风格问卷",其中被试者的男性导师42人,女性导师17人。控制型指导风格导师的被试者有25人,支持型指导风格导师的被试者有34人。

(二)实验设计

运用启动范式,采用"2被试者性别(男、女)×2导师性别(男、女)×2人格词汇(积极词汇、消极词汇)×2启动词(导师姓名、陌生人姓名)×2指导风格(控制型、支持型)"的混合实验设计。其中启动词(导师姓名、陌生人姓名)、人格词汇(积极词汇、消极词汇)为被试者内因素,被试者性别(男、女)、导师性别(男、女)、指导风格(支持型、控制型)为被试者间因素。向被试者阈下呈现启动词(导师姓名、陌生人姓名),再让被试者对随后呈现的人格词汇进行判定(积极、消极)。

(三)实验材料与实验环境

被试者提供导师姓名,基于导师姓名字数从陌生人姓名库中随机抽取匹配的陌生人姓名。采用的人格词汇经过严格的评定,符合心理学实验要求。

实验地点为教科院6楼的脑电实验室,实验室长时间开启空调,保证温度的一致性;同时在灯光与噪声方面均做了处理,不会影响实验结果。针对正式实验阶段使用的电脑,进行事先预测,调节实验时长与电脑亮度、颜色与按键位置,确保实验的正常进行。

(四)实验程序

实验前填写指导风格问卷,采用王茜开发的问卷量表,由控制型与支持型2

个维度、12 道题目组成,其中描述支持型指导风格的题目 8 道,描述控制型指导风格的题目 4 道,本量表 Cronbach's α 系数均大于 0.7,信度良好。该问卷采用李克特 5 点计分法,选项由 "1~5" 构成,表示从 "非常不符合" 到 "非常符合" 5 种程度[①]。

通过电话与被试者取得联系,并沟通好具体的时间地点,在被试者到达后由主试者带往洗头。在头部清洁完成后,由主试者完成电极帽的连接工作。在此期间,主试者会告知被试者注意事项与接下来的实验操作流程。等被试者调整好坐姿,使其能够平视屏幕中央并方便作答。

实验采用 E-prime3.0 呈现,共分有 160 个试次,由 4 个 block 组成,人格词汇随机呈现,每个 block 由 40 个试次(trail)组成,实验由练习阶段与正式实验阶段两个部分组成。正式实验中,每个 trail 中,先呈现 200 ms 中央注视点 "+" 号,紧接着呈现 20 ms 由导师姓名或者陌生人姓名做成的启动刺激,为规避启动刺激带来的后续影响,紧接着呈现 20 ms "AABB" 组成的图片掩蔽刺激,再呈现刺激图片——人格词汇。由被试者判定该图片是积极人格词汇还是消极人格词汇。认为是积极人格词汇的按按键 "1",消极人格词汇的按按键 "2",按键结束后设置一张空白图片,用来消除上一张图片带来的影响,实验流程见图 4-1。每一个 block 结束后设置了休息时间,由被试者自己决定是否继续实验。同时,在正式实验所用的电脑上,设置了小纸条提示,用以帮助提醒被试者正确的按键反应。

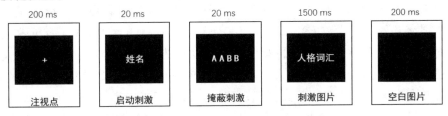

图 4-1 一个 trail 的示例

(五)数据处理与成分、脑电时间窗选取

运用德国进口仪器 Brain Products 进行有关记录与分析,电极帽为 64 导,以双耳附近的乳突 TP9 与 TP10 作参考,眼电 IO 设置在右眼睑下面。同时将滤带波通设置为 0.1~40 Hz,电极点与头皮间的电阻设置为低于 20 KV,采样频率为 500 Hz。由于辨别人格词汇有正误之分,因此在收集行为数据时剔除大于 2000 ms 小于 200 ms 的数据。

---

①王茜.导师指导风格对研究生创造力的影响研究[D].合肥:中国科学技术大学,2013.

针对被试者对人格词汇的判断和反应时、正确率等行为数据，按照"被试者性别（男、女）×导师性别（男、女）×人格词汇（积极词汇、消极词汇）×启动词（导师姓名、陌生人姓名）×指导风格（控制型、支持型）"的实验设计重复测量方差分析。对ERP波峰和潜伏期数据采用"被试者性别（男、女）×导师性别（男、女）×人格词汇（积极词汇、消极词汇）×启动词（导师姓名、陌生人姓名）×指导风格（控制型、支持型）×脑区（F区额叶区、C区中央区）"的实验设计进行重复测量方差分析。

脑电时间窗的选取：N1选取时间历程为0~120 ms，电极点为F1、F2、FZ、C1、C2、CZ；P1时间窗为120~220 ms，电极点为F1、F2、FZ、C1、C2、CZ，所得结果由SPSS 22.0运算。

三、结果

（一）行为实验结果

实验设计为"被试者性别（男、女）×导师性别（男、女）×人格词汇（积极词汇、消极词汇）×启动词（导师姓名、陌生人姓名）×指导风格（控制型、支持型）"，因变量为正确率，对获得的数据进行重复测量方差分析。结果表明，启动词的主效应显著，$F_{(1, 51)} = 37.057$，$p = 0.000$，$\eta^2 = 0.421$，事后比较发现，启动词为陌生人姓名的正确率（0.974±0.006）显著高于启动词为导师姓名的正确率（0.896±0.012）。启动词、人格词汇、被试者性别、指导风格与导师性别交互效应显著，$F_{(1, 51)} = 6.100$，$p = 0.017$，$\eta^2 = 0.107$，简单效应分析发现，控制型女导师指导下的女生，在启动词为导师姓名时，识别积极人格词汇正确率显著高于识别消极人格词汇正确率；而导师为支持型风格的女生，识别消极人格词汇正确率显著高于识别积极人格词汇正确率。

实验设计为"被试者性别（男、女）×导师性别（男、女）×人格词汇（积极词汇、消极词汇）×启动词（导师姓名、陌生人姓名）×指导风格（控制型、支持型）"，因变量为反应时，对获得的数据进行重复测量方差分析。结果表明，启动词的主效应显著，$F_{(1, 51)} = 47.634$，$p = 0.000$，$\eta^2 = 0.483$，在识别人格词汇时，启动词为导师姓名的反应时（697.247±11.937 ms）显著长于启动词为陌生人姓名的反应时（647.698±10.538 ms）。人格词汇、指导风格、被试者性别与导师性别交互效应，$F_{(1, 51)} = 5.230$，$p = 0.026$，$\eta^2 = 0.093$，进一步简单效应分析发现，控制型男导师指导下的男生，在识别积极人格词汇时的反应时（704.761±20.077 ms）显著长于识别消极人格词汇的反应时（688.918±19.799 ms）。

(二) 脑电数据结果

1. N1成分（0~100 ms）

被试者性别（男、女）×导师性别（男、女）×人格词汇（积极词汇、消极词汇）×启动词（导师姓名、陌生人姓名）×指导风格（控制型、支持型）×脑区（F区额叶区、C区中央区）对N1的结果分析表明，启动词、被试者性别与指导风格的交互效应显著，$F_{(1, 51)} = 5.962$，$p = 0.018 < 0.05$，$\eta^2 = 0.105$，简单效应分析后发现，不同的指导风格下，启动词与性别并没有发现显著的差异，无简单效应。脑区的主效应显著，$F_{(1, 51)} = 7.001$，$p = 0.011 < 0.05$，$\eta^2 = 0.121$，C区中央区的N1波峰（-0.921 ± 0.623 μV）（负号代表向波峰，余同）显著小于F额叶区（-1.512 ± 0.379 μV）。

被试者性别（男、女）×导师性别（男、女）×人格词汇（积极词汇、消极词汇）×启动词（导师姓名、陌生人姓名）×指导风格（控制型、支持型）×脑区（F区、C区）对N1潜伏期的分析表明，脑区、指导风格、性别与导师性别的交互效应表现为边缘显著，$F_{(1, 51)} = 3.727$，$p = 0.059$，简单效应分析后发现，在C脑区，控制型女导师指导下的女生在人格词汇诱发下的N1潜伏期（79.50 ± 12.138 ms）显著长于支持型女导师指导下的女生潜伏期（49.528 ± 8.583 ms），支持型男导师指导下的女生在人格词汇诱发的N1潜伏期（79.333 ± 11.575 ms）显著长于控制型男导师指导下女生的N1潜伏期（36.833 ± 8.184 ms）。F1电极点地形图如图4-2所示。

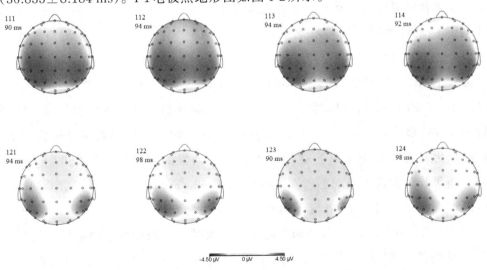

111：控制型＋导师＋消极　　112：控制型＋导师＋积极　　113：控制型＋陌生人＋消极
114：控制型＋陌生人＋积极　121：支持型＋导师＋消极　　122：支持型＋导师＋积极
123：支持型＋陌生人＋消极　124：支持型＋陌生人＋积极

图4-2　不同刺激条件下F1电极点地形图

2. P1 (120~220 ms)

"被试者性别（男、女）×导师性别（男、女）×人格词汇（积极词汇、消极词汇）×启动词（导师姓名、陌生人姓名）×指导风格（控制型、支持型）×脑区（F区、C区）P1波峰"的实验结果表明，人格词汇的主效应显著，$F_{(1, 51)} = 5.104$，$p = 0.028 < 0.05$，$\eta^2 = 0.091$，简单效应分析后发现，积极人格词汇诱发的P1波峰（7.902±0.491 μV）显著大于消极人格词汇诱发的波峰（7.139±0.498 μV）；人格词汇、被试者性别与导师性别的交互效应显著，$F_{(1, 51)} = 4.596$，$p = 0.037 < 0.05$，$\eta^2 = 0.083$，脑区的主效应显著，$F_{(1, 51)} = 5.686$，$p = 0.021 < 0.05$，$\eta^2 = 0.100$；脑区、被试者性别、指导风格、导师性别交互效应显著，$F_{(1, 51)} = 5.649$，$p = 0.021 < 0.05$，$\eta^2 = 0.100$。在F脑区，控制型的指导风格下，积极人格词汇诱发的波峰（9.494±0.643 μV）显著大于消极人格词汇诱发的波峰（8.470±0.415 μV）。脑区、导师性别、被试者性别与指导风格的交互作用显著，$F_{(1, 51)} = 9.064$，$p = 0.004 < 0.05$，$\eta^2 = 0.151$。简单效应分析后发现，支持型女导师指导下的女生在人格词汇诱发的波峰（10.352±1.031 μV）显著大于控制型女导师指导下女生在人格词汇诱发的波峰（4.663±1.458 μV）。

被试者性别（男、女）×导师性别（男、女）×人格词汇（积极词汇、消极词汇）×启动词（导师姓名、陌生人姓名）×指导风格（控制型、支持型）×脑区（F区、C区）对P1潜伏期的分析表明，脑区的主效应显著，$F_{(1, 51)} = 4.855$，$p = 0.032 < 0.05$，C脑区（175.687±4.152 ms）显著长于F脑区（170.120±3.798 ms）；启动词、人格词汇、指导风格、被试者性别与导师性别的交互效应显著，$F_{(1, 51)} = 15.505$，$p = 0.000 < 0.001$，简单效应分析后发现，控制型男导师指导下的女生在消极人格词汇诱发的潜伏期（197.667±12.861 ms）显著长于积极人格词汇诱发的潜伏期（162.417±13.524 ms）。启动词、人格词汇、脑区、指导风格与导师性别交互效应显著，$F_{(1, 51)} = 5.996$，$p = 0.018 < 0.05$，在F脑区，启动词为陌生人姓名时，控制型男导师指导下消极词汇诱发的潜伏期（187.667±8.089 ms）显著长于积极人格词汇（164.625±8.994 ms）诱发的潜伏期。不同刺激条件下，F、C脑区地形图如图4-3所示。

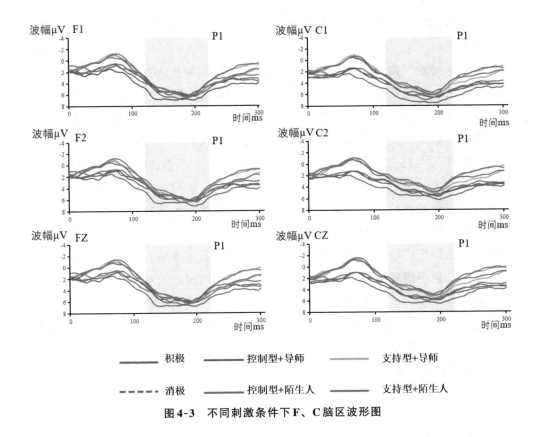

图4-3 不同刺激条件下F、C脑区波形图

四、讨论

(一) 行为数据结果讨论

反应时的重复测量方差分析结果表明,导师姓名启动识别人格词汇的反应时显著大于陌生人姓名启动的反应时。前人研究认为,人们更容易关注陌生刺激,并对其作出快速反应,因此陌生人姓名启动时,被试者识别人格词汇的反应更快[1]。控制型男导师指导下的男生,在识别积极人格词汇时的反应时边缘显著大于识别消极人格词汇的反应时,即男导师采用控制型的指导风格时,男学生对消极人格词汇的反应速度更快。在这种情况下被试者将控制型导师感知为一种威胁因素,而威胁性情境,尤其是具有高度自我相关性的威胁情境,会引

---

[1] Muench H M,Westermann S,Pizzagalli D A,et al. Self-relevant threat contexts enhance early processing of fear-conditioned faces [J]. Biological Psychology,2016,121:194-202.

发情绪刺激的早期反应,这可能使更集中的注意力资源参与促进了相关刺激的快速反应。①

正确率的重复测量方差分析结果表明,总体的陌生人姓名启动的正确率大于导师姓名启动的正确率,这可能与启动了个体的注意系统,引起了警觉有关。已有研究发现,个体在面对陌生刺激、令人不愉快的刺激和威胁性刺激时,会引起警觉,防御反应进一步增强,增强了杏仁核和颞下回皮层的功能激活。②③研究者将压力与注意力和表现联系起来,压力能够促进去甲肾上腺素的释放,有利于被试者的选择性注意,提高注意任务的反应准确性。④⑤陌生人姓名启动作为一种新异刺激给被试者带来压力,增强了被试者的选择性注意。⑥⑦进一步在简单效应分析中,控制型女导师指导下的女生,在启动词为导师姓名时,识别积极人格词汇正确率显著大于识别消极人格词汇正确率;而支持型导师指导下的女生,识别消极人格词汇正确率显著大于识别积极人格词汇正确率,而对男生的结果则相反。这表明,在控制型指导风格的同性别教师条件下,女生在判断积极词汇时投入更多注意资源,男生在判断消极词汇时投入更多注意资源。以往研究表明,不同性别的研究生在感知导师指导风格上存在显著差异,并且有不同指导风格的偏好。⑧⑨

---

① Muench H M, Westermann S, Pizzagalli D A, et al. Self-relevant threat contexts enhance early processing of fear-conditioned faces [J]. Biological Psychology, 2016, 121: 194-202.

② Aktar E, Nimphy C A, Bockstaele B, et al. The social learning of threat and safety in the family: Parent-to-child transmission of social fears via verbal information [J]. Developmental Psychobiology, 2022, 64 (3): e22257..

③ Sambuco N, Costa V D, Lang P J, et al. Aversive perception in a threat context: Separate and independent neural activation [J]. Biological Psychology, 2020, 154: 107926.

④ Kan Y C, Duan H J, Chen X T, et al. Attentional blink affected by acute stress in women: The role of affective stimuli and attentional resources [J]. Consciousness and Cognition, 2019, 75: 102796.

⑤ Tiferet-Dweck C, Hensel M, Kirschbaum C, et al. Acute stress and perceptual load consume the same attentional resources: A behavioral-ERP study [J]. PLOS ONE, 2016, 11 (5): e0154622.

⑥ Braunstein-Bercovitz H. Does stress enhance or impair selective attention? The effects of stress and perceptual load on negative priming [J]. Anxiety Stress and Coping, 2003, 16 (4): 345-357.

⑦ Matthews G. Stress states, personality and cognitive functioning: A review of research with the Dundee Stress State Questionnaire [J]. Personality and Individual Differences, 2021, 169: 110083.

⑧ 侯志军,何文军,王正元.导师指导风格对研究生知识共享及创新的影响研究[J].学位与研究生教育, 2016 (02): 62-67.

⑨ 周莉,郭瑾瑾,王兴超,等.导师排斥感知对研究生心理健康的影响[J].学位与研究生教育, 2020 (04): 40-44.

（二）脑电数据结果讨论

1. N1 成分

对 N1 波峰的重复测量方差分析结果发现，脑区的主效应显著，额叶区的 N1 波峰显著大于中央区。视觉 N1 成分在前人研究中发现通常来自额叶、顶叶和枕叶等部位，额叶活动与视觉感知早期阶段相联系，在视觉处理过程中控制注意力。[1]在 N1 潜伏期的结果分析发现，脑区、指导风格、被试者性别与导师性别的交互效应表现为边缘显著。简单效应分析后发现，在中央区，控制型女导师指导下的女生在人格词汇诱发下的 N1 潜伏期显著长于支持型女导师指导下的女生 N1 潜伏期，支持型男导师指导下的女生在人格词汇诱发的 N1 潜伏期显著长于控制型男导师指导下女生的 N1 潜伏期。表现出性别与指导风格有密切联系，也就是说，女生对不同性别导师的指导风格有不同偏好，实验也表明了控制型的指导风格不一定带来负性的压力感知与负性的情绪。前人研究也表明，不同的领导风格对被试者的脑部神经活动的影响不同，会引发不同的脑电波[2][3]，本研究验证了这一观点。

2. P1 成分

P1 波峰的重复测量方差分析表明，人格词汇的主效应显著，简单效应分析后发现，积极人格词汇诱发的 P1 波峰显著大于消极人格词汇诱发的波峰。人格词汇、被试者性别与导师性别的交互效应显著，男导师指导下的女生的积极人格词汇诱发的波峰显著大于男导师指导下女生的消极人格词汇诱发的波峰。

脑区的主效应显著，脑区、被试者性别、指导风格与导师性别交互效应显著，在额叶区，在控制型风格的导师指导下，积极人格词汇诱发的波峰显著大于消极人格词汇诱发的波峰。P1 成分与个体早期的视觉知觉相关，一定程度上反映了个体的注意过程和唤醒水平。[4]本研究结果表明，在早期视觉加工中，控制型导师指导下的个体对积极人格词汇的加工更深，这可能是诱发了被试者的认知冲突。已有研究认为，个体对控制型导师的认知是负面的、消极的，积极

---

[1] Munoz-Ruata J, Caro-Martinez E, Martinez Perez L, et al. Visual perception and frontal lobe in intellectual disabilities: A study with evoked potentials and neuropsychology [J]. Journal of Intellectual Disability Research, 2010, 54 (12): 1116-1129.

[2] Yang H L, Wang X B, Lu A T, et al. How power and personality trait of others affect impression: Evidence from event-related potentials [J]. Cogent Psychology, 2022, 9 (1): 2029246.

[3] Yang Y, Li Q Q, Wang J J, et al. The powerful brain: Neural correlates of sense of power and hope [J]. Neuropsychologia, 2022, 174: 108317.

[4] Luck S J, Woodman G F, Vogel E K. Event-related potential studies of attention [J]. Trends in Cognitive Sciences, 2000, 4 (11): 432-440.

人格词汇与个体认知不符，使被试者产生认知冲突。前部扣带回负责调节注意资源分配和冲突监测，在前人Stroop实验中，前部扣带回在不一致的试次后的活动水平显著提高，并伴随行为反应上的改变，说明被试者的认知冲突会影响其行为反应。[1]脑区、导师性别、被试者性别与指导风格的交互效应显著，简单效应分析后发现，额叶区，支持型女导师指导下的女生在人格词汇诱发的P1波峰显著大于控制型女导师指导下在人格词汇诱发的P1波幅，女生在支持型女导师指导下对人格词汇的加工更深，注意程度更深。

P1潜伏期进行重复测量方差分析，同样发现脑区的主效应显著，启动词、人格词汇、指导风格、性别与导师性别的交互效应显著，简单效应分析后发现，控制型男导师指导下的女生在消极人格词汇诱发的潜伏期显著长于积极人格词汇诱发的潜伏期。高焦虑程度的个体对高威胁性刺激存在注意回避趋势[2][3]，轻度抑郁倾向对情绪刺激也表现出回避[4]，女生在异性控制型导师指导下在识别消极人格词汇时诱发了较长的潜伏期，将异性控制型导师视为威胁因素，产生较大的心理压力和注意回避。启动词、人格词汇、脑区、指导风格与导师性别交互效应显著，在额叶区，启动词为陌生人时，控制型男导师指导下消极词汇诱发的潜伏期显著长于积极人格词汇诱发的潜伏期。相比于导师启动，陌生人作为启动词对于被试者是新异刺激，占用了部分注意资源，使得识别导师信息变得困难，导致潜伏期延长。

第二节 指导风格对导学关系的影响：情绪视角

一、问题提出

情绪是一种状态，包含了人类的感情、意图和欲望[5]，是个体内部状态的一

---

[1] Kerns J G, Cohen J D, MacDonald A W, et al. Anterior cingulate conflict monitoring and adjustments in control [J]. Science, 2004, 303 (5660): 1023-1026.

[2] Bar-Haim Y, Lamy D, Pergamin L, et al. Threat-related attentional bias in anxious and nonanxious individuals: A meta-analytic study[J]. Psychological Bulletin, 2007, 133 (1): 1-24.

[3] 毋嫘, 林冰心, 蒋娜, 等.高焦虑个体对威胁性刺激的注意偏向特点[J]. 心理与行为研究, 2016, 14 (06): 760-764.

[4] Gotlib I H, Krasnoperova E, Yue D N, et al. Attentional biases for negative interpersonal stimuli in clinical depression [J]. Journal of Abnormal Psychology, 2004, 113 (1): 127-135.

[5] Horstmann G. What do facial expressions convey: Feeling states, behavioral intentions, or action requests? [J]. Emotion, 2003, 3 (2): 150-166.

种外部表现，在人际交往过程中发挥着重要的作用。人类表达情绪的方式之一是面孔，因此面孔表情在研究情绪时发挥着重要的作用。准确地识别情绪面孔，不仅有助于我们建立良好的人际关系，从进化心理学角度，对于人类的生存发展也具有重大意义。

  Fazio 等人最早提出了启动效应的存在，并以此证明情绪可以被自动激活。[①]启动效应是指当个体在执行某一任务时，对接下来执行相同或类似的任务时，会有一定的促进作用，表现为准确率提高，反应时缩短。Wentura 提出了情绪一致性效应，个体会在效价上对与启动刺激相似的目标刺激更为敏感[②]，当目标刺激与启动刺激具有更高的一致性特征时，个体反应时更短，准确率更高。研究表明，阈上的有意识的启动会抑制情绪的自动加工，因此，无意识的阈下情绪启动对人们的行为有更大的影响[③]。在对情绪研究的 ERP 实验中，发现启动刺激与目标刺激出现的时间间隔是一个重要变量，情绪效应会出现在目标刺激后的 120～180 ms 之间。[④]因此本研究对阈下情绪启动范式进行了改良，在启动刺激后设计呈现了 100 ms 的掩蔽刺激，以探究被试者的无意识情绪。一般而言，阈下情绪启动范式对启动刺激进行掩蔽处理，即在启动刺激的前面或后面插入与实验任务完全无关的掩蔽刺激，从而阻断被试者对刺激的有意识知觉。Ohman 等用掩蔽刺激诱发被试者的无意识情绪，用非掩蔽刺激诱发被试者的有意识情绪[⑤]，结果发现与后者相比，被试者在前者条件下的皮肤电反应增值更大，说明掩蔽刺激条件能够诱发个体更强烈的情绪启动效应，这是对阈下情绪启动效应研究结果的有力支持。

  已经有研究者通过 ERP 实验来探究人们对情绪的识别，并验证了 ERP 在研

  [①]Fazio R H, Sanbonmatsu D M, Powell M C, et al. On the automatic activation of attitudes [J]. Journal of Personality and Social Psychology, 1986, 50 (2): 229-238.

  [②]Wentura D. Activation and inhibition of affective information: For negative priming in the evaluation task [J]. Cognition and Emotion, 1999, 13 (1): 65-91.

  [③]Winkielman P. Unconscious affective reactions to masked happy versus angry faces influence consumption behavior and judgments of value [J]. Personality and Social Psychology Bulletin, 2005, 31 (1): 121-135.

  [④]Eimer M, Holmes A. An ERP study on the time course of emotional face processing [J]. Neuroport, 2002, 13 (4): 427-431.

  [⑤]Ohman A, Soares J J F. Unconscious anxiety: Phobic responses to masked stimuli [J]. Journal of Abnormal Psychology, 1994, 103 (2): 231-240.

究情绪识别中的可行性[①②],这种研究方法不仅对成年人是有效的,对婴儿也是有效的。[③]枕颞脑中情绪面孔感知的神经相关性,包括双侧梭形和右颞上皮质,专门用于面孔感知,并由N170显现出来。[④]N170可用于评估婴儿出生后发育过程中对面孔感知的发展变化。[⑤⑥]N170的记录不需要口头反应,并且在评估婴儿面孔识别方面比传统的观察时间行为测量更准确。[⑦]

关于情绪识别的ERP研究多是以情绪面孔作为刺激材料,并验证了其有效性[⑧]。日本研究者通过对酒店招待人员进行ERP实验发现,使用中立、快乐和愤怒的面孔作为刺激材料,来考察P100和N170成分,并通过赞成评级测试来评估被试者情绪识别的变化。在赞成评级测试中,酒店接待人员(实验组)的得分显著小于没有酒店从业经验的被试者(对照组)。关于事件相关电位成分,实验组被试者P100的峰值显著大于对照组。由于酒店、旅馆等服务行业的工作人员可能会更快地注意到客人的面部情绪,因此对客人的面部情绪更加敏感,增加对情绪的关注,并且可运用专业知识来解决问题。[⑨]研究表明,情绪化词语能够有效引起被试者的情绪反应,并在ERP中体现出来。[⑩]ERP结果表明,与中性表达相比,恐惧、厌恶和愤怒之类的负面情绪面孔在左顶叶区域引起更高

---

① Balconi M, Pozzili U. Face-selective processing and the effect of pleasant and unpleasant emotional expressions on ERP correlates [J]. International Journal of Psychophysiology, 2003, 49 (1): 67-74.

② Frank D W, Sabatinelli D. Hemodynamic and electrocortical reactivity to specific scene contents in emotional perception [J]. Psychophysiology, 2019, 56 (6): e13340.

③ Rajhans P, Jessen S, Missana M, et al. Putting the face in context: Body expressions impact facial emotion processing in human infants [J]. Developmental Cognitive Neuroscience, 2016, 19: 115-121.

④ Hensel L, Bzdok D, Muller V I, et al. Neural correlates of explicit social judgments on vocal stimuli [J]. Cerebral Cortex, 2015, 25 (5): 1152-1162.

⑤ de Haan M, Nelson C A. Brain activity differentiates face and object processing in 6-month-old infants [J]. Developmental Psychology, 1999, 35 (4): 1113-1121.

⑥ Taylor M J, Edmonds G, McCarthy G, et al. Eyes first! Eye processing develops before face processing in children [J]. Neuroreport, 2001, 12 (8): 1671-1676.

⑦ de Haan M, Nelson C A. Recognition of the mother's face by six-month-old infants: A neurobehavioral study [J]. Child Development, 1997, 68 (2): 187-210.

⑧ Vuilleumier P, Pourtois G. Distributed and interactive brain mechanisms during emotion face perception: Evidence from functional neuroimaging [J]. Neuropsychologia, 2007, 45 (1): 174-194.

⑨ Miki K, Takeshima Y, Kida T, et al. The ERP and psychophysical changes related to facial emotion perception by expertise in Japanese hospitality, "OMOTENASHI" [J]. Scientific Reports, 2022, 12 (1): 9089.

⑩ Suess F, Rahman R A. Mental imagery of emotions: Electrophysiological evidence [J]. Neuroimage, 2015, 114: 147-157.

的晚期正电位振幅。此外与男性相比,女性表现出更高的全域能量(global field power,GFP)。[1]在影响情绪面孔识别的因素中,研究者发现图片中人物的性别也会影响被试者的情绪面孔识别。[2][3]对情绪面孔的识别中,枕叶、杏仁核等部位发挥着重要作用,枕叶等部位提供了视觉性信息,帮助大脑更好地辨别情绪;而杏仁核在处理面部相关的社会性信息时起重要作用,尤其是威胁信息。[4][5]

对于研究生来说,导师是影响其学习和生活最大的人,也就是权力最大的人,权力可以定义为对宝贵资源的不对称控制[6],他人施加的权力或权力感对个人的心理和行为有着广泛而深远的影响。研究发现,与高权力的人相比,低权力的人会更倾向于被控制,而且对惩罚更敏感[7],此外,低权力一方在处理事件时更容易出现行为抑制和风险规避,导致个人采用基于结果的道德判断[8],而且更容易受到情境压力的影响,愿意服从高权力的一方[9]。Waldman等人将领导能力与脑活动结合起来,证明了不同的领导能力引起不同的脑电反应。[10]在此基础之上,Boyatzis等进一步采用新的fMRI技术测量和谐型与非和谐型领导类型启动诱发的脑活动差异,发现和谐型领导会激发被试者双侧脑岛、右下顶叶和左颞上回的活动,而这些脑区的活动与个人的社交网络和正性的积极行为有关;

---

[1] Sarauskyte L, Monciunskaite R, Griksiene R. The role of sex and emotion on emotion perception in artificial faces: An ERP study [J]. Brain and Cognition, 2022, 159: 105860.

[2] Baudouin J Y, Tiberghien G. Gender is a dimension of face recognition [J]. Journal of Experimental Psychology: Learning, Memory, and Cognition, 2002, 28 (2): 362-365.

[3] Bediou B, Krolak-Salmon P, Saoud M, et al. Facial expression and sex recognition in schizophrenia and depression [J]. The Canadian Journal of Psychiatry, 2005, 50 (9): 525-533.

[4] Haxby J V, Hoffman E A, Gobbini M I. Human neural systems for face recognition and social communication [J]. Biological Psychiatry, 2002, 51 (1): 9-67.

[5] Brewin C R, Holmes E A. Psychological theories of posttraumatic stress disorder [J]. Clinical Psychology Review, 2003, 23 (3): 339-376.

[6] Magee J C, Smith P K. The social distance theory of power [J]. Personality and Social Psychology Review, 2013, 17 (2): 158-186.

[7] Anderson C, John O P, Keltner D. The personal sense of power [J]. Journal of Personality, 2012, 80 (2): 313-315.

[8] Lammers J, Stapel D A. How power influences moral thinking [J]. Journal of Personality and Social Psychology, 2009, 97 (2): 279-289.

[9] Galinsky A D, Magee J C, Gruenfeld D H, et al. Power reduces the press of the situation: Implications for creativity, conformity, and dissonance [J]. Journal of Personality and Social Psychology, 2008, 95 (6): 1450-1466.

[10] Waldman D A, Balthazard P A, Peterson S J. Social cognitive neuroscience and leadership [J]. The Leadership Quarterly, 2011, 22 (6): 1092-1106.

非和谐型风格会抑制被试者右前额叶，激发右额叶区等脑电活动，而这些行为往往与被试者的注意力狭窄和负性情绪有关。①这项研究也证明了不同的领导风格对被试者的脑部活动激发区域与脑电波皆不相同，这为不同的领导风格造成不同的影响留下了神经科学的证据。一项fMRI的研究发现，高客观效价的领导面孔（被试者不认识该领导）呈现时，会更高程度激发被试者左侧的杏仁核，这也是不同的领导行为对被试者造成的不同影响。②Konvalinka等发现额叶α波会随领导者与追随者的不同角色关系而受到抑制，他推断，领导者与被领导者的关系可以通过大脑额叶的EEG信号进行预测。③

通过以往的研究，日益发展的脑电技术为情绪面孔的识别提供了更加直接的技术手段。根据情绪一致性效应，本研究试图验证不同指导风格导师的姓名作为阈下启动刺激时，研究生情绪识别的反应偏向，以期更好地了解导师指导风格对研究生无意识情绪启动的影响，从而帮助我们认识研究生指导过程中导学双方认知、行为与情绪的关系，为导学关系的改善提供理论依据。

二、研究方法

（一）被试者

通过校园广告、微信等方式招募研究生被试者60人，其中男生35人、女生25人，年龄为23.48±1.96岁。被试者均视力正常或矫正视力正常，无影响实验的生理疾病与精神病史，均为右利手。实验方案经过伦理委员会批准，实验开始前明确告知被试者实验目的与实验流程，并签署知情同意书，在实验结束后发放了实验报酬。

（二）实验设计

首先让研究生对导师指导风格和导学关系质量进行1～9级（消极—积极）评分。采用"2被试性别（男、女）×2导师性别（男、女）×2情绪面孔图片（积极情绪、消极情绪）×2启动刺激（导师姓名、陌生人姓名）×2指导风格

---

① Boyatzis R E, Passarelli A M, Koenig K, et al. Examination of the neural substrates activated in memories of experiences with resonant and dissonant leaders [J]. The Leadership Quarterly, 2012, 23（2）: 259-272.

② Rule N O, Moran J M, Freeman J B, et al. Face value: Amygdala response reflects the validity of first impressions [J]. Neuroimage, 2011, 54（1）: 734-741.

③ Konvalinka I, Bauer M, Stahlhut C, et al. Frontal alpha oscillations distinguish leaders from followers: Multivariate decoding of mutually interacting brains [J]. Neuroimage, 2014, 94: 79-88.

（控制型、支持型）"的混合实验设计，其中，启动刺激（导师姓名、陌生人姓名）、情绪面孔图片为被试内因素，指导风格、被试者性别、导师性别为被试间因素。向被试者呈现阈下启动刺激（导师姓名、陌生人姓名），再让被试者对面孔图片的情绪效价进行判断（积极、消极）。

（三）实验材料

导师姓名由被试者自行提供，陌生人姓名的选取是基于导师姓名字数和笔画匹配一致的原则从陌生人姓名库中随机抽取。姓名呈现像素 212×115 pixel。模糊面孔像素 210×240 pixel。所有的面孔图片采用罗跃嘉的中国情绪面孔图片库的中性图片，由 40 张积极情绪面孔图片与 40 张消极面孔图片组成，完全随机呈现。

（四）实验程序

被试者舒适地坐在实验室的椅子上，位置距离电脑屏幕大约为 80 cm，平视屏幕中央。统一设置电脑屏幕的颜色和亮度等物理属性，并且 ERPs 专用实验室具有电磁屏蔽的特点，亦有较好的隔音效果。实验采用 E-prime3.0 呈现，共有 84 个试次，由 2 个 block 组成，情绪面孔图片随机呈现，实验由练习阶段与正式实验阶段两个部分组成。正式实验中，每个 trail 中，先呈现 200 ms 中央注视点"＋"号，紧接着呈现 5 ms 由导师姓名或者陌生人姓名做成的启动刺激，为规避启动刺激带来的后续影响，紧接着呈现 100 ms "AABB" 组成的图片掩蔽刺激，再呈现情绪面孔图片，由被试者判定该图片是积极情绪面孔图片还是消极情绪面孔图片。判定为积极情绪面孔图片的按按键"1"、消极情绪面孔图片的按按键"2"。图片呈现最长时间为 1500 ms，按键结束后面孔图片消失，随后出现 200 ms 的空屏，用来消除上一张图片带来的影响，随后进入下一个 trial，实验流程如图 4-4 所示。每一个 block 结束后设置了休息时间，由被试者自己决定是否继续实验。同时，在正式实验所用的电脑上，设置了小纸条提示，用以帮助提醒被试者正确的按键反应。

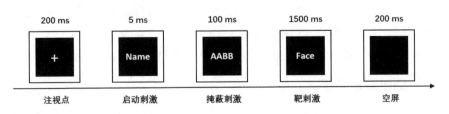

图 4-4　一个 trial 的实验流程

(五) ERP 数据记录与数据分析

运用德国进口仪器 Brain Products 进行有关记录与分析。脑电数据由 64 导电极帽记录，电极依据国际 10~20 系统布置。以双耳附近的乳突 TP9 与 TP10 作参考，眼电 IO 设置在右眼睑下面。同时将滤带波通设置为 0.1~40 Hz，电极点与头皮间的电阻设置为低于 20 KV，采样频率为 500 Hz。对不良脑电信号波段需要剔除，波幅在 ±80 μV 范围之外的被试者数据和眼球运动（转动和眨眼）的伪迹都要删除。参考本研究中实验任务引起的 ERPs 活动的具体情形，离线处理记录得到脑电信号，并对其进行叠加平均处理。选取进行实验分析的脑电波段为图片出现到之后 1000 ms 的波段，并且选取起点之前的 200 ms 的波段进行基线校正。

根据被试者对情绪面孔图片效价判断，分为积极情绪判断和消极情绪判断条件。按照"被试者性别（男、女）×导师性别（男、女）×情绪面孔图片（积极情绪、消极情绪）×启动刺激（导师姓名、陌生人姓名）×指导风格（控制型、支持型）"的实验设计对脑电 EEG 信号进行处理以及重复测量方差分析。参考以往 ERPs 的相关研究结果以及本研究的总平均图和地形图，选取时间窗为 120~220 ms 的额叶区（F_3、F_4、Fz）和中央区（C_3、C_4、Cz）的 N1、N2、P1 成分进行分析。针对 ERP 波峰与潜伏期数据，采用 Greenhouse Geisser 法对方差分析的 p 值进行校正。对于显著的交互作用，使用 Sidak 校正进行简单效应分析。

三、结果

（一）行为反应

被试者判断情绪面孔正确率的方差分析表明，情绪面孔图片的主效应显著，$F_{(1, 52)} = 4.780$，$p = 0.033$，$\eta^2 = 0.084$，事后比较发现，消极情绪面孔图片的正确率大于积极情绪面孔图片的正确率。启动词与情绪面孔的交互效应显著，$F_{(1, 52)} = 4.576$，$p = 0.037$，$\eta^2 = 0.081$，启动词为陌生人姓名的情况下，消极情绪面孔（0.861±0.021）显著大于积极情绪面孔的正确率（0.791±0.019）。

反应时的方差分析表明，情绪面孔图片的主效应显著，$F_{(1, 52)} = 9.573$，$p = 0.003$，$\eta^2 = 0.155$，判断积极情绪面孔的反应时长于识别消极面孔的反应时。

（二）脑电数据结果

1. N1 成分（50~150 ms）

方差分析表明，N1 峰值的脑区主效应显著，$F_{(1, 52)} = 92.66$，$p < 0.001$，η^2

= 0.641，额区的N1波峰显著大于中央区（-4.141 ± 0.454 μV＞-2.328 ± 0.379 μV）。脑区与性别的交互效应显著，$F_{(1, 52)} = 8.408$，$p= 0.005<0.01$，$\eta^2 = 0.139$，简单效应分析发现，女生额区N1波峰显著大于男生（-5.150 ± 0.648 μV＞-3.132 ± 0.635 μV）。脑区、被试者性别、指导风格的交互效应显著，$F_{(1, 52)} =11.530$，$p= 0.001$，$\eta^2 = 0.181$。N1峰值在脑区、被试者性别、指导风格与导师性别交互效应显著，$F_{(1, 52)} = 4.101$，$p= 0.048$，$\eta^2 = 0.073$。简单效应分析发现，在额区，相比于支持型指导风格，女生在控制型指导风格女导师的姓名启动下，消极情绪面孔诱发了更大的N1波峰（-8.036 ± 1.261 μV）。

N1潜伏期的方差分析表明，情绪面孔图片与指导风格的交互效应显著，$F_{(1, 52)} = 4.527$，$p= 0.0380$，$\eta^2 = 0.080$，简单效应分析结果显示，控制型指导风格下的学生在消极情绪面孔刺激下诱发的N1潜伏期长于积极情绪面孔（97.593 ± 4.489 ms＞93.080 ± 4.727 ms），支持型指导风格下的学生在积极情绪面孔刺激下诱发更长的N1潜伏期（95.870 ± 5.789 ms）。脑区、启动词与情绪面孔图片的交互效应显著，$F_{(1, 52)} = 5.336$，$p= 0.025$，$\eta^2 = 0.093$。脑区、启动词、情绪面孔图片、被试者性别、导师性别与指导风格交互效应显著，$F_{(1, 52)} = 4.314$，$p= 0.043$，$\eta^2 = 0.077$。简单效应分析后发现，对于男生而言，在控制型指导风格下，中央脑区中女导师姓名和消极情绪面孔共同诱发的N1潜伏期（123.083 ± 20.625 ms）比其他条件下诱发的潜伏期更长。

2. P1成分（150～230 ms）

方差分析表明，P1波峰在启动词上主效应显著，$F_{(1, 52)} = 5.337$，$p= 0.025<0.05$，$\eta^2 = 0.093$，以导师作为启动词诱发的P1波峰（5.581 ± 0.493 μV）大于由陌生人作为启动词诱发的P1波峰（4.794 ± 0.408 μV）。脑区的主效应显著，$F_{(1, 52)} = 20.585$，$p<0.001$，$\eta^2 = 0.284$，中央区比额叶的波幅更大（5.963 ± 0.396 μV＞4.412 ± 0.504 μV）。情绪面孔图片、脑区、被试者性别的交互效应显著，$F_{(1, 52)} = 4.277$，$p= 0.044<0.05$，$\eta^2 = 0.076$，简单效应分析结果显示，无论性别如何、积极情绪还是消极情绪，中央区诱发的P1峰值都显著大于额区。脑区、启动词、被试者性别、导师性别与指导风格的交互效应显著，$F_{(1, 52)} = 6.184$，$p= 0.016$，$\eta^2 = 0.106$。简单效应分析发现，无论作为组间刺激的指导风格如何变化、被试者性别如何变化，导师姓名启动词刺激诱发的波幅始终大于陌生人姓名启动词刺激，如额叶区中，控制型男导师姓名对男生刺激诱发的P1波幅显著大于陌生人姓名的诱发波幅（5.214 ± 1.189＞3.757 ± 1.042）。

P1潜伏期的方差分析表明，脑区的主效应显著，$F_{(1, 52)} = 6.101$，$p=$

0.017，$\eta^2= 0.105$，中央区诱发的P1潜伏期显著长于额区（186.511±2.692 ms＞182.963±2.262 ms）。脑区和导师的性别交互效应显著，$F_{(1, 52)}= 12.397$，$p= 0.001$，$\eta^2= 0.193$，简单效应分析结果显示，导师为女性时，中央区诱发的P1潜伏期显著长于额区（187.691±3.756 ms＞179.087±4.470 ms）。情绪图片、指导风格、被试者性别与导师性别的交互效应显著，$F_{(1, 52)}= 6.247$，$p= 0.016$，$\eta^2= 0.107$，简单效应分析发现，对于女生而言，指导风格为支持型的男导师的姓名作为启动词时，消极情绪面孔诱发的P1潜伏期显著长于积极情绪面孔（185.125±4.441 ms＞178.514±4.368 ms）。

3. N2成分（210~300 ms）

方差分析表明，N2波峰在脑区上主效应显著，$F_{(1, 52)}= 60.123$，$p＜0.001$，$\eta^2= 0.536$，额区的N2波峰（－2.557±5.059 μV）显著大于中央区（－0.195±4.000 μV）。脑区、被试者性别与指导风格的交互作用显著，$F_{(1, 52)}= 4.828$，$p= 0.032$，$\eta^2= 0.085$，简单效应分析后发现，女生在控制型指导风格导师指导下，额区诱发的N2波峰显著大于其他条件诱发的N2波峰（－3.152±1.122 μV）。启动词主效应显著，$F_{(1, 52)}= 10.027$，$p= 0.003$，$\eta^2= 0.162$，导师启动词诱发的N2波峰显著大于陌生人姓名启动词诱发的N2波峰（－1.176±0.522 μV＞－0.323±0.502 μV）。启动词、被试者性别、导师性别与指导风格交互效应显著，$F_{(1, 52)}= 5.920$，$p= 0.018$，$\eta^2= 0.102$，简单效应分析后发现，对于女生来说，在控制型指导风格女导师指导下，导师姓名启动词诱发的N2波峰显著大于陌生人姓名启动词刺激（－3.812±1.335 μV＞－1.494±1.287 μV）。启动词、情绪面孔图片与被试者性别交互效应显著，$F_{(1, 52)}= 8.326$，$p= 0.006$，$\eta^2= 0.138$，简单效应分析发现，女生在导师启动词的刺激下，消极情绪诱发的N2波峰显著大于积极情绪诱发的N2波峰（－2.602±0.972 μV＞0.994±0.633 μV）。

N2潜伏期的方差分析表明，启动词的主效应显著，$F_{(1, 52)}= 29.406$，$p＜0.001$，$\eta^2= 0.361$，F额叶脑区诱发的N2潜伏期显著长于C中央脑区（253.384±2.825 ms＞242.505±2.697 ms）。情绪面孔图片的主效应显著，$F_{(1, 52)}= 10.420$，$p= 0.002$，$\eta^2= 0.167$，消极情绪面孔图片会诱发相比积极情绪图片更长的N2潜伏期（251.632±3.031 ms＞244.257±2.581 ms）。情绪面孔图片与指导风格的交互效应显著，$F_{(1, 52)}= 7.570$，$p= 0.008$，$\eta^2= 0.127$，简单效应分析发现，在支持型指导风格下，积极情绪面孔图片诱发的N2潜伏期显著长于消极情绪面孔图片诱发的N2潜伏期（256.424±4.696 ms＞242.762±3.999 ms）。脑区、启动词、情绪面孔图片的交互效应显著，$F_{(1, 52)}= 4.678$，p

=0.035，η^2=0.083，当启动词为导师时，无论是哪个脑区，消极情绪面孔图片诱发的N2潜伏期都显著长于积极情绪面孔图片诱发的N2潜伏期（如：额区中，257.584±3.762 ms＞247.423±3.129 ms）。

通过对N1、P1与N2成分的波峰与潜伏期的分析发现，在额区，女生在控制型风格的女导师姓名启动下消极情绪面孔图片诱发了更大的N1波峰，而男生在控制型指导风格下，情绪面孔诱发的N1潜伏期比支持型指导风格下情绪面孔图片诱发的N1潜伏期更长。P1成分则在中央区比额区的波峰更大，指导风格为支持型的、导师为男性的女生，消极情绪面孔图片诱发的P1潜伏期显著长于积极情绪诱发的P1潜伏期。女生在控制型指导风格导师指导下诱发的N2峰值显著大于其他条件诱发的N2峰值。在支持型导师指导风格下，积极情绪面孔图片诱发的N2潜伏期显著长于消极情绪面孔图片诱发的N2潜伏期。由于本研究中主体间和主体内影响因素过多，结果只选取了重要的3个因素进行呈现，分别为指导风格分类、启动词类型和情绪面孔图片类型，结果见图4-5。不同条件下额叶（Fz）的地形图如图4-6所示。

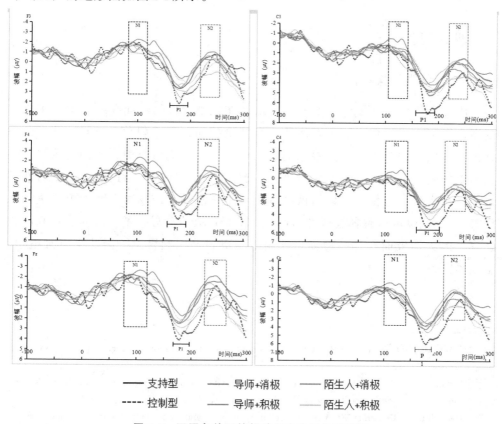

图4-5 不同条件下的额叶和中央区的波形图

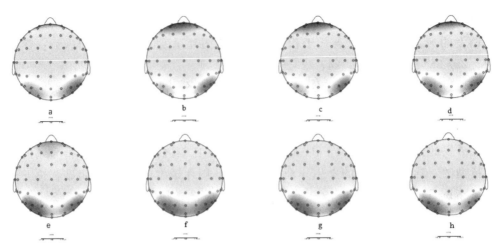

111：控制型＋导师＋消极　　112：控制型＋导师＋积极　　113：控制型＋陌生人＋消极
114：控制型＋陌生人＋积极　121：支持型＋导师＋消极　　122：支持型＋导师＋积极
123：支持型＋陌生人＋消极　124：支持型＋陌生人＋积极

图 4-6　不同条件下额叶（Fz）的地形图

四、讨论

（一）行为结果讨论

从行为数据的结果可以发现，被试者在识别消极情绪面孔图片中的正确率更高，且反应时更短，这与以往的研究结论相同，消极刺激会引起被试者的注意警觉，反应时会更短[1][2]。根据前人的研究，在视觉研究中，人们会更容易关注到威胁刺激，并对其快速作出反应。被试者在对应到与自己有关的威胁性刺激中，会产生注意警觉，即当被试者面对不熟悉的人或物时会产生更严重的注意警觉。[3]这也可以解释被试者为何会对消极面孔产生较短的反应时、更高的正确率，因为消极面孔是一种威胁性刺激，更容易引起警觉，因此反应时更短、正确率更高。

---

[1] Eimer M, Holmes A. An ERP study on the time course of emotional face processing [J]. Neuroreport, 2002, 13 (4): 427-431.

[2] Schupp H T, Cuthbert B N, Bradley M M, et al. Affective picture processing: The late positive potential is modulated by motivational relevance [J]. Psychophysiology, 2000, 37 (2): 257-261.

[3] Dietrich D E, Emrich H M, Waller C, et al. Emotion/cognition-coupling in word recognition memory of depressive patients: An event-related potential study [J]. Psychiatry Research, 2000, 96 (1): 15-29.

（二）脑电数据讨论

N1成分重复测量的方差分析结果表明，脑区的主效应显著，额区的N1峰值显著大于中央区。情绪面孔图片、脑区、被试者性别、指导风格与导师性别交互效应显著，进一步简单效应分析发现，在额区，相比于控制型女导师，消极情绪面孔图片对支持型女导师指导下的女生诱发了更大的N1波峰，这与之前的研究结论一致，日本学者探究了服务行业的人对于负面情绪面孔会诱发更大的N1波峰。[1]还有研究发现，学生在高度学业压力下，在悲伤、愤怒等情绪刺激下会诱发更大的N1和P1波峰[2]，而当导师的指导风格为控制型时，会带给学生更大的学习压力，因此本研究结果在一定程度上也验证了这一观点。此外，相比于支持型指导风格，在控制型女导师的指导下，消极情绪面孔图片对女生诱发的N1峰值更高。这可以从情绪一致性效应来进行解释。Wentura在调查中发现，当启动刺激与靶刺激引起的情绪相同时，会引起被试者更大的反应以及更短的反应时[3]，此外，有研究者运用诱发情绪类故事作为刺激，也验证了被试者的情绪一致性效应。[4]以往的研究表明，与情绪相关的脑区有额区、顶区、枕区以及中央区等。Schmidt等人曾经使用音乐作为刺激材料诱发被试者的情绪，结果显示，人类的前脑与情绪具有很大的关联性[5]，来自fMRI的脑成像证据也发现，在情绪反应趋势形成之前，负性情绪会显著地激活焦虑型个体与情绪唤醒相关的额极区、左海马和左侧前扣带回背部，表现出早期注意分配的神经特点。[6]还有研究表明，前额叶皮层在自我认知和个人感知过程中与情感判断等社

---

[1] Miki K, Takeshima Y, Kida T, et al. The ERP and psychophysical changes related to facial emotion perception by expertise in Japanese hospitality, "OMOTENASHI" [J]. Scientific Reports, 2022, 12: 9089.

[2] Zhang L, Qin S Z, Yao Z X, et al. Long-term academic stress enhances early processing of facial expressions [J]. International Journal of Psychophysiology, 2016, 109: 138-146.

[3] Wentura D. Activation and inhibition of affective information: For negative priming in the evaluation task [J]. Cognition and Emotion, 1999, 13 (1): 65-91.

[4] Leon I, Diaz J M, de Vega M, et al. Discourse-based emotional consistency modulates early and middle components of event-related potentials [J]. Emotion, 2010, 10 (6): 863-873.

[5] Schmidt L A, Trainor L J. Frontal brain electrical activity (EEG) distinguishes valence and intensity of musical emotions [J]. Cognition & Emotion, 2001, 15 (4): 487-500.

[6] Gillath O, Bunge S A, Shaver P R, et al. Attachment-style differences in the ability to suppress negative thoughts: Exploring the neural correlates [J]. Neuroimage, 2005, 28 (4): 835-847.

会认知和社会信息处理相关。①②Mitchell等人记录了被试者在观看一系列积极、消极和中性视频时的神经活动,这些视频表达了针对被试者的积极、消极和中性的陈述与评价,结果发现,出于应对复杂社会情感评价的认知加工需求,内侧前额叶和喙部前扣带皮层在两种情绪条件下都被强烈激活。③此外,内侧前额叶皮层（MPFC）,包括喙前扣带皮层（rACC）,已被证明可以支持社会和情感信息的处理。④⑤这些研究结果与本研究发现的额叶区与中央区的情绪识别维度上的生理机制差异一致。结果还发现,当被试者和导师同为女性的情况下,控制型指导风格与支持型指导风格下表现出显著的N1峰值差异。N1成分反映了个体早期的视觉注意倾向,这正说明在早期的视觉加工过程中,控制型女导师对女生情绪识别的影响更大。

对N1潜伏期的研究结果表明,情绪面孔图片与指导风格的交互效应显著,进一步简单效应分析发现,指导风格为控制型时,消极情绪面孔图片诱发的N1潜伏期会比积极情绪面孔图片诱发的N1潜伏期更长。即对于控制型导师,消极情绪面孔图片诱发的N1潜伏期更长,消极情绪面孔图片诱发的波幅更大。有研究证明了不同的领导风格对被试者脑部活动激发区域与脑电皆不相同⑥,与本研究结论相似。研究发现,早期的心理成分中,个体对负性情绪面孔图片的关注度更高,注意力更多,负性情绪面孔图片的潜伏期更长,表现出脱离困难。⑦⑧N1与P1成分是早期注意过程的指标,反映了个体的注意过程,即在一定的刺激

---

①Hensel L, Bzdok D, Muller V I, et al. Neural correlates of explicit social judgments on vocal stimuli [J]. Cerebral Cortex, 2015, 25 (5): 1152-1162.

②Mitchell J P, Banaji M R, Macrae C N. The link between social cognition and self-referential thought in the medial prefrontal cortex [J]. Journal of Cognitive Neuroscience, 2005, 17 (8): 1306-1315.

③Mitchell J P, Banaji M R, Macrae C N. The link between social cognition and self-referential thought in the medial prefrontal cortex [J]. Journal of Cognitive Neuroscience, 2005, 17 (8): 1306-1315.

④Amodio D M, Frith C D. Meeting of minds: The medial frontal cortex and social cognition [J]. Nature Reviews Neuroscience, 2006, 7 (4): 268-277.

⑤Moor B G, van Leijenhorst L, Rombouts S, et al. Do you like me? Neural correlates of social evaluation and developmental trajectories [J]. Social Neuroscience, 2010, 5 (5-6): 461-482.

⑥Boyatzis R E, Passarelli A M, Koenig K, et al. Examination of the neural substrates activated in memories of experiences with resonant and dissonant leaders [J]. The Leadership Quarterly, 2012, 23 (2): 259-272.

⑦Schupp H T, Flaisch T, Stockburger J, et al. Emotion and attention: Event-related brain potential studies [J]. Understanding Emotions. 2006, 156: 31-51.

⑧Turetsky B I, Kohler C G, Indersmitten T, et al. Facial emotion recognition in schizophrenia: When and why does it go away? [J]. Schizophrenia Research, 2007, 94 (1-3): 253-263.

条件下，大脑对外界的辨别性加工。Rule指出，存在一条快捷的皮下通道，将威胁与恐惧的特征，经加工后由中脑快速传递到杏仁核、颞叶等脑区，使得被试者能够即刻作出反应，说明这些对人类生存具有威胁意义的刺激会引起更大的振幅。[1]对于消极情绪面孔图片的识别，本研究发现了组间差异，表明不同指导风格会对学生的情绪识别过程产生影响，进一步分析发现，性别也与指导风格有着密切的关系，而以前的研究尚未对此进行深入的分析。

P1波峰的结果表明，启动词的主效应显著，导师作为启动词时相比于陌生人会诱发被试者更大的P1峰值。这可能是被试者对启动词熟悉程度的反映，同时作为早期的心理成分，P1更大程度上反映的是对视觉加工信息的指标。[2][3]早期的视觉信息搜索加工中，个体更偏好于加工熟悉的人信息。本研究并未发现不同类别情绪面孔图片刺激下显著的P1峰值差异，这与以往的研究结果有所不同。一些研究揭示了面部情绪识别过程中的P1成分，如Holmes等人研究表明，恐惧面孔诱发的P1峰值显著大于中性面孔。[4]Rellecke等人也发现，与中性情绪相比，对恐惧和愤怒等负面情绪刺激的P1波幅更大。[5]在Pourtois等人的一项研究中，恐惧面孔比中性面孔诱导出了更大的P1波峰。[6]

在对N2成分的分析发现，导师姓名作为启动词时，情绪面孔图片诱发的N2波峰显著大于陌生人姓名作为启动词诱发的波峰。同时，对于女生，在控制型指导风格女导师指导下，导师姓名启动词诱发的N2峰值显著大于陌生人姓名启动词刺激。N2作为一种内源性心理成分，极少受到来自外部因素比如物理线

---

[1] Rule N O, Moran J M, Freeman J B, et al. Face value: Amygdala response reflects the validity of first impressions [J]. Neuroimage, 2011, 54 (1): 734-741.

[2] Hileman C M, Henderson H, Mundy P, et al. Developmental and individual differences on the P1 and N170 ERP components in children with and without autism [J]. Developmental Neuropsychology, 2011, 36 (2): 214-236.

[3] Zhang G L, Cong L J, Song Y, et al. ERP P1-N1 changes associated with Vernier perceptual learning and its location specificity and transfer [J]. Journal of Vision, 2013, 13 (4): 1-13.

[4] Holmes A, Nielsen M K, Tipper S, et al. An electrophysiological investigation into the automaticity of emotional face processing in high versus low trait anxious individuals [J]. Cognitive Affective & Behavioral Neuroscience, 2009, 9 (3): 323-334.

[5] Rellecke J, Sommer W, Schacht A. Does processing of emotional facial expressions depend on intention? Time-resolved evidence from event-related brain potentials [J]. Biological Psychology, 2012, 90 (1): 23-32.

[6] Pourtois G, Grandjean D, Sander D, et al. Electrophysiological correlates of rapid spatial orienting towards fearful faces [J]. Cerebral Cortex, 2004, 14 (6): 619-633.

索的影响[①],表现的是个体在去除外界物理线索而分配注意力的情况。[②]导师是个体相对较为熟悉的,而陌生人对于个体来讲属于一种新异刺激,因此表现出学生对导师姓名启动词的N2波峰更大。本研究还发现,女生在导师姓名作为启动词的情况下,积极情绪面孔图片诱发的N2波峰显著小于消极情绪面孔图片诱发的波峰,这与以往的研究结果一致。有研究表明,与中性情绪面孔刺激相比,消极情绪面孔会诱发更大的N2波峰。[③]

此外,本研究还发现,对于男生而言,在控制型指导风格下,女导师姓名和消极情绪面孔图片共同诱发的N1潜伏期比其他条件下诱发的潜伏期更长;对于女生而言,指导风格为支持型的男导师的姓名作为启动词时,消极情绪面孔图片诱发的P1潜伏期显著长于积极情绪面孔图片。这个结果表明,在导师与研究生性别相异的情况下,识别情绪面孔图片需要更少的心理能量,更少的注意力资源;而在性别相同时识别情绪面孔过程中需要更多的心理资源。这表明女性个体更喜欢或者更倾向选择与自己性别相同的导师,而男生则偏向于与自己性别相异的导师。而在以前的研究生与导师关系的研究中,较少体现出性别对于两者关系的影响。对于N2潜伏期,同样发现了启动词的主效应显著,导师姓名启动的潜伏期长于陌生人的潜伏期,这与N2结果并不矛盾,对潜伏期的分析中,识别越困难潜伏期越长,相对于熟悉的导师,陌生人作为新异性的且可能带有威胁性信息刺激,被试者分配更多的注意,而使得分给导师的注意减少,识别出导师的信息相对而言变得更困难,潜伏期变长。有学者在对我国小学生师生关系研究中,发现学生性别与教师性别在师生关系间表现出交互作用,他指出男性和女性教师都认为与男孩的关系比与女孩的关系更差。这些发现挑战

[①] Espinet S D, Anderson J E, Zelazo P D. N2 amplitude as a neural marker of executive function in young children: An ERP study of children who switch versus perseverate on the Dimensional Change Card Sort [J]. Developmental Cognitive Neuroscience, 2012, 2S: S49-S58.

[②] Brydges C R, Fox A M, Reid C L, et al. Predictive validity of the N2 and P3 ERP components to executive functioning in children: A latent-variable analysis [J]. Frontiers in Human Neuroscience, 2014, 8: 00080.

[③] 林瑾,何胜昔,尹文刚.情绪对两可图认知加工影响的ERP研究[J].中国医学物理学杂志,2016,33(8):855-860.

了社会上关于男教师比女教师与男孩关系更好的假设。①本实验结果与此结论有矛盾的地方,女生在与导师性别相同的情况下,会在情绪面孔图片下诱发出更小的峰值,而男生则表现出相反的结果。这是对其注意的朝向反射,也是其偏爱程度的反应。

---

① Spilt J L,Koomen H M Y,Jak S. Are boys better off with male and girls with female teachers? A multilevel investigation of measurement invariance and gender match in teacher-student relationship quality [J]. Journal of School Psychology,2012,50(3):363-378.

第三部分

导学关系的神经机制

第五章

导学关系认知的神经机制

第一节 导学关系词汇认知加工的神经机制

一、问题提出

在高等教育中,导师是研究生学术技能培养与训练中的关键因素,导师的指导行为、双方投入程度以及互动模式等因素都对研究生的技能提升、专业成长以及满意度起重要作用。[1][2][3]虽然导师的基本功能是为研究生提供学术训练、提升其专业技能,但现实中导师与研究生的关系往往包含多个侧面,除了纯粹学术训练与指导的成分外,还混杂了合作、友谊的成分,甚至在特定情况下带有雇佣关系的色彩。因此,导师与研究生关系实际是多侧面、多维度的,不同侧面可能相互冲突。一方面,作为科研活动中的伙伴与学术生涯的引路人,导师是研究生在陌生的学术世界中最初接触的学者,读研期间双方往往会在学术取向、学术观点上产生深度整合,因此,如果说导师是研究生学术生涯中最熟悉的、最亲近的人,应当不为过。另一方面,从权力关系的层面看,相对于研究生,导师始终居于相对权威的位置。在学术体系与教育体制内,导师部分掌控了招生、毕业以及科研经费使用等权限,相对学生而言导师无疑是有权力者(powerholder),学生大体上受制于导师,是这一关系中的低权力者。关于权力

---

[1] Johnson W B, Huwe J M. Toward a typology of mentorship dysfunction in graduate school [J]. Psychotherapy: Theory/Research/Practice/Training, 2002, 39 (1): 44-55.

[2] Lienard J F, Achakulvisut T, Acuna D E, et al. Intellectual synthesis in mentorship determines success in academic careers [J]. Nature Communications, 2018, 9 (1): 4840.

[3] Yamada S, Cappadocia M C, Pepler D. Workplace bullying in Canadian graduate psychology programs: Student perspectives of student-supervisor relationships [J]. Training and Education in Professional Psychology, 2014, 8 (1): 58-67.

的大量研究结果表明,人际权力差异可能使有权者显得更有距离[1],并诱发低权力者的警觉、畏惧、被动与服从等回避倾向。[2][3][4][5]同时,权力差异可能使得辱虐行为、性骚扰等不合伦理行为更容易发生[6][7],而辱虐、骚扰的经历可能对个体认知功能与心理健康产生消极的影响。因此,考虑到导师同时具备亲密的学术指导者和学术生涯中的权威人物这两种身份,下列问题尤其引人关注:研究生是如何看待并认知导师的?其早期注意机制是否会区分这两种不同的身份?导师的辱虐行为以及对导师满意程度的差异是否会影响这一机制?对此,本研究拟通过阈下呈现导师姓名的方式考察研究生对导师姓名的注意分配与情感态度,并考察导师的辱虐行为及其导师满意度的影响。

在人类复杂的社会行为中,姓名是个体身份的社会符号,它能够标记和传递人们的社会关系,承载人际情感与记忆。在ERP和脑成像的研究中,大量文献考察了人们对自我姓名和亲密他人的姓名的加工过程和脑区定位[8][9][10][11][12],主要

---

[1] Magee J C, Smith P K. The social distance theory of power [J]. Personality and Social Psychology Review, 2013, 17 (2): 158-186.

[2] 鲁铱,李晔. 研究生对导师负面评价的恐惧与师徒文化内隐观的关系[J]. 心理科学,2014,37 (6): 1415-1420.

[3] Guinote A. Power and affordances: When the situation has more power over powerful than powerless individuals [J]. Journal of Personality and Social Psychology, 2008, 95 (2): 237-252.

[4] Keltner D, Gruenfeld D H, Anderson C. Power, approach, and inhibition [J]. Psychological Review, 2003, 110 (2): 265-284.

[5] Tiedens L Z, Fragale A R. Power moves: Complementarity in dominant and submissive nonverbal behavior [J]. Journal of Personality and Social Psychology, 2003, 84 (3): 558-568.

[6] Gruenfeld D H, Inesi M E, Magee J, et al. Power and the objectification of social targets [J]. Journal of Personality and Social Psychology, 2008, 95 (1): 111-127.

[7] Kunstman J W, Maner J K. Sexual overperception: Power, mating motives, and biases in social judgement [J]. Journal of Personality and Social Psychology, 2011, 100 (2): 282-294.

[8] Doradzińska Ł, Wójcik M J, Paź M, et al. Unconscious perception of one's own name modulates amplitude of the P3B ERP component [J]. Neuropsychologia, 2020, 147: 107564.

[9] Holeckova I, Fischer C, Morlet D, et al. Subject's own name as a novel in a MMN design: A combined ERP and PET study [J]. Brain Research, 2008, 1189: 152-165.

[10] Tacikowski P, Cygan H B, Nowicka A. Neural correlates of own and close-other's name recognition: ERP evidence [J]. Frontiers in Human Neuroscience, 2014, 8: 000194.

[11] Wang L, Zhu Z D, Bastiaansen M, et al. Recognizing the emotional valence of names: An ERP study [J]. Brain & Language, 2013, 125 (1): 118-127.

[12] Zhu Y, Zhang L, Fan J, et al. Neural basis of cultural influence on self-representation [J]. Neuroimage, 2007, 34 (3): 1310-1316.

关注自我参照效应[1]以及文化差异[2]等现象。也有研究比较了人们在加工个人姓名（personal name）与普通名词中情感意义时的神经机制。[3]近年的研究发现，对于自己姓名或熟悉的、重要的他人姓名，人们会分配更多注意资源[4][5]，表现在早期知觉成分上的差异。然而，目前关于姓名刺激对注意机制影响的研究多集中在自我、熟人乃至陌生人的姓名上，对具有特定身份他人姓名的考察较少，限制了上述结论的可推广性。对此，本研究拟通过事件相关电位考察研究生对导师姓名加工的脑部活动机制，具体考察与知觉、注意相关的早期P2与N2成分。

在ERP研究中，P2出现在刺激呈现200 ms前后，一般认为反映了早期知觉阶段的注意分配过程[6]，因而与刺激编码的深度（the general depth of encoding of a stimulus）有关。[7]许多研究均发现P2以及晚期P1与刺激本身的属性，如刺激的罕见程度[8]、空间距离[9]、与常识相符与否、情感特征[10]及威胁性[11]有关，也有

---

[1] Tacikowski P, Nowicka A. Allocation of attention to self-name and self-face: An ERP study [J]. Biological Psychology, 2010, 84 (2): 318-324.

[2] Hu Y, Zhang L, Fan J, et al. Neural basis of cultural influence on self-representation [J]. Neuroimage, 2007, 34 (3): 1310-1316.

[3] Wang L, Zhu Z D, Bastiaansen M, et al. Recognizing the emotional valence of names: An ERP study [J]. Brain & Language, 2013, 125 (1): 118-127.

[4] Tacikowski P, Jednorog K, Marchewka A, et al. How multiple repetitions influence the processing of self-, famous and unknown names and faces: An ERP study [J]. International Journal of Psychophysiology, 2011, 79 (2): 219-230.

[5] Tacikowski P, Nowicka A. Allocation of attention to self-name and self-face: An ERP study [J]. Biological Psychology, 2010, 84 (2): 318-324.

[6] Leuthold H, Kunkel A, Mackenzie I G, et al. Online processing of moral transgressions: ERP evidence for spontaneous evaluation [J]. Social Cognitive and Affective Neuroscience, 2015, 10 (8): 1021-1029.

[7] Seib-Pfeifer L E, Kirsten H, Gibbons H. Attention please: ERP evidence for prime-target resource competition in the neutral-target variant of affective priming [J]. Acta Psychologica, 2020, 208: 103102.

[8] Luck S J, Hillyard S A. Electrophysiological correlates of feature analysis during visual search [J]. Psychophysiology, 1994, 31 (3): 291-308.

[9] Kasai T. Early visual selection in near and far space: An event-related potential study [J]. NeuroReport, 2008, 19 (9): 961-964.

[10] Leppänen J M, Kauppinen P, Peltola M J, et al. Differential electrocortical responses to increasing intensities of fearful and happy emotional expressions [J]. Brain Research, 2007, 1166: 103-109.

[11] Bar-Haim Y, Lamy D, Glickman S. Attentional bias in anxiety: A behavioral and ERP study [J]. Brain and Cognition, 2005, 59 (1): 11-22.

研究表明P2与道德规范违反和道德两难情境等存在关联。[1][2]这些诱发P2的刺激属性在不同程度上均与注意分配的必要性有关,如被试者需要对具有威胁的、反常识的信息优先分配注意,或对可能需要立即作出行为反应的近距离的、罕见的刺激给予重视等。[3]

与P2类似,N2同样是一个常见的早期认知加工的成分,一般出现在180~325 ms。在相关文献中,研究者一般认为N2主要反映了刺激的新异性与熟悉性、预期违反、认知控制等指标。[4][5][6][7]其中,N2成分与陌生的、新异刺激的关系在早期ERP研究中就已经引起研究者的注意[8][9],两者的关系在听觉、视觉[10][11]乃至更复杂的面孔识别上[12]都得到了研究验证。与之相关,有研究者发现,个体人格上的感觉寻求得分(即追求新颖性、新鲜感的人格特点)与其在面对新异刺激时N2成分的波峰强度存在关联,具体而言,高感觉寻求的个体对于新异刺

---

[1] Chen P F, Qiu J, Li H, et al. Spatiotemporal cortical activation underlying dilemma decision-making: An event-related potential study [J]. Biological Psychology, 2009, 82 (2): 111-115.

[2] Lu J, Peng X, Liao C, et al. The stereotype of professional roles influences neural responses to moral transgressions: ERP evidence [J]. Biological Psychology, 2019, 145: 55-61.

[3] Luck S J. Electrophysiological correlates of the focusing of attention within complex visual scenes: N2pc and related ERP components[A]. Kappenman E S, Luck S J. The Oxford handbook of event-related potential components [C]. New York: Oxford University Press, 2011.

[4] Ernst L H, Ehlis A-C, Dresler T, et al. N1 and N2 ERPs reflect the regulation of automatic approach tendencies to positive stimuli [J]. Neuroscience Research, 2013, 75 (3): 239-249.

[5] Folstein J R, van Petten C. Influence of cognitive control and mismatch on the N2 component of the ERP: A review [J]. Psychophysiology, 2008, 45 (1): 152-170.

[6] Lu J H, Peng X Z, Liao C, etal. The stereotype of professional roles influences neural responses to moral transgressions: ERP evidence [J]. Biological Psychology, 2019, 145: 55-61.

[7] Patel S H, Azzam P N. Characterization of N200 and P300: Selected studies of the event-related potential [J]. International Journal of Medical Sciecne, 2005, 2 (4): 147-154.

[8] O'Donnell B F, Shenton M E, McCarley R W, et al. The auditory N2 component in schizophrenia: Relationship to MRI temporal lobe gray matter and to other ERP abnormalities [J]. Biological Psychiatry, 1993, 34 (1-2): 26-40.

[9] Patel S H, Azzam P N. Characterization of N200 and P300: Selected studies of the event-related potential [J]. International Journal of Medical Sciecne, 2005, 2 (4): 147-154.

[10] Di Russo F, Martinez A, Sereno M I, et al. Cortical sources of the early components of the visual evoked potential [J]. Human Brain Mapping, 2002, 15 (2): 95-111.

[11] Luck S J. Electrophysiological correlates of the focusing of attention within complex visual scenes: N2pc and related ERP components [A]. Kappenman E S, Luck S J.The Oxford handbook of event-related potential components[C]. New York: Oxford University Press, 2011.

[12] Proverbio A M, Vanutelli M E, Vigano S.Remembering faces: The effects of emotional valence and temporal recency [J]. Brain and Cognition, 2019, 135: 103584.

激会产生更强的 N2 波峰。①

此外，一些研究也十分关注 N2 成分在认知控制中的角色，尤其是在处理各种类型的认知冲突中所起的作用。②在涉及认知控制、刺激-反应冲突的相关范式，如空间西蒙任务③、Stroop 范式④、埃里克森 Flanker 任务（Eriksen Flanker tasks）⑤、趋近与回避反应⑥等研究中，N2 波峰常常伴随认知冲突的过程出现。基于这一点，N2 事件相关电位也被用于社会性刺激的加工冲突上，比如有研究考察姓名加工时失匹配负波（MMN/N2b）的表现⑦，近期也有研究发现加工违背道德规范的行为时激发更强的 N2 波。⑧

总体而言，事件相关电位的研究不依赖被试者主观认识，非常适合本研究对研究生对于导师这一特殊他人的姓名的内隐认知加工的考察。对研究生而言，导师是其学术生涯中最熟悉且又最重要的人物，这一重要性与熟悉性可能会体现在与注意分配密切相关的 P2 以及与熟悉性相关的 N2 成分上。为比较这两点，本研究选取三类姓名启动：导师、朋友以及权威人士，拟通过比较导师姓名启动的效应与朋友、权威人士启动的效应，以确定研究生对导师姓名的认知表征。在此基础上，本研究进一步考察导师的辱虐行为以及外显导师指导满意度在其中的作用。最后，本研究拟比较不同类型姓名启动对随后情感词加工的影响，以考察研究生对导师的内隐情感态度。

---

①Lawson A L, Liu X, Joseph J, et al. Sensation seeking predicts brain responses in the old-new task: Converging multimodal neuroimaging evidence [J]. International Journal of Psychophysiology, 2012, 84 (3): 260-269.

②Folstein J R, van Petten C. Influence of cognitive control and mismatch on the N2 component of the ERP: A review [J]. Psychophysiology, 2008, 45 (1): 152-170.

③Bockler A, Alpay G, Sturmer B. Accessory stimuli affect the emergence of conflict, not conflict control [J]. Experimental Psychology, 2011, 58 (2): 102-109.

④West R, Alain C. Event-related neural activity associated with the Stroop task [J]. Cognitive Brain Research, 1999, 8 (2): 157-164.

⑤Bartholow B D, Pearson M A, Dickter C L, et al. Strategic control and medial frontal negativity: Beyond errors and response conflict [J]. Psychophysiology, 2005, 42 (1): 33-42.

⑥Ernst L H, Ehlis A-C, Dresler T, et al. N1 and N2 ERPs reflect the regulation of automatic approach tendencies to positive stimuli [J]. Neuroscience Research, 2013, 75 (3): 239-249.

⑦Holeckova I, Fischer C, Morlet D, et al. Subject's own name as a novel in a MMN design: A combined ERP and PET study [J]. Brain Research, 2008, 1189: 152-165.

⑧Lu J H, Peng X Z, Liao C, et al The stereotype of professional roles influences neural responses to moral transgressions: ERP evidence [J]. Biological Psychology, 2019, 145: 55-61.

二、研究方法

（一）被试者

通过社交网站招募被试者66名，均为华中科技大学的研究生。对相应的数据结果进行筛选，被试者行为正确率结果均高于80%，剔除脑电伪迹严重的被试者后，剩余有效被试者共63名，其中，男生31名，女生32名，年龄均在21～33岁之间（23.45±1.91岁）。被试者均视力正常且为右利手，并在开展实验之前获其知情同意，付给被试者一定报酬。

（二）实验材料

1. 积极和消极词汇的筛选

通过词典搜集100个与师生关系相关的词汇。首先，邀请21名心理学专业的本科生或研究生对搜集到的词汇的标准化水平进行评定，包括对唤醒度（1＝非常平静，5＝一般，9＝非常兴奋）和效价（1＝非常消极，5＝中性，9＝非常积极）进行1～9级评定。根据效价的高低进行排序，再根据评定结果进行不断地筛选，直到平衡唤醒度维度。然后，进一步对选定词汇进行分析，包括词汇的唤醒度维度的分析和效价分析。结果表明，积极词汇（6.95±1.17）和消极词汇（3.03±0.86）的效价差异显著，$F_{(1, 20)} = 101.237$，$p<0.001$；积极词汇（5.75±1.18）和消极词汇（5.22±1.77）的唤醒度不存在显著差异，$F_{(1, 20)} = 3.195$，$p=0.089$。最终筛选出用作实验材料的词汇有40个（包括积极和消极类型各20个），它们的唤醒度基本都在同一水平。词汇图片统一像素为212×115 pixel。

2. 导师辱虐问卷

采用泰珀（Tepper）2000年编制[1]的"辱虐管理问卷"（Abusive supervision scale）的中文版本[2]测量研究生体验到的导师辱虐式管理。该问卷包括15个题项，被试者在7点李克特量表上评价其自身与导师互动的经历符合的程度。在以往研究中，该问卷信度良好，本研究中Cronbach's α系数为0.954。

3. 导师满意度问卷

采用一道题测量研究生对导师的满意度，"你觉得导师对你的指导在多大程

---

[1] Tepper B J. Consequences of abusive supervision [J]. Academy of Management Journal, 2000, 43 (2): 178-190.

[2] 苗青, 陈思静, 宫准, 等. 人力资源管理研究与实践前沿量表手册 [M]. 杭州: 浙江大学出版社, 2015.

度上令你感到满意?"被试者在 7 点李克特量表上作答（1＝非常不满意，7＝非常满意）。

（三）实验程序

被试者来到 ERPs 专用实验室，坐在椅子上，位置距离电脑屏幕大约 80 cm，能够基本平视屏幕中央。统一设置电脑屏幕的颜色和亮度等物理属性，并且 ERPs 专用实验室具有电磁屏蔽的特点，隔音效果也很好。开始正式实验，首先，电脑屏幕上有 500 ms 的"＋"出现，然后出现 14 ms 的姓名启动刺激（导师、朋友、权威人士为毛泽东，权威人士以下简称为权威），接着 300 ms 的空屏，最后出现红色或绿色的词汇，时间为 1000 ms。之后出现空屏，以清理上一张图片的残留视觉影响，时间是 300 ms，这一个 trial 结束，再呈现注视点进入下一个 trial。被试者的任务是尽快对词汇的颜色进行判断并按键反应，而不用理会词汇的意思，红色词汇按按键"1"，绿色词汇按按键"2"。三类人物姓名和带有颜色的词汇出现的概率均相等。具体流程见图 5-1。

实验材料采用 E-Prime 软件来呈现。设置了 8 个练习任务，确定被试者明白实验操作。实验有 2 个 block，共有 320 个实验试次（trial），每个 block 中的实验试次相同。实验包括 8 个任务（刺激组合），每个任务各有 40 个 trial。每个 block 结束后被试者休息。正式实验约 10 分钟。最后进行导师辱虐行为、导师满意度的调查，并与 ERP 实验结果相互印证。

实验假设：对导师持有积极态度的研究生对积极词汇判断的反应时间更短，正确率更高，且在积极词汇判断时诱发更大的 ERP 波峰。

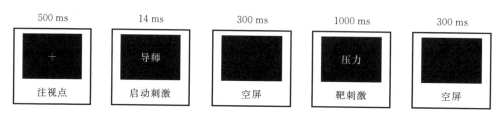

图 5-1　Stroop 启动实验的流程（一个消极 trial 示例）

（四）ERP 数据记录与分析

本研究采用 64 导的电极帽记录被试者脑电信号，参考电极是两只耳朵的乳突位置的电极点（双侧乳突平均参考），接地点在 FPZ 和 FZ 连线的中点，眼电（IO）的记录点为左眼睛眼尾外大约 1.5 cm 的电极点。64 导电极帽上的每个电极点和被试者大脑头皮之间的电阻都应控制在 5kΩ 之内，采集脑电信号的频率为

500Hz/导，记录脑电信号需要连续进行，0.05~80 Hz 的区间范围是本研究采用的滤波带通，并且对筛选得来的数据进行离线处理。只对被试者正确进行实验反应的 trail 进行分析，对不良脑电信号波段进行剔除，剔除波幅在 ±80 μV 范围之外的被试者脑电信号和眼球运动（转动和眨眼）的伪迹数据。

参考本研究中实验任务引起的 ERPs 活动的具体情形，离线处理实验记录得到的脑电信号，并对其进行叠加平均处理。选取进行实验分析的脑电波段为图片出现到之后 800 ms 的波段，并且选取起点之前的 200 ms 的波段进行基线校正，对 8 类刺激组合下的脑电 EEG 信号分别进行处理。参考以往 ERPs 研究的文献，以及本研究的总平均图和地形图，选取的脑电成分代表的电极点和相应的时间段如下。P2：100~200 ms，记录脑区为中央区（C3，C4，Cz）、顶中区（CP3，CP4，CPz）；N2：180~280 ms，记录脑区为额叶（F3，F4，Fz）、中央区（C3，C4，Cz）、顶叶（P3，P4，Pz）。对行为结果和 ERPs 成分的波峰和潜伏期结果分别进行方差分析，采用 Greenhouse Geisser 法对方差分析的 p 值进行校正。

三、结果

（一）行为数据

对按键反应的准确率进行"3（姓名启动：导师、权威、朋友）×2（效价：积极、消极）"的两因素被试内设计方差分析，结果可见主效应、交互作用均不显著。同样地，针对反应时的两因素方差分析所有结果均不显著。

（二）P2 波峰

对 P2 波峰进行"3 姓名启动（导师、权威、朋友）×2 效价（积极、消极）×2 脑区（中央区、顶中区）"三因素被试内设计方差分析。可见姓名启动的主效应显著，$F_{(2, 124)} = 3.682$，$p = 0.028$，$\eta_p^2 = 0.056$。Sidak 校正的事后检验表明，导师姓名启动激发的 P2 波峰显著强于权威启动（$p = 0.047$），与朋友启动差异不显著（$p = 0.720$），权威与朋友姓名两个条件之间差异不显著（$p = 0.175$）。为进一步直接检验假设，此处设置事前对照（planned contrast），将导师与朋友视为一个整体与权威比较，结果可见权威启动诱发的波峰确实显著低于导师和朋友姓名刺激诱发的波峰，$F_{(1, 62)} = 6.538$，$p = 0.013$，$\eta_p^2 = 0.095$。脑区的主效应显著，$F_{(2, 124)} = 132.134$，$p < 0.001$，$\eta_p^2 = 0.681$。简单效应分析可见中央区波峰显著强于顶中区。

最后，三因素交互边缘显著，$F_{(2, 124)} = 2.639$，$p = 0.077$，$\eta_p^2 = 0.041$。

对此简单交互作用分析可见，在权威启动条件下，脑区和效价的交互作用显著，$F_{(1, 62)} = 4.580$，$p = 0.036$，$\eta_p^2 = 0.069$，而在其他两类启动（导师和朋友）条件下，这一简单交互均不显著。对此，进一步分析可见，对于积极刺激，中央区激活程度强于顶中区，差异显著；而对于消极刺激，中央区激活程度仍显著强于顶中区，但差异程度略低（均值差异 = 1.596，$p < 0.001$）。其余主效应和二项交互作用均不显著。

对 P2 潜伏期进行"3 姓名启动（导师、权威、朋友）×2 效价（积极、消极）×2 脑区（中央区、顶中区）"三因素被试内设计方差分析。结果表明，姓名启动的主效应显著，$F_{(2, 124)} = 15.843$，$p < 0.001$，$\eta_p^2 = 0.204$，简单效应分析可见，权威启动条件下的潜伏期显著短于导师和朋友，导师和朋友之间差异不显著（$p = 0.297$）。效价的主效应边缘显著，$F_{(2, 124)} = 3.060$，$p = 0.085$，$\eta_p^2 = 0.047$，积极词汇条件下潜伏期略短于消极词汇条件下。

其余主效应、二项交互作用和三项交互作用均不显著。

（三）N2 波峰

对 N2 波峰进行"3 姓名启动（导师、权威、朋友）×2 效价（积极、消极）×3 脑区（额叶、中央区、顶叶）"三因素被试内设计方差分析。可见姓名启动的主效应显著，$F_{(2, 124)} = 24.637$，$p < 0.001$，$\eta_p^2 = 0.284$。Sidak 校正的事后检验表明，姓名启动时，权威（Mean = −0.575 μV，SE = 0.380）和朋友（Mean = −0.072 μV，SE = 0.355）诱发波峰均强于导师（Mean = 1.010 μV，SE = 0.337；$p < 0.001$），而权威与朋友之间差异不显著（$p = 0.110$）。脑区的主效应显著，$F_{(2, 124)} = 8.708$，$p = 0.003$，$\eta_p^2 = 0.123$。Sidak 校正的事后检验表明，顶叶的波峰显著强于中央区（$p = 0.002$）和额叶（$p = 0.010$），中央区与额叶之间差异不显著（$p = 0.158$）。

目标与效价的两因素交互显著，$F_{(2, 124)} = 3.771$，$p = 0.026$，$\eta_p^2 = 0.057$。简单效应分析可见，当启动刺激为导师姓名时，积极词汇诱发的波峰显著强于消极词汇（$p = 0.007$），而这一差异在权威和朋友姓名启动时均不显著（$p = 0.165$）。脑区与姓名启动的两因素交互边缘显著，$F_{(2, 124)} = 2.643$，$p = 0.066$，$\eta_p^2 = 0.041$。总体可见姓名启动的简单主效应在顶叶上略弱于额叶与中央区。其余主效应、交互作用均不显著。

对 N2 潜伏期进行"3 姓名启动（导师、权威、朋友）×2 效价（积极、消极）×3 脑区（额叶、中央区、顶叶）"三因素被试内设计方差分析。可见姓名启动的主效应显著，$F_{(2, 124)} = 7.875$，$p = 0.001$，$\eta_p^2 = 0.113$，具体而言，导师姓名启动条件下潜伏期显著长于权威启动（$p = 0.002$）和朋友启动，但权威和朋友启动仅达到边缘显著（$p = 0.062$）。脑区的主效应显著，$F_{(2, 124)} = 21.164$，$p < 0.001$，$\eta_p^2 = 0.254$，具体可见顶叶潜伏期显著短于中央区（$p < 0.001$），而中央区潜伏期又显著短于额叶（$p < 0.001$）。

姓名启动与脑区的二项交互显著，$F_{(2, 124)} = 8.008$，$p < 0.001$，$\eta_p^2 = 0.114$，简单效应分析可见，导师和朋友姓名启动条件下，N2潜伏期在顶叶最短，中央区次之，而额叶潜伏期最长，但三个脑区潜伏期的差异在权威启动条件下完全不显著（$p = 0.217$）。从另一个角度分析这一交互作用，可见在导师启动条件下额叶潜伏期长于朋友启动，而朋友启动又长于权威启动；但在中央区，仅可见导师启动条件下潜伏期显著长于朋友启动；在顶叶可见三种不同启动的潜伏期差异均不再显著。

脑区与效价的二项交互显著，$F_{(2, 124)} = 3.245$，$p = 0.050$，$\eta_p^2 = 0.050$。简单效应分析可见，呈现积极词汇时，额叶潜伏期最长，中央区其次，顶叶最短，而这一潜伏期的差异在呈现消极词汇时变得更突出。通过将中央区与顶叶的平均潜伏期比较可以看出（$F_{(1, 62)} = 4.688$，$p = 0.034$，$\eta_p^2 = 0.070$），额叶上积极与消极词汇之间差异不显著，但中央区与顶叶合并后积极词汇的潜伏期则显著长于消极词汇的潜伏期。

3姓名启动（导师、权威、朋友）×2效价（积极、消极）各个条件下的ERP波形图及地形图分别如图5-2和5-3所示。

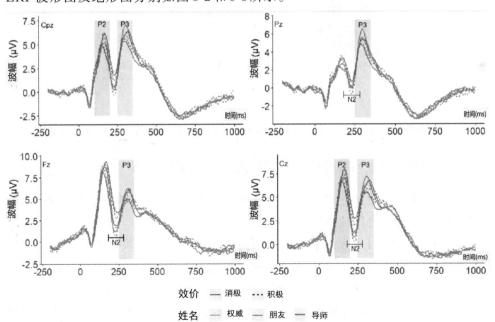

图5-2　3姓名启动（导师、权威、朋友）×2效价（积极、消极）各个条件下的ERP波形图

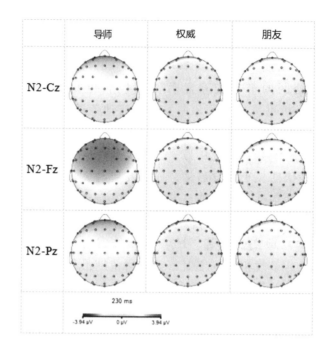

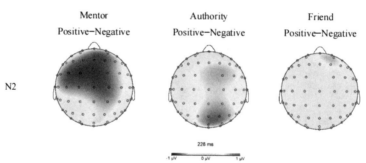

图5-3 3姓名启动（导师、权威、朋友）×2效价（积极、消极）各个条件下的ERP地形图

（四）ERP成分与导师辱虐、导师满意度的关联分析

本研究进一步使用导师辱虐行为量表的平均分与导师满意度的调查结果，考察其与ERP成分之间的关联。

如表5-1与图5-4所示，相关性分析可见，导师辱虐与被试者加工所有对象时的P2成分均呈负相关，对相关系数进行检验，可见这一负相关模式在不同姓名启动、效价之间没有显著差异，$\chi^2_{(11)} = 1.16$，$p > 0.999$。因此，较高的导师辱虐经历得分（简称导师辱虐）会导致被试者在P2成分波峰降低，但未达到显著水平。此外，导师辱虐与N2成分无显著相关性，外显评价的导师满意度也与

P2、N2成分无显著相关性。

通过混合模型（mixed model）考察导师辱虐在效价、脑区以及姓名启动的效应中引发的调节效应。结果表明，除导师辱虐显著负向预测P2波峰（$b = -1.570$, $t = -2.306$, $p = 0.025$）外，涉及导师辱虐的所有交互作用均不显著。

表 5-1　ERP成分与导师辱虐、导师满意度的相关性分析

成分	脑区	姓名启动	无关词效价	导师辱虐	导师满意度
P2	C	导师	积极	−0.333*	0.125
P2	C	导师	消极	−0.280*	0.105
P2	CP	导师	积极	−0.299*	0.141
P2	CP	导师	消极	−0.251†	0.095
P2	C	权威	积极	−0.327*	0.107
P2	C	权威	消极	−0.270*	0.014
P2	CP	权威	积极	−0.324*	0.169
P2	CP	权威	消极	−0.205	0.059
P2	C	朋友	积极	−0.334*	0.110
P2	C	朋友	消极	−0.321*	0.167
P2	CP	朋友	积极	−0.292*	0.166
P2	CP	朋友	消极	−0.289*	0.170
N2	C	导师	积极	−0.149	0.193
N2	C	导师	消极	−0.069	0.180
N2	F	导师	积极	−0.020	0.081
N2	F	导师	消极	−0.001	0.052
N2	CP	导师	积极	−0.191	0.200
N2	CP	导师	消极	−0.090	0.169
N2	C	权威	积极	−0.023	0.071
N2	C	权威	消极	0.014	0.034
N2	F	权威	积极	0.064	−0.084
N2	F	权威	消极	0.084	−0.041
N2	CP	权威	积极	−0.085	0.132
N2	CP	权威	消极	0.028	0.014

续表

成分	脑区	姓名启动	无关词效价	导师辱虐	导师满意度
N2	C	朋友	积极	0.022	0.082
N2	C	朋友	消极	0.010	0.170
N2	F	朋友	积极	0.095	0.002
N2	F	朋友	消极	0.063	0.160
N2	CP	朋友	积极	0.019	0.078
N2	CP	朋友	消极	−0.040	0.112

注：*，$p<0.05$；†，$p<0.1$。

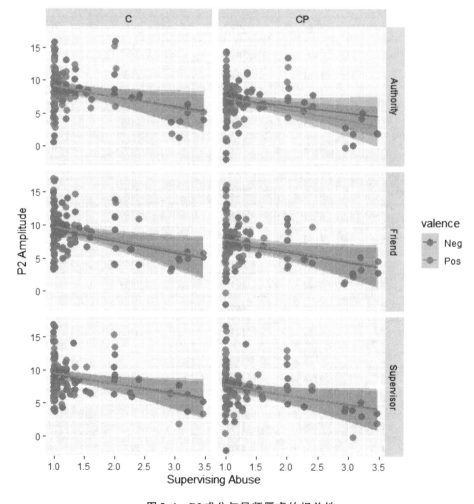

图 5-4　P2 成分与导师辱虐的相关性

四、讨论

本研究拟通过事件相关电位考察研究生对导师的自动反应以及内隐情感态度。基于这一目标，本研究中被试者在不同类型姓名启动（导师、权威、朋友）后，对情感效价词汇执行无关任务，同时记录期间诱发的事件相关电位的时间进程（time course）、波峰（amplitude）及地形图（topography）。结果可见，导师姓名与朋友姓名启动相对于权威姓名启动诱发了更强的P2波峰，在N2波峰上，导师姓名比朋友和权威姓名诱发的波峰更弱。此外，与消极词汇搭配的情况相比，导师姓名与积极词汇搭配时诱发了更强的N2波峰。

本研究中，与权威姓名相比，导师和朋友姓名启动共同诱发了更强的P2波峰，导师与朋友之间的差异不显著。考虑到P2与注意分配有密切关系[1]，这一结果表明导师与朋友姓名相对而言更加凸显，因而在注意分配过程中获得了更多注意资源，在神经层面引发了更深入的加工。在以往研究中，P2波峰以及晚期P1波峰的升高常伴随一系列关键刺激属性，如刺激的罕见程度[2]、较近的空间距离以及刺激较突出的情感强度[3][4][5][6]等。因此，P2可能反映的是个体快速判断在当下环境中与自身关系密切、存在互动必要性的刺激，并对其给予较多注意。基于偏差竞争模型（biased competition model）[7]提出的社会信息加工混合模型认为，人们受优先性目标的作用[8]，在认知加工时会受到多重因素的影响，其中最凸显、最符合当前内部与外部条件的线索会受到重视，这一自上而下的

---

[1] Seib-Pfeifer L-E, Gibbons H. Independent ERP predictors of affective priming underline the importance of depth of prime and target processing and implicit affect misattribution [J]. Brain and Cognition, 2019, 136: 103595.

[2] Luck S J, Hillyard S A. Electrophysiological correlates of feature analysis during visual search [J]. Psychophysiology, 1994, 31 (3): 291-308.

[3] Bar-Haim Y, Lamy D, Glickman S.Attentional bias in anxiety: A behavioral and ERP study [J]. Brain and Cognition, 2005, 59 (1): 11-22.

[4] Eldar S, Yankelevitch R, Lamy D, et al. Enhanced neural reactivity and selective attention to threat in anxiety [J]. Biological Psychology, 2010, 85 (2): 252-257.

[5] Kissler J, Assadollahi R, Herbert C.Emotional and semantic networks in visual word processing: Insights from ERP studies [J]. Progress in Brain Research, 2006, 156: 147-183.

[6] Leppänen J M, Kauppinen P, Peltola M J, et al. Differential electrocortical responses to increasing intensities of fearful and happy emotional expressions [J]. Brain Research, 2007, 1166: 103-109.

[7] Desimone R, Duncan J. Neural mechanisms of selective visual attention [J]. Annual Review of Neuroscience, 1995, 18: 193-222.

[8] Ramsey R, Ward R. Putting the nonsocial into social neuroscience: A role for domain-general priority maps during social interactions [J]. Perspectives on Psychological Science, 2020, 15 (4): 1076-1094.

过程影响对刺激属性的注意分配的思路一直贯穿于对注意加工的研究中。①②③本研究中的权威人士对被试者而言是时间与空间上相对遥远的著名历史人物，而导师与朋友是其现实生活中的潜在互动对象，对被试者更为重要，故而在加工早期引发被试者更多的注意分配。

此外，本研究还发现在N2波峰上，导师姓名比朋友和权威姓名诱发的波峰更弱，并且导师姓名启动与情感词效价之间存在交互作用，导师姓名启动后，积极词汇激发的N2波峰强于消极词汇。这一系列结果大体上与以往对N2的研究结果相符。在相关文献中，N2主要反映了刺激的新异性与熟悉性、预期违反、认知控制等。④⑤⑥⑦⑧一般而言，对于新异性程度较低、被试者熟悉的刺激物，N2波峰一般较弱⑨。但值得注意的是，在一项任务中，刺激的"新异性"不一定指其客观上的新奇或罕见程度，而是相对于实验环境中的短期（实验诱发）和长期情境（被试者的长期特征）而言的特殊（deviant）或不熟悉。⑩在本研究中，被试者作为研究生，参加实验时是在求学期间，其与导师的互动是更加日常的经验；相反，本研究中要求被试者提供一位朋友姓名，并未指定其朋友的亲密程度以及其所在的城市，所以相对于导师而言，朋友的姓名在被试者所处的科研环境中出现可能显得与环境不符，从而成为新异刺激。

---

①Desimone R，Duncan J.Neural mechanisms of selective visual attention [J]. Annual Review of Neuroscience，1995，18：193-222.

②Maunsell J H R. Neuronal mechanisms of visual attention[J]. Annual Review of Vision Science，2015，1：373-391.

③Moore T，Zirnsak M. Neural mechanisms of selective visual attention [J]. Annual Review of Psychology，2017，68：47-72.

④Ernst L H，Ehlis A-C，Dresler T，et al. N1 and N2 ERPs reflect the regulation of automatic approach tendencies to positive stimuli [J]. Neuroscience Research，2013，75（3）：239-249.

⑤Folstein J R，van Petten C. Influence of cognitive control and mismatch on the N2 component of the ERP：A review [J]. Psychophysiology，2008，45（1）：152-170.

⑥Lu J H，Peng X Z，Liao C，et al.The stereotype of professional roles influences neural responses to moral transgressions：ERP evidence [J]. Biological Psychology，2019，145：55-61.

⑦Luck J. Electrophysiological correlates of the focusing of attention within complex visual scenes：N2pc and related ERP components [A]. Kappenman E S，Luck S J. The Oxford handbook of event-related potential components[C]. New York：Oxford University Press，2011.

⑧Patel S H，Azzam P N. Characterization of N200 and P300：Selected studies of the event-related potential [J]. International Journal of Medical Sciecne，2005，2（4）：147-154.

⑨Proverbio A M，Vanutelli M E，Vigano S.Remembering faces：The effects of emotional valence and temporal recency [J]. Brain and Cognition，2019，135：103584.

⑩Folstein J R，van Petten C. Influence of cognitive control and mismatch on the N2 component of the ERP：A review [J]. Psychophysiology，2008，45（1）：152-170.

另外，考虑到N2与预期违背、认知控制的密切关系，导师姓名启动后，积极词汇条件下诱发被试者更强的N2反应，表明"导师"与一系列积极词汇并列呈现时认知冲突程度更大。在内隐社会认知的研究文献中，启动刺激与属性刺激的不一致时要求更高级认知控制的参与（如反应抑制），这一方面降低了相关的行为反应准确率、增加反应时[1][2][3]，另一方面体现在脑电标记物上，如N2[4]。本研究中首次发现研究生对"导师-积极词汇"的N2反应更强，可以从这一角度得到解释。值得注意的是，本研究的行为任务是无关任务，不同于内隐联想测验等内隐认知任务，因此在本研究中行为结果上未发现与脑机制相对应的结果。未来研究可以结合IAT任务与ERP共同考察被试者对导师姓名启动的反应。

结合被试者对导师辱虐和导师满意度的评分，本研究发现被试者对导师辱虐的评分会导致被试者在几乎所有实验条件下的P2波峰均下降，而研究生对导师的外显满意度评价与ERP成分之间无明显关联。这一发现首次表明导师对研究生的辱虐行为不仅可能影响研究生的心理健康与学业表现，甚至会对其早期认知过程的脑部活动机制产生影响。对这一发现的解释可以从创伤后应激障碍的脑部活动机制研究中获得启发。创伤后应激障碍的事件相关电位研究表明，P200成分确实是许多研究关注的焦点，但PTSD（post-traumatic stress disorder）对P200成分的影响结论并不一致。[5]有研究发现，呈现创伤相关刺激会提升PTSD患者的P200波峰。但也有研究发现，PTSD患者的P200波峰强度会下降，且在不同刺激类型之间不存在明显区别，即创伤经历导致了无差别的P200波峰下降[6]，本研究的结果与此研究结果相符。目前，关于创伤经历对P200影

---

[1] Greenwald A G, Nosek B A, Banaji M R. Understanding and using the Implicit association test: I. An improved scoring algorithm [J]. Journal of Personality and Social Psychology, 2003, 85 (2): 197-216.

[2] Payne B K, Gawronski B. A history of implicit social cognition: Where is it coming from? Where is it now? Where is it going? [A]. Gawronski B, K. Payne B. Handbook of implicit social cognition[C]. New York: Guilford Publication, Inc, 2010.

[3] Sherman J W, Gawronski B, Gonsalkorale K, et al. The self-regulation of automatic associations and behavioral impulses [J]. Psychological Review, 2008, 115 (2): 314-335.

[4] Ernst L H, Ehlis A-C, Dresler T, et al. N1 and N2 ERPs reflect the regulation of automatic approach tendencies to positive stimuli [J]. Neuroscience Research, 2013, 75 (3): 239-249.

[5] Javanbakht A, Liberzon I, Amirsadri A, et al. Event-related potential studies of post-traumatic stress disorder: A critical review and synthesis [J]. Biology of Mood & Anxiety Disorders, 2011, 1 (1): 5.

[6] Wessa M, Karl A, Flor H. Central and peripheral psychophysiological responses to trauma-related cues in subclinical posttraumatic stress disorder: A pilot study [J]. Experimental Brain Research, 2005, 167 (1): 56-65.

响不一致的结论可能与不同研究使用的任务范式不同有关，需要更多后续研究综合比较不同的实验范式，找出引发不同研究结果的影响因素，以进一步明确P200成分与辱虐、创伤等经历对个体的影响之间的关系。

本研究存在如下研究局限：首先，本研究被试者以硕士生为主，博士生较少。由于博士生往往有较强学术抱负，导师与博士生的关系可能更为紧密，双方互动交流的机会可能更多，可能带来更为两极化的导学关系。未来研究可以考虑更好地平衡硕士与博士生的比例，并考察其对导师的感知模式是否存在明显差异。其次，不同专业类别的研究生培养模式可能存在差异，本研究被试者来源于不同专业，每个专业人数较少，无法对专业差异做全面考察。未来研究可以寻找不同专业中潜在影响导学关系的模式，以此进一步考察其神经机制。

第二节 抑郁倾向影响导学关系词汇信息加工的神经机制

一、问题提出

抑郁是一种体验到持续低落的情绪状态。抑郁个体明显对负性事件存在认知偏向，表现为对消极刺激产生选择性注意[1][2]，记忆、存储和提取更多的负性信息[3]，并倾向于用负性的思维方式加工和解释输入的信息[4]。这种负性认知偏向不仅被抑郁情绪影响，而且还受自我相关刺激影响。在自我参照研究领域，常采用自我、母亲、权威和他人作为刺激，结果发现，大脑对自我相关的负性刺激得到更强的激活，而且自我参照包含母亲成分，对母亲的负性刺激同样得

---

[1] Koster E H W, Leyman L, De Raedt R, et al. Cueing of visual attention by emotional facial expressions: The influence of individual differences in anxiety and depression [J]. Personality and Individual Differences, 2006, 41 (2): 329-339.

[2] Kellough J L, Beever C G, Ellis A J, et al. Time course of selective attention in clinically depressed young adults: An eye tracking study [J]. Behaviour Research and Therapy, 2008, 46 (11): 1238-1243.

[3] Williams J M G, Barnhofer T, Crane C, et al. Autobiographical memory specificity and emotional disorder [J]. Psychological Bulletin, 2007, 133 (1): 122-148.

[4] Holmes E A, Lang T J, Deeprose C. Mental imagery and emotion in treatment across disorders: Using the example of depression [J]. Cognitive Behaviour Therapy, 2009, 38 (1): 21-28.

到更强的激活。①②

研究生教育阶段，学生面对的主要人际关系就是与指导老师之间的关系，简称导学关系。导学关系是师生关系衍生的一种更为复杂、特殊的集学术、科研、生活、情感、道德、经济等于一体的人际关系。导学关系呈现出如权威型、和谐型、松散型、功利型、冷漠型③、纯学术研究型、老板雇员型、平等朋友型、父母子女型④等多种类型。据此，本研究将导学关系刺激划分为积极和消极两类。在词典里筛选出描述导学关系类型的各类词汇，词汇效价评价为积极、消极的分别作为积极、消极导学关系词汇刺激。

近年来，导学关系不和谐的情况多有发生，并受多方面因素影响，如导师的指导风格、学术水平⑤，研究生的认知水平、心理状态⑥，导师与研究生的沟通差异、动机差别⑦等。由于高校学生成为抑郁症的高发群体，负性认知偏向不仅会加重个体的抑郁情绪，不利于个体的心理健康；而且对导学关系中不和谐因素的过分关注，也不利于和谐导学关系的构建⑧。因此，有必要探讨抑郁倾向研究生是否对导学关系刺激同样存在负性认知偏向。尽管大量研究发现，抑郁个体的负性认知偏向受刺激效价和自我相关刺激属性影响，但导师作为一种重要的人际关系，与母亲等刺激相比，仍不清楚研究生是否对导师存在注意偏向，以及对导学关系刺激的负性认知偏向是否会受导师影响。以往少有研究关注抑郁倾向研究生对导学关系的认知。为此，本研究采用眼动和ERPs技术，探究抑郁倾向研究生对导学关系负性认知偏向的行为和神经机制。这有助于抑郁倾向研究生认识个体差异特征并把握自身认知特点，对其心理健康教育具有借鉴意义，且对深化和扩展导学关系在心理咨询领域的应用具有现实价值。

对负性刺激的注意偏向是负性认知偏向的主要表现之一。注意偏向由注意

---

① 丁小斌，王睿，康铁君，等.他人面孔情绪知觉中自我参照与母亲参照的一致性：来自ERP的证据[J].心理学报，2020，52（6）：694-705.

② 何振宏，张丹丹，罗跃嘉.抑郁症人群的心境一致性认知偏向[J].心理科学进展，2015，23（12）：2118-2128.

③ 许克毅，叶城.当代研究生透视[M].西安：陕西人民出版社，2002.

④ 陈世海，宋辉，滕继果.高校导师与研究生关系研究——以华中地区某高校为个案[J].青年探索，2003（6）：27-30.

⑤ 周文辉，张爱秀，刘俊起，等.我国高校研究生与导师关系现状调查[J].学位与研究生教育，2010（9）：7-14.

⑥ 程华东，曹媛媛.研究生教育导生关系反思与构建[J].学位与研究生教育，2019（06）：13-18.

⑦ 蔡茂华.大众化教育下研究生与导师关系的调查与分析[J].教育与职业，2013（14）：182-183.

⑧ 秦莹，屈晓婷.基于立德树人的新时代研究生导学关系建构研究[J].辽宁大学学报（哲学社会科学版），2019，47（6）：1-5.

定向加速或警觉、注意解除困难和注意回避等成分组成。①注意定向加速或警觉指抑郁个体能够更快地将注意指向负性刺激；注意解除困难指抑郁个体很难停止对负性刺激的注意加工，在负性刺激上的注意时间较长；注意回避指抑郁个体能够优先避开负性刺激，将注意指向负性刺激以外的位置。②③研究者采用自由观看范式（free viewing），追踪被试者完成任务时的眼球运动轨迹，采集被试者对各种实验刺激的注视时间、注视次数等数据，能直接测量其注意加工过程。④比如，首次注视时间（time to first fixation，TFF）指首个注视点落到某兴趣区上所需的时间，常反映注意定向加速和注意回避；首次注视持续时间（first fixation duration，FFD）指第一个落在某兴趣区的注视点的持续时间，总注视时间（total fixation duration，TFD）指落在某兴趣区内所有注视点持续时间的总和，两者常反映注意脱离困难。⑤因此，实验一采用眼动技术，研究抑郁倾向研究生对导师的注意偏向特点。

对于认知偏向的加工进程及其神经机制，以往研究者采用ERPs技术展开了大量研究。主要表现为相比健康对照组，抑郁个体对负性刺激产生异常的P1、P2、N1、N2、P300等ERP波幅。⑥⑦⑧⑨Yang等人发现，与对照组相比，抑郁患者对消极刺激比对积极刺激有更高的N2波峰和更低的P3波峰，表明负性偏向

---

①Sheppes G，Luria R，Fukuda K，et al. There's more to anxiety than meets the eye：Isolating threat-related attentional engagement and disengagement biases [J]. Emotion，2013，13（3）：520-528.

②白玉，杨海波.创伤后应激障碍个体对威胁刺激的注意偏向：眼动研究的证据[J].心理科学进展，2021，29（4）：737-746.

③张禹，罗禹，赵守盈，等.对威胁刺激的注意偏向：注意定向加速还是注意解除困难？[J].心理科学进展，2014，22（7）：1129.

④Duque A，Vázquez C.Double attention bias for positive and negative emotional faces in clinical depression：Evidence from an eye-tracking study [J]. Journal of Behavior Therapy and Experimental Psychiatry，2015，46：107-114.

⑤Li Z，Sun X，Zhao S C，et al. Integrating eye-movement analysis and the semantic differential method to analyze the visual effect of a traditional commercial block in Hefei，China [J]. Frontiers of Architectural Research，2021，10（2）：317-331.

⑥Bistricky S L，Atchley R A，Ingram R，et al. Biased processing of sad faces：An ERP marker dandidate for depression susceptibility [J]. Cognition & Emotion，2014，28（3）：470-492.

⑦Delle-Vigne D，Wang W，Kornreich C，et al.Emotional facial expression processing in depression：Data from behavioral and event-related potential studies [J]. Neurophysiologie Clinique-Clinical Neurophysiology，2014，44（2）：169-187.

⑧Olofsson J K，Nordin S，Sequeira H，et al.Affective picture processing：An integrative review of ERP findings [J]. Biological Psychology，2008，77（3）：247-265.

⑨Yang W H，Zhu X Z，Wang X，et al. Time course of affective processing bias in major depression：An ERP study [J]. Neuroscience Letters，2011，487（3）：372-377.

在后期策略评估阶段出现。[1]其他的抑郁ERP研究得出不一致的结论。如，Bistricky等人发现，抑郁个体对负性刺激表现出更大的P3波峰，反映了对负性信息的加工偏向。[2]尽管大量研究发现抑郁个体存在负性认知偏向，但其认知加工特点和背后的神经机制并不清楚。此外，认知偏向研究常采用Stroop、情绪启动和点探测等经典的研究范式。当启动刺激仅呈现几毫秒时，所得到的情绪启动效应更强，即所谓的阈下情绪启动。[3]因此，实验二运用脑电技术，采用阈下启动范式呈现导师等姓名启动刺激，并且结合Stroop范式的内隐任务，让被试者忽视导学关系词汇属性，仅判断词汇颜色。一方面探查研究生对导师注意偏向的加工进程，验证实验一的结果；另一方面进一步探讨抑郁倾向研究生对导学关系的负性认知偏向，以及导师姓名阈下启动对导学关系负性认知偏向的影响及其神经机制。

综上所述，本文通过抑郁量表评估被试者的抑郁倾向水平，并取抑郁量表上相对高分者和低分者即为高、低抑郁倾向者。借鉴自我参照研究范式，设置了导师、母亲、朋友、权威姓名4个条件，结合眼动和脑电技术探查抑郁情绪对导学关系刺激认知加工的影响。本研究结果可为当下研究生的心理健康教育提供实证依据，并进一步深化导学关系在认知神经科学领域的研究。

二、实验一：抑郁倾向对导师姓名注意偏向的影响

（一）方法

1. 被试者

采用流调中心用抑郁量表[4]（center for epidemiological studies depression scale, CES-D）的中文修订版（内部一致性系数为0.92）筛选被试者，共收集1496份问卷，其中795人有意向参与后续实验。再以抑郁量表得分排序的前、后各27%为标准，给意向被试者发招募邮件，最终43名被试者自愿参加了实验。3名被试者数据因眼动追踪指标低于85%、6名被试者因部分眼动数据缺失

---

[1] Yang W H, Zhu X Z, Wang X, et al. Time course of affective processing bias in major depression: An ERP study [J]. Neuroscience Letters, 2011, 487 (3): 372-377.

[2] Bistricky S L, Atchley R A, Ingram R, et al. Biased processing of sad faces: An ERP marker candidate for depression susceptibility [J]. Cognition & Emotion, 2014, 28 (3): 470-492.

[3] Baars B J, McGovern K. Does philosophy help or hinder scientific work on consciousness? [J] Consciousness and Cognition, 1993, 2 (1): 18-27.

[4] 吴文峰，李婷，卢永彪，等.大学生社会比较倾向与抑郁：人际自立影响的性别差异[J].心理科学，2019，42（03）：591-597.

而被剔除。最终，分析剩余的34个数据（16男、18女）。其中，高抑郁倾向研究生16名（Mean± SD = 2.48 ± 0.34），低抑郁倾向研究生18名（Mean ± SD = 1.35 ± 0.21），年龄在21～26岁之间（Mean±SD= 23.12±0.91岁）。用G*power 3.1.9.4进行统计功率分析（$f = 0.25$，$α = 0.05$，power = 0.80），结果发现每组至少需要12名被试者，实验一样本量满足该要求。

2. 实验材料

实验前向被试者收集其导师、母亲和一个最好的朋友的姓名，权威人物姓名为毛泽东，将其制作成4张同等大小的黑底白字的姓名图片（导师、母亲、朋友、权威）。然后实验刺激由4张图片以四宫格的形式组成。4张图片在四宫格中的位置随机呈现，共形成24张刺激图片。

3. 实验程序

采用E-prime 3.0在19寸显示器上呈现刺激。正式实验包含2个区块（block），每个区块包含24个试次（trial）。每个试次呈现姓名图片四宫格刺激8s，要求被试者在其呈现时间内自由观看。

4. 眼动数据收集与处理

在被试者自由观看刺激的过程中，利用瑞士Tobil Pro Glasses 2头戴式便携眼动追踪设备采集眼动数据，包括首次注视时间、首次注视持续时间、总注视时间。采样频率为100Hz，摄像机分辨率为1920×1080。实验后，采用Tobil Pro Glasses分析软件处理眼动数据，包括制作并导入snapshots、数据叠加和矫正、绘制兴趣区等。

（二）结果

运用SPSS 22.0分析数据。先将被试者抑郁得分作为连续变量与各项眼动指标进行相关性分析。结果发现，抑郁倾向与对导师姓名的首次注视时间显著正相关（$r = 0.42$，$p = 0.014$）（图5-5），与对母亲姓名的首次注视持续时间（$r = 0.54$，$p = 0.001$）和总注视时间显著正相关（$r = 0.44$，$p = 0.009$）。与其余眼动指标的相关性不显著（$p > 0.05$）。再对各眼动指标进行"2抑郁倾向（高抑郁倾向、低抑郁倾向）×4人物姓名（导师、母亲、朋友、权威）"的两因素重复测量方差分析，其中抑郁倾向为被试间变量，人物姓名为被试内变量。总注视时间未发现显著差异（$p > 0.05$），其他结果如下。

1. 首次注视时间

抑郁倾向的主效应显著（$F_{(1, 32)} = 4.71$，$p = 0.037$，$η^2 = 0.128$）。事后比较发现，高抑郁倾向的被试者的首次注视时间显著慢于低抑郁倾向的被试者

($p = 0.037$)。其余的主效应和交互作用不显著（$ps > 0.05$）。

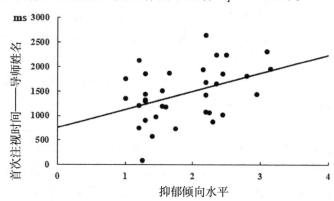

图 5-5　抑郁倾向与对导师姓名的首次注视时间的相关散点图

2. 首次注视持续时间

抑郁倾向与人物姓名之间的交互作用显著（$F_{(3, 96)} = 4.00$，$p = 0.018$，$\eta^2 = 0.111$）。简单效应分析发现，对母亲姓名的首次注视持续时间，高抑郁倾向的被试者显著长于低抑郁倾向的被试者（$p = 0.019$）。其余的主效应和交互作用不显著（$ps > 0.05$）。

3. 小结

实验一发现高抑郁倾向研究生的首次注视时间慢于低抑郁倾向的研究者，说明高抑郁倾向研究生可能存在注意回避，而且抑郁倾向与对导师姓名的首次注视时间正相关，进一步说明这种注意回避尤其表现在对导师上。此外，高抑郁倾向研究生对母亲姓名的首次注视持续时间长于低抑郁倾向者，且抑郁倾向与对母亲姓名的首次注视持续时间和总注视时间正相关，这说明高抑郁倾向研究生对母亲存在注意脱离困难。

三、实验二：抑郁倾向对导学关系刺激认知偏向的影响

实验一发现高抑郁倾向研究生对导师存在注意回避。实验二进一步探查其认知加工进程，并且进一步研究抑郁倾向研究生对导学关系词汇的负性认知偏向，以及导师姓名阈下启动对导学关系词汇负性认知偏向的影响及其神经机制。

（一）方法

1. 被试者

同实验一，以CES-D量表得分排序的前、后各27%为标准，通过邮件招募该得分范围的被试者，最终共有40名被试者自愿参加实验。其中，5名被试者

因行为数据的正确率低于85%，在后续数据分析中被剔除。最终剩余35个数据（17男、18女，其中20人参加过实验一）。其中，高抑郁倾向研究生19名（Mean ± SD = 2.44 ± 0.25），低抑郁倾向研究生16名（Mean ± SD = 1.21 ± 0.11），年龄在22~26岁之间（Mean ± SD = 23.43 ± 0.85岁）。用G*power 3.1.9.4进行统计功率分析（$f = 0.25$，$\alpha = 0.05$，$power = 0.80$），结果发现每组至少需要16名被试者，实验二样本量满足该要求。

2. 实验材料

实验前向被试者收集其导师、母亲和一个最好的朋友的姓名，权威人物姓名为毛泽东。再通过《现代汉语词典》搜集100个与导学关系相关的积极词汇（如信赖）和消极词汇（如剥削）。首先，21名心理学专业学生对词汇的唤醒度（1=非常平静；5=一般；9=非常兴奋）和效价（1=非常消极；5=中性；9=非常积极）进行9级评分。然后，筛选出40个词汇（积极、消极词汇各20个）。其中，积极词汇（6.95 ± 0.26）和消极词汇（3.03 ± 0.19）的效价差异显著，$F_{(1, 20)} = 101.24$，$p < 0.001$，$\eta^2 = 0.835$；积极词汇（5.75 ± 0.26）和消极词汇（5.22 ± 0.39）的唤醒度差异不显著，$F_{(1, 20)} = 3.20$，$p = 0.089$。将其制作为黑底绿字和红字的图片材料，统一像素为212×115 pixel。

3. 实验程序

通过E-Prime 3.0呈现实验刺激，包含练习实验和正式实验。练习实验只有一个区块，包含8个试次。正式实验有2个区块，每个区块包含160个试次。正式实验包括8种刺激组合，即权威姓名启动-积极词汇/消极词汇，导师姓名启动-积极词汇/消极词汇，朋友姓名启动-积极词汇/消极词汇，母亲姓名启动-积极词汇/消极词汇。每种刺激组合出现40次。每个区块结束后休息。正式实验时长约10分钟。每个试次先在屏幕上呈现200 ms的"+"注视点，紧接着呈现200 ms空屏，然后呈现5 ms的姓名启动刺激（导师、母亲、朋友、权威），紧接着呈现14 ms的掩蔽刺激（仅包含AABB），最后呈现1500 ms的红色或绿色的词汇。要求被试者尽快对词汇的颜色进行判断并按键反应，而不用理会词汇的意思，红色词汇按按键1，绿色词汇按按键2。四类人物姓名出现的概率相等，带有颜色的积极和消极词汇出现的概率相等。实验流程如图5-6所示。

图5-6 阈下启动的实验流程图

4. 脑电数据记录与预处理

按照国际 10—20 系统设置的 64 导 Brain Products 脑电设备采集和分析脑电 (electroencephalogram, EEG) 数据。在右眼下眼尾处记录眼电，以 TP9 和 TP10 作为参考电极，接地点在 FPz 和 Fz 连线的中点。电极的电阻均小于 5kΩ，采样频率为 500Hz，连续记录脑电信号，滤波带通为 0.01~35Hz。随后对 EEG 数据进行离线处理 (off-line analysis)。分析时程 (epoch) 为 1000 ms，取词汇刺激出现前的 200 ms 进行基线矫正。之后对眼动伪迹进行矫正，并剔除 ±100 μV 之外的数据。最后对不同刺激条件组合下被试者正确反应的试次分别进行叠加平均。

参考有关 ERPs 文献，并根据研究目的以及 ERPs 脑电数据的总平均波形图（图5-7），本研究选取 ERPs 成分及其代表性电极点和时间窗如下。N2 成分（180~280 ms）电极点包括额叶（Fz、F1、F2）和中央区（Cz、C1、C2）。P3 成分（260~330 ms）电极点包括顶中区（CPz、CP1、CP2）顶叶（Pz、P1、P2）。

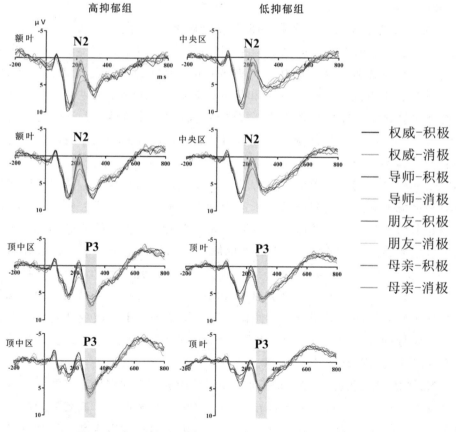

图 5-7　高、低抑郁倾向组在不同条件下的 ERPs 波形图

(二)结果

1. 行为结果

对反应时和正确率分别进行"2抑郁倾向(高抑郁倾向、低抑郁倾向)×4姓名启动(导师、母亲、朋友、权威)×2词汇属性(积极、消极)"的三因素重复测量方差分析。反应时的分析结果表明,词汇属性的主效应显著($F_{(1, 33)} = 7.98$, $p = 0.008$, $\eta^2 = 0.195$)。事后比较发现,积极词汇(476.43 ± 9.24 ms)的反应时显著长于消极词汇(469.16 ± 9.00 ms)($p = 0.008$)。正确率未发现显著差异结果($p > 0.05$)。

2. ERP结果

分别从不同脑区(N2:额叶、中央区,P3:顶中区、顶叶)对两者进行"2抑郁倾向(高抑郁倾向、低抑郁倾向)×4姓名启动,(导师、母亲、朋友、权威)×2词汇属性(积极、消极)"的三因素重复测量方差分析。

1)N2成分

N2波峰结果表明,姓名启动的主效应显著(额叶:$F_{(3, 99)} = 14.09$, $p < 0.001$, $\eta^2 = 0.299$;中央区:$F_{(3, 99)} = 12.91$, $p < 0.001$, $\eta^2 = 0.281$)。事后比较发现,权威姓名启动(额叶、中央区:$p < 0.001$)、朋友姓名启动(额叶:$p = 0.013$;中央区:$p = 0.006$)和母亲姓名启动(额叶、中央区:$p < 0.001$)的波峰均显著大于导师姓名启动。权威姓名启动的波峰显著大于朋友姓名启动(额叶:$p = 0.041$)。抑郁倾向、姓名启动和词汇属性的交互作用边缘显著(额叶:$F_{(3, 99)} = 2.87$, $p = 0.052$, $\eta^2 = 0.08$;中央区:$F_{(3, 99)} = 2.66$, $p = 0.055$, $\eta^2 = 0.075$)。简单效应分析发现,在导师启动条件下,高抑郁倾向被试者对积极词汇诱发的波峰显著大于消极词汇(额叶、中央区:$p = 0.028$);在权威姓名启动条件下,低抑郁倾向被试者对积极词汇诱发的波峰显著大于消极词汇(额叶:$p = 0.044$)。对于高抑郁倾向,消极词汇条件下,权威姓名启动(额叶:$p < 0.001$;中央区:$p = 0.028$)、朋友姓名启动(额叶:$p = 0.014$;中央区:$p = 0.002$)和母亲姓名启动(额叶、中央区:$p = 0.001$)的波峰显著大于导师姓名启动。对于低抑郁倾向,积极词汇条件下,权威姓名启动的波峰显著大于导师姓名启动(额叶:$p < 0.001$;中央区:$p = 0.002$)。其余的主效应和交互作用均不显著($ps > 0.05$)。

N2潜伏期结果表明,抑郁倾向、姓名启动和词汇属性的重复测量发现,三者的交互作用、主效应无显著差异($p > 0.05$)。在额叶区,姓名启动的主效应显著($F_{(3, 99)} = 5.80$, $p = 0.003$, $\eta^2 = 0.149$)。事后比较发现,导师姓名启动的潜伏期显著长于权威姓名启动（$p = 0.022$）。其余的主效应和交互作用均差异不显著（$ps > 0.05$）。

2）P3 成分

P3 波峰结果表明，在脑顶中区，姓名启动的主效应显著（$F_{(3, 99)} = 5.13$, $p = 0.003$, $\eta^2 = 0.135$）。事后比较发现，权威姓名启动（$p = 0.009$）和母亲姓名启动（$p = 0.012$）的峰值显著大于导师姓名启动。在顶叶脑区，抑郁倾向和姓名启动的交互作用显著（$F_{(3, 99)} = 3.11$, $p = 0.037$, $\eta^2 = 0.086$）。对于高抑郁倾向被试者，权威姓名启动（$p = 0.046$）、朋友姓名启动（$p = 0.014$）和母亲姓名启动（$p = 0.006$）的波峰显著大于导师姓名启动。其余的主效应和交互作用均不显著（$ps > 0.05$）。

P3 潜伏期结果表明，顶中区无显著差异（$p > 0.05$）。结果发现在顶叶脑区，抑郁倾向、姓名启动和词汇属性的交互作用显著（$F_{(3, 99)} = 2.75$, $p = 0.049$, $\eta^2 = 0.077$）。简单效应分析发现，对于权威姓名启动、导师姓名启动的消极词汇，高抑郁倾向的潜伏期比低抑郁倾向更长（$p = 0.024$, $p = 0.038$）。对于朋友姓名启动的积极词汇，高抑郁倾向的潜伏期比低抑郁倾向的更长（$p = 0.024$）。对于低抑郁倾向，导师姓名启动条件下，积极词汇的潜伏期比消极词汇更长（$p = 0.048$）。其余的主效应和交互作用均不显著（$ps > 0.05$）。

3. 小结

实验二行为结果发现，积极词汇的反应时比消极词汇长，说明研究生对导学关系刺激存在负性认知偏向。脑电结果表明，导师姓名诱发更小的 N2 波幅和更长的 N2 潜伏期，高抑郁倾向研究生对导师姓名启动诱发相对更小的 P3 波峰。这说明在认知加工中期，研究生可能对导师存在注意回避。而在认知加工晚期，仅高抑郁倾向研究生对导师存在注意回避。此外，在导师姓名启动条件下，高抑郁倾向研究生对积极导学关系词汇比对消极导学关系词汇产生更大的 N2 波峰，并且高抑郁倾向研究生在导师启动和消极导学关系词汇条件组合下表现出更长的 P3 潜伏期。这说明高抑郁倾向研究生很可能存在对导师的负性认知偏向和积极导学关系的认知冲突。

四、讨论

眼动和脑电实验都发现研究生对导师存在注意回避，并且脑电实验进一步发现高、低抑郁倾向研究生对导师注意回避的加工进程存在差异。脑电实验还发现，研究生对导学关系刺激存在负性认知偏向，并受导师姓名启动影响，高抑郁倾向研究生很可能对积极导学关系存在认知冲突。下文主要从以上两点展开讨论。

眼动结果表明，高抑郁倾向研究生的首次注视到达兴趣区所需的时间更长，反映了早期注意捕获的速度较慢，说明高抑郁倾向研究生可能存在注意回避。注意定向加速发生在早期自动加工阶段。[1]轻度抑郁患者对情绪刺激的注意逃避现象，也属于注意定向问题。[2]而且抑郁倾向与对导师姓名的首次注视时间正相关，进一步说明这种注意回避尤其表现在高抑郁倾向研究生对导师上。N2和P3结果进一步证实该注意偏向。在认知加工中期，相比于母亲、朋友、权威姓名启动，导师姓名启动诱发的N2波峰更小，而且导师姓名启动诱发的N2潜伏期长于母亲和权威姓名启动。N2波峰涉及对视觉刺激的分类[3][4]和注意定向相关，反映了人脑对目标刺激的选择性注意[5]。导师姓名诱发更小的波幅和更长的潜伏期，说明研究生可能对导师存在注意回避。在认知加工晚期，高抑郁倾向研究生在权威、朋友、母亲姓名启动条件下诱发的P3波峰均大于导师姓名启动条件下。P3成分属于ERP的晚期成分，与个体对刺激的分析评价等高级认知活动相关，其波幅反映了认知资源的分配，波幅越大认知资源调动得越多。[6]本研究中高抑郁倾向研究生对导师姓名启动诱发相对更小的P3波峰，说明在认知加工晚期，仍可能对导师存在注意回避。

脑电实验反应时的结果发现，积极词汇的反应时长于消极词汇，说明研究生群体对消极词汇存在注意定向加速或警觉。负性认知偏向广泛存在于抑郁症患者中，负性刺激往往比其他刺激得到优先注意和加工。[7][8]本研究把高抑郁倾

---

[1] Bishop S J. Trait anxiety and impoverished prefrontal control of attention [J]. Nature Neuroscience, 2009, 12（1）：92-98.

[2] Jongen E M, Smulders F T, Ranson S M, et al. Attentional bias and general orienting processes in bipolar disorder [J]. Journal of Behavior Therapy and Experimental Psychiatry, 2007, 38（2）：168-183.

[3] Olofsson J K, Nordin S, Sequeira H, et al. Affective picture processing：An integrative review of ERP findings [J]. Biological Psychology, 2008, 77（3）：247-265.

[4] Delle-Vigne D, Wang W, Kornreich C, et al. Emotional facial expression processing in depression：Data from behavioral and event-related potential studies [J]. Neurophysiologie Clinique-Clinical Neurophysiology, 2014, 44（2）：169-187.

[5] Campanella S, Gaspard C, Debatisses D, et al. Discrimination of emotional facial expressions in a visual oddball task：An ERP study [J]. Biological Psychology, 2002, 59（3）：171-186.

[6] Olofsson J K, Nordin S, Sequeira H, et al. Affective picture processing：An integrative review of ERP findings [J]. Biological Psychology, 2008, 77（3）：247-265.

[7] Koster E H W, Leyman L, De Raedt R, et al. Cueing of visual attention by emotional facial expressions：The influence of individual differences in anxiety and depression [J]. Personality and Individual Differences, 2006, 41（2）：329-339.

[8] Kellough J L, Beever C G, Ellis A J, et al. Time course of selective attention in clinically depressed young adults：An eye tracking study [J]. Behaviour Research and Therapy, 2008, 46（11）：1238-1243.

向被试者的负性认知偏向扩展到导学关系刺激中。

更为重要的是,N2和P3结果还表明,对导学关系刺激的负性认知偏向,还受导师姓名阈下启动影响。在导师姓名启动条件下,高抑郁倾向研究生对积极导学关系词汇产生的N2波峰比消极导学关系词汇更高。N2成分还与反应冲突检测有关。[①]这说明积极导学关系词汇可能违背了高抑郁倾向个体的预期,他们可能把导师联系成一种消极刺激,导师姓名启动(消极属性)与积极词汇不一致,进而产生认知冲突。而且,在导师姓名启动条件下,高抑郁倾向研究生被消极词汇诱发的P3潜伏期均显著长于低抑郁倾向者。P3成分的潜伏期反映了对刺激的分类评价所需的时间。[②]潜伏期延长,代表大脑接受和处理信息的速度减慢[③④],说明抑郁个体的思维迟钝以及认知功能下降。本研究中高抑郁倾向研究生在导师姓名启动和消极导学关系词汇组合下表现出更长的P3潜伏期,进一步验证了高抑郁倾向个体的确存在思维迟缓现象,信息加工能力可能有所下降。另外,对于低抑郁倾向个体而言,消极导学关系词汇可能属于矛盾和新异刺激,在分析评价阶段产生心理冲突,脑区活动能够快速激活;而对于持弥漫性消极情绪的高抑郁倾向个体而言,其认知加工受到心境一致性状态的影响,在内隐任务中难以摆脱消极导学关系词汇的干扰,导致对颜色判断的任务反应更慢,神经激活反应也更晚。

---

① Bokura H, Yamaguchi S, Kobayashi S. Electrophysiological correlates for response inhibition in a Go/Nogo task [J]. Clinical Neurophysiology, 2001, 112: 2224-2232.

② Wei J H, Chan T C, Luo Y J.A modified oddball paradigm "cross-modal delayed response" and the research on mismatch negativity [J]. Brain Research Bulletin, 2002, 57 (2): 221-230.

③ 钟智勇,陈霞,吕佑辉,等.P300评估抑郁症的病程与认知功能障碍的相关性[J].中国健康心理学杂志,2014,22(3):352-353.

④ 李俊,任力杰,韩漫夫,等.抑郁症认知功能损害特点的影像学和事件相关电位研究[J].中华行为医学杂志,2013,22(11):985-988.

第六章

导学关系行为的神经机制

1999年我国高校扩招，研究生数量越来越多，关于导学关系的研究文章也越来越多，但看法各执一词，不同的研究者都有各自的看法。传统的多用文献检索综述法、观察法、问卷法和访谈法等研究方法来研究导学关系。目前的研究主要是对导学关系内涵、影响因素、类型和优化策略的总结与阐述，对于导学关系相关的认知研究甚少。

在研究生学习阶段中，导学关系是影响研究生的重要因素。导学关系对学生合作行为有一定的影响。程灵西采用田野观察、问卷和访谈的方法对B小学教师合作文化对学生合作行为的影响，得出教师通过班级组织对学生合作行为存在显著影响。[1]在研究生教育中导师占主导地位，导师属于拥有权力一方。黄俊杰采用ERPs技术研究了权力对个体决策的影响，得出高权力情境下，被试者表现出更多接近奖赏的行为，而在低权力情境下对奖赏的接近行为一定程度上受到抑制。[2]余祖林研究了导学关系对研究生互动行为的影响，发现不同性别的导师互动类型不同，互动效果存在性别、年级的差异。[3]

采用ERP方法来研究导学关系对研究生合作行为的影响是必要的，因为研究生合作行为外显体现为合作率和反应时（采用行为实验可以测量），而在大脑内部体现为神经生理指标的变化。合作行为是一种决策，决策过程神经生理指标的变化是关注的重点，ERP脑电技术高时间分辨率的优点使其成为本研究必要的研究手段。大量有关合作行为的研究均采用ERP脑电技术，证明了该技术的可行性，加上与导学关系相关的合作实验设计，使ERP脑电技术研究导学关系对研究生合作行为的影响成为较有效的方法。

关于合作的研究主要集中在认知科学研究方面，通过探讨合作决策行为相

---

[1] 程灵西.教师合作文化对学生合作行为的影响——以B小学为例[D].南昌：南昌大学，2020.
[2] 黄俊杰.权力影响个体社会决策的研究——社会价值取向的调节效应[D].广州：暨南大学，2015.
[3] 余祖林.高校硕士研究生培养中导学互动关系研究[D].南昌：江西师范大学，2019.

关的脑机制对合作行为进行研究。已有的研究有自恋型人格对合作行为的影响、权力对合作决策的影响、面孔吸引力对合作的影响和死亡威胁启动对合作的影响[1]等，而导学关系对研究生合作行为的影响相关研究很少。本研究从导学关系迫切需要改善的实际出发，分别从外显与内隐两个方面的证据探讨导学关系对研究生合作行为的影响。

第一节 导学关系合作行为的神经机制：外显的证据

一、问题提出

囚徒困境游戏（prisoner's dilemma game，PDG）是较常用的研究合作的范式。在这个研究范式里，由两名玩家组成，两个玩家独立选择合作或背叛，对于个人来说选择背叛的收益大于合作，对于两个人的共同收益来说合作大于背叛。[2]本研究将导学关系和囚徒困境合作游戏结合在一起，将导师作为研究生面对囚徒困境合作游戏的竞争对手，这将让研究生陷入困境，在选择不合作能保证自己个人收益期望最大的条件下，面对的竞争对手却是自己的导师。本研究探讨了研究生面对收益盈亏以及面对导师时的决策结果，以及外显决策过程中大脑的认知加工过程。行为实验揭示的是研究生面对囚徒困境合作范式的外显行为表现（合作率以及反应时）；而脑电数据显示被试者面对囚徒困境合作范式的认知加工过程（脑电成分以及其潜伏期），揭示的是研究生直接博弈合作行为的脑机制。

二、研究方法

（一）实验对象

从华中科技大学随机招募43名被试者（18名男生、25名女生，年龄18～27岁，平均年龄20.74±2.61岁）。所有被试者均身心健康，均为右利手，视力正常。

---

[1] 卑力添. 探索死亡威胁启动对人际合作与竞争行为的影响[D]. 上海：华东师范大学，2019.
[2] Rilling J, Gutman D, Zeh T, et al. A neural basis for social cooperation [J]. Neuron, 2002, 35 (2): 395-405.

其中被试者001用来做预实验（以检查实验所用E-prime程序是否正常，脑电设备、计算机是否正常），预实验的E-prime程序因为mark没有设置好，所以这名被试者的脑电数据不可用，但是行为数据可用。被试者009头皮电阻过大，数据无法使用，直接放弃这名被试者。还有一名被试者035因为实验室突然停电，搬设备过程中接线失误导致电脑之间mark传不过去，放弃了这名被试者。被试者026在存档她的行为数据时出现错误，数据被覆盖，但是脑电数据可用。

根据被试者性别把被试者分为两组（男生一组18人，女生一组23人）。根据导学关系评价调查问卷中第16题的得分（16、请对你与导师的关系从1~9进行评分，1=非常不好，5=一般，9=非常好）把被试者分为高质量导学关系和低质量导学关系两组，高质量导学关系的评分（8.21±0.85）显著高于低质量导学关系的评分（4.02±1.09），$p=0.000<0.001$。被试者分布如表6-1所示（41名被试者，不包括009和035被试者）。导学关系问卷的Cronbach's α 系数为0.823，具有良好的信度；KMO值为0.760>0.6，巴特利特球形度检验显著性$0.000<0.001$，有良好的效度。

表6-1 囚徒困境合作实验被试者分布

项目		个案数/人
性别	男	18
	女	23
导学关系	高	19
	低	22

（二）实验设计

本研究采用"被试者性别（男、女）×导学关系（高、低）×被试者选择（合作、不合作）×脑区"四因素混合实验设计，其中，被试者性别和导学关系是被试者间变量，被试者选择和脑区是被试者内变量。

（三）实验程序

采用经典的PDG囚徒困境合作范式游戏。在每个trial里被试者是1号玩家，他的导师（计算机设定）是2号玩家。在每个trial里都会呈现图6-1所示的收益矩阵，然后被试者选择合作或者不合作，被试者选择后，系统会自动显示2号玩家的选择结果以及他们的收益。如果被试者没有反应，则系统认为被试者选择不合作，并在特定时间后显示结果。

在正式实验前设有一个预实验，让被试者理解实验过程。正式试验由两部分组成，每部分有 40 个 trial，中间是休息时间。实验设置了两个刺激 mark 和三个反应 mark。2 号玩家（导师）选择合作是 S11，选择不合作是 S22。1 号玩家（被试者）选择合作是 S3，选择不合作是 S4，没做反应是 S5。

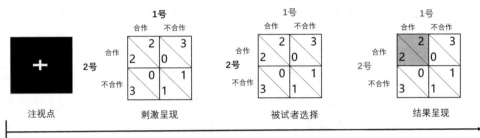

图 6-1　囚徒困境合作实验单个 trial 流程图

在正式实验前，向被试者介绍实验流程，并让被试者仔细阅读知情同意书，被试者同意后签署知情同意书。在安静的实验室环境，让被试者做导学关系调查问卷。做完问卷后给被试者清洗几遍头发确保头皮阻抗降低，吹干头发后给被试者戴好脑电电极帽，涂脑电膏，降低电极阻抗至合适的范围。启动计算机和脑电设备，向被试者说明实验过程中的注意事项（不要犯困、不要扭动身体等）。然后让被试者根据指导语做预实验，以了解实验任务，完成预实验后做正式试验，中间被试者可以休息一次。

在实验过程中，保持实验室安静，开启空调保持室内温度恒定在被试者感到舒适的温度。主试者观察被试者的举动和脑电图的情况，如果被试者陷入困倦情境，敲一下玻璃提醒被试者保持清醒。

实验结束后，给被试者清理头发，根据被试者表现付给相应的报酬。

（四）设备和脑电数据处理

本研究采用德国 BrainProducts 公司设计并研发的 64 导 EEG 数据记录系统，在线参考电极为 Ref 电极，接地电极为 Gnd 电极（两个电极阻抗均需要降至 $10K\Omega$ 以下），数据记录电极阻抗降至 $20K\Omega$ 以下，同时在右眼下眼尾处贴眼电电极来记录眼电。离线数据分析采取该脑电设备配套的 BrainVision Anlyzer 软件 2.1 版本。脑电数据分析的步骤为：重参考→滤波→去眼电→分段→去伪迹→求平均→基线校正→总平均→峰值检测→数据导出。

三、实验结果

(一) 行为数据结果

行为实验因变量有合作率和反应时,本研究数据分析软件采用 IBM SPSS Statistic 25.0 版本。

1. 合作率的单变量方差分析结果

行为实验很重要的一个因变量就是合作率,自变量为被试者性别(男、女)和导学关系(高、低)(均为被试者内变量),对合作率做单变量二因素方差分析,以分析不同性别和不同导学关系的被试者在合作率上的差异。分析结果如表6-2所示。

表6-2 合作率单变量二因素方差分析

源	III 类平方和	自由度	均方	F	显著性	偏 Eta 平方
性别	0.035	1	0.035	1.321	0.258	0.034
导学关系	0.041	1	0.041	1.573	0.218	0.041
性别×导学关系	0.001	1	0.001	0.034	0.855	0.001
误差	0.969	37	0.026			
总计	7.424	41				
修正后总计	1.087	40				

实验结果表明,所有被试者总体的合作率为 0.3931 ± 0.1649,对合作率与 0.5 做单样本 t 检验,发现合作率显著小于 0.5。($t=-4.151$,df$=40$,$p=0.000<0.001$)

被试者性别和导学关系主效应不显著,两个因素的交互作用也不显著,可能是被试者数量比较少(只有41个被试者数据)的缘故。分别对被试者性别和导学关系做单变量单因素方差分析,结果如表6-3和表6-4所示,发现两个自变量都是边缘性显著,可能与被试者数量较少有关。其中女生的合作率(0.4313 ± 0.1583)高于男生的合作率(0.3444 ± 0.1644),$F_{(1,39)}=2.946$,$p=0.094$,$\eta^2=0.070$;高质量导学关系的被试者合作率(0.4404 ± 0.1674)高于低质量导学关系的被试者的合作率(0.3523 ± 0.1549),$F_{(1,39)}=3.055$,$p=0.088$,$\eta^2=0.073$。

表 6-3　合作率单因素单变量方差分析——被试者性别

源	III 类平方和	自由度	均方	F	显著性	偏 Eta 平方
性别	0.076	1	0.076	2.946	0.094	0.070
误差	1.011	39	0.026			

表 6-4　合作率单因素单变量方差分析——导学关系

源	III 类平方和	自由度	均方	F	显著性	偏 Eta 平方
导学关系	0.079	1	0.079	3.055	0.088	0.073
误差	1.008	39	0.026			

2. 反应时的三因素重复测量方差分析结果

行为实验另一个很重要的因变量是反应时，对反应时做"被试者性别（男、女）×导学关系（高、低）×被试者选择（合作、不合作）"三因素重复测量方差分析，其中被试者性别（男、女）和导学关系（高、低）是被试者间变量，被试者选择（合作、不合作）是被试者内变量。分析结果如表6-5所示。

表 6-5　反应时三因素重复测量方差分析

源	III 类平方和	自由度	均方	F	显著性	η^2
被试者选择	96902.645	1	96902.645	7.299	0.010	0.169
被试者选择×性别	17759.648	1	17759.648	1.338	0.255	0.036
被试者选择×导学关系	5722.993	1	5722.993	0.431	0.516	0.012
被试者选择×性别×导学关系	56340.384	1	56340.384	4.244	0.047	0.105
误差（被试者选择）	477938.684	36	13276.075			

由结果可知，对于反应时，被试者选择（合作、不合作）主效应显著，$F_{(1, 36)} = 7.299$，$p = 0.010$，$\eta^2 = 0.169$，被试者选择合作的反应时（712.61±258.14 ms）显著长于被试者选择不合作的反应时（601.00±215.87 ms）。被试者选择、性别和导学关系三因素的交互作用显著，$F_{(1, 36)} = 4.244$，$p = 0.047$，$\eta^2 = 0.105$。经过进一步的简单效应分析发现，低质量导学关系的被试者选择合作时，男生的反应时（871.746±65.927 ms）显著长于女生的反应时（603.081±84.041 ms），$F_{(1, 36)} = 6.327$，$p = 0.016$；低质量导学关系的男生选择合作的反应时（552.192±106.304 ms）显著长于高质量导学关系的男生选择合作的反应时（871.746±65.927 ms），$F_{(1, 36)} = 6.526$，$p = 0.015$。

（二）脑电波形成分分析

从总平均后的波形（这些波形为 S11、S22 条件下即所有刺激 mark 下的分段的总平均波形）可以看出，囚徒困境合作实验有三个明显的成分 P3、FN400 和晚期正向成分 LPC（Late positive component）。

1. P3 成分

P3 成分在 370 ms 左右达到峰值（图 6-2），在波峰检测时设置为 360～380 ms 之间的正向波峰。P3 成分是正向峰值，由地形图可以看到后半脑左右半球的电位存在差异，所以选取对应的电极 P3 和 P4 进行后面的 SPSS 分析和波形图形展示。

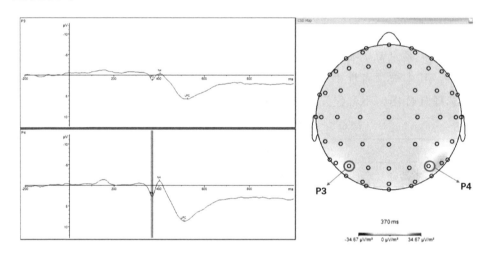

图 6-2　囚徒困境合作实验 P3 波形及地形图

2. FN400 成分

FN400（也称 FRN）成分在 400 ms 左右达到峰值（图 6-3），在波峰检测时设置为 385～430 ms 的负向波峰。FN400 是负向波峰，由地形图可以看到 Pz 电极附近负向峰值较大，和其他部位差异明显，所以选取电极 Pz 和 P4 进行后面的 SPSS 分析和波形图形展示。

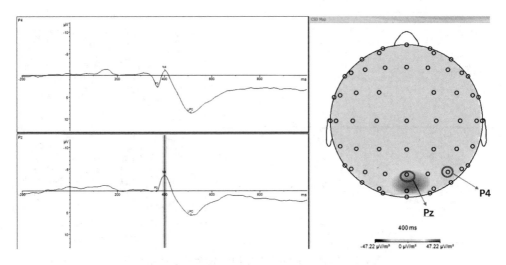

图6-3　囚徒困境合作实验FN400波形及地形图

3. LPC成分

LPC成分在512 ms左右达到峰值（图6-4），在波峰检测时设置为400～600 ms的正向波峰。LPC是正向成分，由地形图可以看到后半脑左右半球的电位存在明显差异，所以选取电极P3和P4进行后面的SPSS分析和波形图形展示。

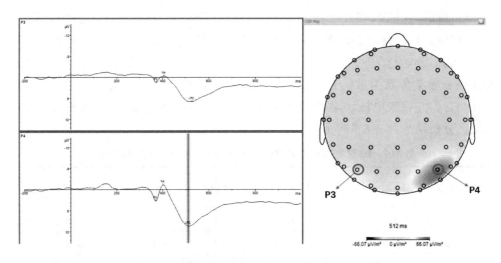

图6-4　囚徒困境合作实验LPC波形及地形图

因为LPC成分持续时间比较长，所以查看了LPC持续时间期间内（450～600 ms）的地形图（图6-5）。

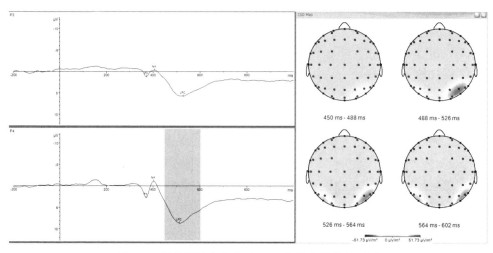

图6-5 囚徒困境合作实验LPC持续阶段的地形图

(三) 脑电数据分析结果

根据上面的波形成分分析,脑电实验的因变量有6个:P3的波峰和潜伏期;FN400的波峰和潜伏期;LPC的波峰和潜伏期。

1. P3波峰

1)电极P3和P4的分析对比

对P3波峰进行"被试者性别(男、女)×导学关系(高、低)×被试者选择(合作、不合作)×电极(左、右)"四因素重复测量方差分析,其中被试者性别和导学关系为被试者间变量,被试者选择和电极是被试者内变量。电极(左、右),左代表电极P3在大脑左半球的状况,右代表电极P4在大脑右半球的状况。分析结果如表6-6所示。

表6-6 P3波峰四因素重复测量方差分析(电极P3和P4对比)

源	III类平方和	自由度	均方	F	显著性	偏Eta平方
被试者选择	0.328	1	0.328	0.060	0.808	0.002
被试者选择×性别	5.874	1	5.874	1.079	0.306	0.029
被试者选择×导学关系	2.557	1	2.557	0.470	0.497	0.013
被试者选择×性别×导学关系	8.497	1	8.497	1.561	0.220	0.042
误差(被试者选择)	195.973	36	5.444			
电极	62.572	1	62.572	5.569	0.024	0.134

续表

源	III 类平方和	自由度	均方	F	显著性	偏 Eta 平方
电极×性别	0.324	1	0.324	0.029	0.866	0.001
电极×导学关系	5.420	1	5.420	0.482	0.492	0.013
电极×性别×导学关系	0.142	1	0.142	0.013	0.911	0.000
误差（电极）	404.508	36	11.236			
被试者选择×电极	0.234	1	0.234	0.123	0.728	0.003
被试者选择×电极×性别	0.722	1	0.722	0.380	0.542	0.010
被试者选择×电极×导学关系	1.781	1	1.781	0.937	0.339	0.025
被试者选择×电极×性别×导学关系	0.692	1	0.692	0.364	0.550	0.010
误差（被试者选择×电极）	68.432	36	1.901			

由结果可知，电极因素的主效应显著，$F_{(1, 36)} = 5.569$，$p = 0.024$，$\eta^2 = 0.134$，右半球的P4峰值（$3.25 \pm 3.75\ \mu V$）显著大于左半球电极的P3峰值（$1.79 \pm 2.88\ \mu V$），这一结果与前面的波形成分分析结果一致，从地形图也可以看出，P3成分达到峰值时，右半脑的峰值大于左半脑的峰值。

2）脑区Fz额叶区和Cz中央区的分析对比

对P3波峰进行"被试者性别（男、女）×导学关系（高、低）×被试者选择（合作、不合作）×脑区（额叶区、中央区）"四因素重复测量方差分析，其中被试者性别和导学关系为被试者间变量，被试者选择和电极是被试者内变量。Fz额叶区是电极F1、F2和Fz三个电极的平均值，Cz中央区是电极C1、C2和Cz三个电极的平均值。分析结果如表6-7所示。

表6-7 P3波峰四因素重复测量方差分析（脑区对比）

源	III 类平方和	自由度	均方	F	显著性	偏 Eta 平方
被试者选择	2.412	1	2.412	0.254	0.617	0.007
被试者选择×性别	9.342	1	9.342	0.985	0.327	0.027
被试者选择×导学关系	4.778	1	4.778	0.504	0.482	0.014
被试者选择×性别×导学关系	6.399	1	6.399	0.675	0.417	0.018
误差（被试者选择）	341.284	36	9.480			
脑区	5.837	1	5.837	1.551	0.221	0.041

续表

源	III 类平方和	自由度	均方	F	显著性	偏 Eta 平方
脑区×性别	6.052	1	6.052	1.608	0.213	0.043
脑区×导学关系	1.607	1	1.607	0.427	0.518	0.012
脑区×性别×导学关系	0.574	1	0.574	0.153	0.698	0.004
误差（脑区）	135.499	36	3.764			
被试者选择×脑区	20.549	1	20.549	7.119	0.011	0.165
被试者选择×脑区×性别	6.939	1	6.939	2.404	0.130	0.063
被试者选择×脑区×导学关系	7.836	1	7.836	2.715	0.108	0.070
被试者选择×脑区×性别×导学关系	8.814	1	8.814	3.054	0.089	0.078
误差（被试者选择×脑区）	103.908	36	2.886			

由结果可知，P3 峰值被试者选择和脑区的交互作用显著，$F_{(1, 36)} = 20.549$，$p = 0.011$，$\eta^2 = 0.165$。经过进一步的简单效应分析发现，在被试者选择合作的情况下，被试者的额叶区 P3 峰值（$1.200 \pm 0.757\,\mu\text{V}$）显著大于中央区的 P3 峰值（$-0.040 \pm 0.512\,\mu\text{V}$），$F_{(1, 36)} = 20.549$，$p = 0.011$，$\eta^2 = 0.165$。

2. P3 潜伏期的脑区 Fz 额叶区和 Cz 中央区的分析对比

对 P3 潜伏期进行"被试者性别（男、女）×导学关系（高、低）×被试者选择（合作、不合作）×脑区（额叶区、中央区）"四因素重复测量方差分析，其中被试者性别和导学关系为被试者间变量，被试者选择和电极是被试者内变量。Fz 额叶区是电极 F1、F2 和 Fz 三个电极的平均值，Cz 中央区是电极 C1、C2 和 Cz 三个电极的平均值。分析结果如表 6-8 所示。

表 6-8　P3 潜伏期四因素重复测量方差分析

源	III 类平方和	自由度	均方	F	显著性	偏 Eta 平方
被试者选择	116.388	1	116.388	1.919	0.175	0.051
被试者选择×性别	180.690	1	180.690	2.979	0.093	0.076
被试者选择×导学关系	16.995	1	16.995	0.280	0.600	0.008
被试者选择×性别×导学关系	4.010	1	4.010	0.066	0.799	0.002
误差（被试者选择）	2183.844	36	60.662			
脑区	33.506	1	33.506	1.596	0.215	0.042

续表

源	III 类平方和	自由度	均方	F	显著性	偏 Eta 平方
脑区×性别	1.352	1	1.352	0.064	0.801	0.002
脑区×导学关系	44.743	1	44.743	2.131	0.153	0.056
脑区×性别×导学关系	9.041	1	9.041	0.431	0.516	0.012
误差（脑区）	755.820	36	20.995			
被试者选择×脑区	0.113	1	0.113	0.011	0.916	0.000
被试者选择×脑区×性别	0.633	1	0.633	0.063	0.804	0.002
被试者选择×脑区×导学关系	6.247	1	6.247	0.620	0.436	0.017
被试者选择×脑区×性别×导学关系	27.480	1	27.480	2.727	0.107	0.070
误差（被试者选择×脑区）	362.710	36	10.075			

由结果可知，对于P3潜伏期，被试者选择和性别两因素的交互作用边缘显著，$F_{(1, 36)} = 2.979$，$p = 0.093$，$\eta^2 = 0.076$。经过进一步的简单效应分析发现，当被试者为男生时，被试者选择合作的P3潜伏期（367.583±1.925 ms）边缘显著短于选择不合作的P3潜伏期（371.907±1.886 ms），$F_{(1, 36)} = 3.771$，$p = 0.060$，$\eta^2 = 0.095$。

3. FN400波峰

1）电极Pz和P4的分析对比

对FN400波峰进行"被试者性别（男、女）×导学关系（高、低）×被试者选择（合作、不合作）×电极（中、右）"四因素重复测量方差分析，其中被试者性别和导学关系为被试者间变量，被试者选择和电极是被试者内变量。中电极Pz代表大脑Pz附近中间部位的状况，右电极P4代表大脑P4附近右半球的状况。分析结果如表6-9所示。

表6-9 FN400波峰四因素重复测量方差分析（电极Pz和P4对比）

源	III 类平方和	自由度	均方	F	显著性	偏 Eta 平方
被试者选择	2.260	1	2.260	0.244	0.624	0.007
被试者选择×性别	0.516	1	0.516	0.056	0.815	0.002
被试者选择×导学关系	14.834	1	14.834	1.600	0.214	0.043
被试者选择×性别×导学关系	1.177	1	1.177	0.127	0.724	0.004

续表

源	III 类平方和	自由度	均方	F	显著性	偏 Eta 平方
误差（被试者选择）	333.663	36	9.268			
电极	262.506	1	262.506	28.150	0.000	0.439
电极×性别	3.743	1	3.743	0.401	0.530	0.011
电极×导学关系	21.265	1	21.265	2.280	0.140	0.060
电极×性别×导学关系	0.978	1	0.978	0.105	0.748	0.003
误差（电极）	335.705	36	9.325			
被试者选择×电极	0.580	1	0.580	0.372	0.546	0.010
被试者选择×电极×性别	0.055	1	0.055	0.035	0.852	0.001
被试者选择×电极×导学关系	0.024	1	0.024	0.015	0.902	0.000
被试者选择×电极×性别×导学关系	0.180	1	0.180	0.116	0.736	0.003
误差（被试者选择×电极）	56.038	36	1.557			

由结果可知，FN400 波峰电极因素主效应显著，$F_{(1, 36)} = 28.150$，$p=0.000 < 0.001$，$\eta^2 = 0.439$，右半球电极 P4 的 FN400 峰值（$-1.90 \pm 3.82\ \mu V$）显著小于中间 Pz 的 FN400 峰值（$-4.98 \pm 5.14\ \mu V$），这一结果与前面的波形成分分析结果一致。从地形图也可以看出，FN400 成分达到峰值时，右半脑的峰值小于中间脑区的峰值。

2）脑区 Fz 额叶区和 Cz 中央区的分析对比

对 FN400 波峰进行"被试者性别（男、女）×导学关系（高、低）×被试者选择（合作、不合作）×脑区（额叶区、中央区）"四因素重复测量方差分析，其中被试者性别和导学关系为被试者间变量，被试者选择和电极是被试者内变量。Fz 额叶区是电极 F1、F2 和 Fz 三个电极的平均值，Cz 中央区是电极 C1、C2 和 Cz 三个电极的平均值。分析结果如表 6-10 所示。

表 6-10　FN400 波峰四因素重复测量方差分析（脑区对比）

源	III 类平方和	自由度	均方	F	显著性	偏 Eta 平方
被试者选择	1.622	1	1.622	0.172	0.681	0.005
被试者选择×性别	2.014	1	2.014	0.214	0.647	0.006
被试者选择×导学关系	38.451	1	38.451	4.078	0.051	0.102

续表

源	III 类平方和	自由度	均方	F	显著性	偏 Eta 平方
被试者选择×性别×导学关系	2.894	1	2.894	0.307	0.583	0.008
误差（被试者选择）	339.470	36	9.430			
电极	1.267	1	1.267	0.361	0.552	0.010
电极×性别	0.324	1	0.324	0.092	0.763	0.003
电极×导学关系	0.816	1	0.816	0.232	0.633	0.006
电极×性别×导学关系	0.462	1	0.462	0.132	0.719	0.004
误差（电极）	126.473	36	3.513			
被试者选择×电极	7.201	1	7.201	2.164	0.150	0.057
被试者选择×电极×性别	0.448	1	0.448	0.135	0.716	0.004
被试者选择×电极×导学关系	8.111	1	8.111	2.438	0.127	0.063
被试者选择×电极×性别×导学关系	0.796	1	0.796	0.239	0.628	0.007
误差（被试者选择×电极）	119.766	36	3.327			

由结果可知，对于FN400峰值，被试者选择和导学关系两个因素的交互作用边缘显著，$F_{(1, 36)} = 4.078$，$p = 0.051$，$\eta^2 = 0.102$。经过进一步的简单效应分析发现，当被试者选择合作时，高质量导学关系的FN400峰值（$-1.478 \pm 1.039~\mu V$）小于低质量导学关系的FN400峰值（$-3.704 \pm 0.795~\mu V$），$F_{(1, 36)} = 2.899$，$p = 0.097$，$\eta^2 = 0.075$。

4. FN400潜伏期的脑区Fz额叶区和Cz中央区的分析对比

对FN400潜伏期进行"被试者性别（男、女）×导学关系（高、低）×被试者选择（合作、不合作）×脑区（额叶区、中央区）"四因素重复测量方差分析，其中被试者性别和导学关系为被试者间变量，被试者选择和电极是被试者内变量。Fz额叶区是电极F1、F2和Fz三个电极的平均值，Cz中央区是电极C1、C2和Cz三个电极的平均值。分析结果如表6-11所示。

表6-11　FN400潜伏期四因素重复测量方差分析

源	III 类平方和	自由度	均方	F	显著性	偏 Eta 平方
被试者选择	365.335	1	365.335	5.255	0.028	0.127
被试者选择×性别	337.548	1	337.548	4.855	0.034	0.119
被试者选择×导学关系	122.652	1	122.652	1.764	0.192	0.047

续表

源	III类平方和	自由度	均方	F	显著性	偏Eta平方
被试者选择×性别×导学关系	115.534	1	115.534	1.662	0.206	0.044
误差（被试者选择）	2502.757	36	69.521			
脑区	32.497	1	32.497	0.810	0.374	0.022
脑区×性别	15.847	1	15.847	0.395	0.534	0.011
脑区×导学关系	22.403	1	22.403	0.559	0.460	0.015
脑区×性别×导学关系	58.691	1	58.691	1.464	0.234	0.039
误差（脑区）	1443.656	36	40.102			
被试者选择×脑区	21.295	1	21.295	0.617	0.437	0.017
被试者选择×脑区×性别	71.849	1	71.849	2.081	0.158	0.055
被试者选择×脑区×导学关系	0.677	1	0.677	0.020	0.889	0.001
被试者选择×脑区×性别×导学关系	15.729	1	15.729	0.456	0.504	0.012
误差（被试者选择×脑区）	1242.831	36	34.523			

由结果可知，对于FN400潜伏期，被试者选择主效应显著，$F_{(1, 36)} = 5.255$，$p = 0.028$，$\eta^2 = 0.127$。被试者选择合作时的FN400潜伏期（410.58±11.03 ms）显著短于被试者选择不合作时的FN400潜伏期（412.76±10.605 ms）。被试者选择和性别两个因素的交互作用显著，$F_{(1, 36)} = 4.855$，$p = 0.034$，$\eta^2 = 0.119$。经过进一步的简单效应分析发现，当被试者为男生时，被试者选择合作时的FN400潜伏期（410.228±3.064 ms）显著短于被试者选择不合作时的FN400潜伏期（416.917±2.678 ms），$F_{(1, 36)} = 7.875$，$p = 0.008$，$\eta^2 = 0.179$。

5. LPC波峰

1) 电极P3和P4的分析对比

对LPC波峰进行"被试者性别（男、女）×导学关系（高、低）×被试者选择（合作、不合作）×电极（左、右）"四因素重复测量方差分析，其中被试者性别和导学关系为被试者间变量，被试者选择和电极是被试者内变量。左电极P3代表大脑左半球的状况，右电极P4代表大脑右半球的状况。分析结果如表6-12所示。

表 6-12　LPC 波峰四因素重复测量方差分析（电极 P3 和 P4 对比）

源	III 类平方和	自由度	均方	F	显著性	偏 Eta 平方
被试者选择	12.710	1	12.710	1.285	0.264	0.034
被试者选择×性别	0.578	1	0.578	0.058	0.810	0.002
被试者选择×导学关系	2.271	1	2.271	0.230	0.635	0.006
被试者选择×性别×导学关系	6.426	1	6.426	0.650	0.425	0.018
误差（被试者选择）	355.999	36	9.889			
电极	288.886	1	288.886	17.564	0.000	0.328
电极×性别	7.643	1	7.643	0.465	0.500	0.013
电极×导学关系	4.860	1	4.860	0.295	0.590	0.008
电极×性别×导学关系	19.851	1	19.851	1.207	.279	0.032
误差（电极）	592.102	36	16.447			
被试者选择×电极	5.472	1	5.472	4.095	0.050	0.102
被试者选择×电极×性别	1.044	1	1.044	0.781	0.383	0.021
被试者选择×电极×导学关系	0.944	1	0.944	0.707	0.406	0.019
被试者选择×电极×性别×导学关系	3.380	1	3.380	2.529	0.121	0.066
误差（被试者选择×电极）	48.108	36	1.336			

由结果可知，对于 LPC 波峰，电极主效应显著，$F_{(1, 36)} = 17.564$，$p = 0.000$，$\eta^2 = 0.328$。左半球电极 P3 的 LPC 峰值（$7.08 \pm 3.77\ \mu V$）显著小于右半球电极 P4 的 LPC 峰值（$9.87 \pm 3.94\ \mu V$），这一结果与前面的波形成分分析结果一致。从地形图也可以看出，LPC 成分达到峰值时，左半脑的峰值小于右半脑的峰值。

2）脑区 Fz 额叶区和 Cz 中央区的分析对比

对 LPC 波峰进行"被试者性别（男、女）×导学关系（高、低）×被试选择（合作、不合作）×脑区（额叶区、中央区）"四因素重复测量方差分析，其中被试者性别和导学关系为被试者间变量，被试者选择和电极是被试者内变量。Fz 额叶区是电极 F1、F2 和 Fz 三个电极的平均值，Cz 中央区是电极 C1、C2 和 Cz 三个电极的平均值。分析结果如表 6-13 所示。

表6-13 LPC波峰四因素重复测量方差分析（脑区对比）

源	III类平方和	自由度	均方	F	显著性	偏Eta平方
被试者选择	.052	1	0.052	0.006	0.940	0.000
被试者选择×性别	14.744	1	14.744	1.611	0.213	0.043
被试者选择×导学关系	0.032	1	0.032	0.004	0.953	0.000
被试者选择×性别×导学关系	2.292	1	2.292	0.250	0.620	0.007
误差（被试者选择）	329.499	36	9.153			
脑区	19.234	1	19.234	2.989	0.092	0.077
脑区×性别	9.465	1	9.465	1.471	0.233	0.039
脑区×导学关系	6.506	1	6.506	1.011	0.321	0.027
脑区×性别×导学关系	3.111	1	3.111	0.483	0.491	0.013
误差（脑区）	231.677	36	6.435			
被试者选择×脑区	17.524	1	17.524	6.531	0.015	0.154
被试者选择×脑区×性别	17.499	1	17.499	6.521	0.015	0.153
被试者选择×脑区×导学关系	15.432	1	15.432	5.751	0.022	0.138
被试者选择×脑区×性别×导学关系	19.375	1	19.375	7.220	0.011	0.167
误差（被试者选择×脑区）	96.602	36	2.683			

由结果可知，被试者选择、脑区、性别和导学关系四因素的交互作用显著，$F_{(1,36)}=7.220$，$p=0.011$，$\eta^2=0.167$。经过进一步简单效应分析发现，在Cz中央脑区，高质量导学关系的男生选择合作时的LPC峰值（2.116 ± 1.731 μV）小于选择不合作时的LPC峰值（4.672 ± 1.815 μV），$F_{(1,36)}=3.789$，$p=0.059$，$\eta^2=0.095$；在Cz中央脑区，低质量导学关系被试者选择合作时，男生的LPC峰值（4.494 ± 0.960 μV）大于女生的LPC峰值（1.779 ± 1.154 μV），$F_{(1,36)}=3.270$，$p=0.079$，$\eta^2=0.083$。

6. LPC潜伏期的脑区Fz额叶区和Cz中央区的分析对比

对LPC潜伏期进行"被试者性别（男、女）×导学关系（高、低）×被试者选择（合作、不合作）×脑区（额叶区、中央区）"四因素重复测量方差分析，其中被试者性别和导学关系为被试者间变量，被试者选择和电极是被试者内变量。Fz额叶区是电极F1、F2和Fz三个电极的平均值，Cz中央区是电极C1、C2和Cz三个电极的平均值。分析结果如表6-14所示。

表6-14 LPC潜伏期四因素重复测量方差分析

源	III类平方和	自由度	均方	F	显著性	偏Eta平方
被试者选择	6290.696	1	6290.696	7.264	0.011	0.168
被试者选择×性别	5710.893	1	5710.893	6.595	0.015	0.155
被试者选择×导学关系	6394.964	1	6394.964	7.384	0.010	0.170
被试者选择×性别×导学关系	1693.134	1	1693.134	1.955	0.171	0.052
误差（被试者选择）	31176.176	36	866.005			
脑区	7573.139	1	7573.139	7.394	0.010	0.170
脑区×性别	3.908	1	3.908	0.004	0.951	0.000
脑区×导学关系	1533.166	1	1533.166	1.497	0.229	0.040
脑区×性别×导学关系	128.434	1	128.434	0.125	0.725	0.003
误差（脑区）	36874.634	36	1024.295			
被试者选择×脑区	155.349	1	155.349	0.491	0.488	0.013
被试者选择×脑区×性别	4.113	1	4.113	0.013	0.910	0.000
被试者选择×脑区×导学关系	1844.104	1	1844.104	5.826	0.021	0.139
被试者选择×脑区×性别×导学关系	397.649	1	397.649	1.256	0.270	0.034
误差（被试者选择×脑区）	11395.869	36	316.552			
性别	24763.275	1	24763.275	6.211	0.017	0.147
导学关系	779.805	1	779.805	0.196	0.661	0.005
性别×导学关系	829.735	1	829.735	0.208	0.651	0.006
误差	143529.828	36	3986.940			

由结果可知，对于LPC潜伏期，被试者选择的主效应显著，$F_{(1, 36)} = 7.264$，$p = 0.011$，$\eta^2 = 0.168$，被试者选择合作的LPC潜伏期（487.4333±42.16225 ms）显著短于选择不合作时的LPC潜伏期（495.5667±42.25728 ms）；脑区的主效应显著，$F_{(1, 36)} = 7.394$，$p = 0.010$，$\eta^2 = 0.170$，Fz额叶区的LPC潜伏期（483.7667±43.04527 ms）显著短于Cz中央区的LPC潜伏期（499.2333±40.28410 ms）；性别的主效应显著，$F_{(1, 36)} = 6.211$，$p = 0.017$，$\eta^2 = 0.147$，男生的LPC潜伏期（508.2549±40.88312 ms）显著长于女生的LPC潜伏期（479.1159±39.07791 ms）。

被试者选择、脑区和导学关系三因素的交互作用显著，$F_{(1, 36)} = 5.826$，

$p=0.021$，$\eta^2=0.139$，经过进一步的简单效应分析发现，在 Cz 中央脑区，被试者选择合作情况下，高导学关系的 LPC 潜伏期（476.881±9.602 ms）显著短于低导学关系的 LPC 潜伏期（510.783±7.344 ms），$F_{(1, 36)}=7.866$，$p=0.008$，$\eta^2=0.179$。

（四）总平均波形图

P3、P4、Pz 电极的性别（男、女）×导学关系（高、低）×被试者选择（合作、不合作）的 8 种情况的 ERP 总平均波形如图 6-6、6-7、6-8 所示。

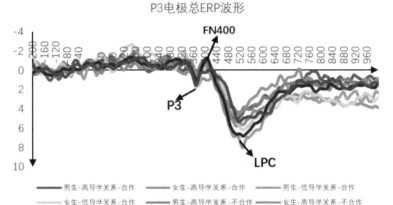

图 6-6　P3 电极 8 种条件下 ERPs 总平均波形

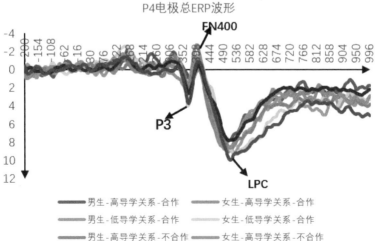

图 6-7　P4 电极 8 种条件下 ERPs 总平均波形

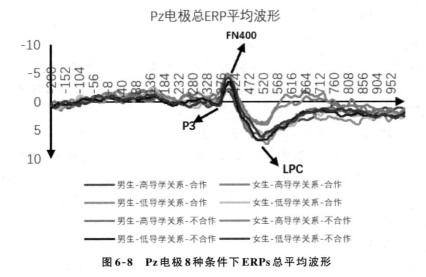

图6-8 Pz电极8种条件下ERPs总平均波形

四、讨论

（一）行为数据讨论

所有被试者总体的合作率为0.3931±0.1649，显示小于0.5，说明被试者更倾向于不合作，这可能和囚徒困境合作游戏范式有关，对于个人来说选择不合作的平均收益更大，所以被试者更倾向选择不合作。被试者性别因素是边缘显著，女生比男生更倾向选择合作，女生面对导师更具有亲和力，更倾向与导师合作，这揭示了研究生合作行为的性别特点。导学关系因素也是边缘显著，高质量导学关系的被试者比低质量导学关系的被试者更倾向选择合作，导学关系影响研究生和导师的合作决策，和导师关系越好越倾向与导师合作。

被试者选择合作的反应时显著长于选择不合作时的反应时，说明被试者选择合作时，认知加工过程持续的时间更长、认知过程更复杂，投入的认知资源更多（可能包括了注意、评估、执行控制、决策等复杂的过程）。相反，选择不合作时，认知加工过程持续的时间短、认知过程相对简单，投入的认知资源相对较少（可能只包括注意、决策阶段）。导学关系、性别和被试者选择存在交互作用。低质量导学关系的被试者选择合作时，男生的反应时长于女生，说明导师关系不好的被试者选择合作时，男生的认知加工过程比女生的更复杂，揭示了研究生合作行为的性别特点。男生选择合作时，低质量导学关系的反应时显著长于高质量导学关系的反应时，说明低质量导学关系的研究生面对合作任务投入的认知资源更多，认知加工过程更复杂。

(二)脑电数据讨论

1. P3成分

P3家族的成分非常丰富,对于博弈任务,晚期P3成分可能是对反馈刺激多重评价的产物,并受到社会性的注意资源因素的影响[①]。P3在决策任务中代表的是晚期认知推理过程。

对于P3峰值,发现左右半脑的差异显著,被试者选择合作时中央脑区和额叶区差异显著,说明大脑在决策任务认知推理过程中激活区域不同。对于P3潜伏期,当被试者为男生时,被试者选择合作的P3潜伏期边缘显著短于选择不合作的P3潜伏期,说明男生选择合作与否认知推理过程出现的早晚不同,选择合作会更早地进行认知推理。

2. FN400成分

FN400在400 ms左右出现,对此有以下几种解释。一种是FN400是与语言相关的ERP成分,本研究中呈现给被试者的靶刺激有很多文字和数字,这些文字触发了FN400成分。另一种解释是FN400是与长期记忆相关的ERP成分,是一个新探测刺激比旧探测刺激更为负向的电位,其最大值出现在额叶中线电极,有时被称作中线额极的旧-新效应,有时又因为分布像额叶的N400而被称为FN400。[②]另有解释称FN400是与结果评价有关的成分。[③]

对于FN400峰值,右半脑的峰值小于中间脑区的峰值,说明大脑不同地形的差异。被试者选择和导学关系两个因素的交互作用边缘显著,当被试者选择合作时,高质量导学关系的FN400峰值小于低质量导学关系的FN400峰值。低质量导学关系的被试者选择合作时投入的记忆资源更多。对于FN400潜伏期,被试者选择合作时的FN400潜伏期显著短于被试者选择不合作时的FN400潜伏期,说明研究生选择合作时动用记忆加工的过程更短。

3. LPC成分

LPC反映了被试者在面对背叛时的负性情绪感受。有关研究发现,对负性词语的情绪性加工比对中性词语产生更强的LPC。[④]人们在面对困难的题目时比

---

① 袁博. 社会博弈中合作与冲突结果评价的认知神经机制[D]. 天津:天津师范大学,2014.
② Steven J Luck. 事件相关电位基础[M]. 2版. 洪祥飞,刘岳庐,译. 上海:华东师范大学出版社,2019:114-119.
③ Yeung N, Holroyd Clay B, Cohen J D. ERP correlates of feedback and reward processing in the presence and absence of response choice [J]. Celebral Cortex, 2005, 15(5):535-544.
④ Bayer M, Sommer W, Schacht A. Reading emotional words within sentences: the impact of arousal and valence on event-related potentials[J]. International Journal of Psychophysiology, 2010, 78(3):299-307.

面对简单题目时产生更负面的情绪体验，并伴随有LPC成分激活。[①]LPC在决策任务中代表的也是认知推理过程。

对于LPC波峰，左半球电极P3的LPC峰值显著小于右半球电极P4的LPC峰值，说明大脑在决策任务认知推理过程中激活区域不同（与前面P3峰值的结果一致）。被试者选择、脑区、性别和导学关系四因素的交互作用显著，在Cz中央脑区，高质量导学关系的男生选择合作时的LPC峰值小于其选择不合作时的LPC峰值。说明高质量导学关系的男生选择不合作时会动用更多的认知推理资源。在Cz中央脑区，高质量导学关系研究生选择合作时，男生的LPC峰值大于女生的LPC峰值，说明男生比女生动用更多的认知推理资源。

对于LPC潜伏期，被试者选择合作的LPC潜伏期显著短于选择不合作时的LPC潜伏期，说明研究生选择合作时会更早地进行认知推理。Fz额叶区的LPC潜伏期显著短于Cz中央区的LPC潜伏期，说明不同脑区之间进行认知推理加工的时间不同。男生的LPC潜伏期显著晚于女生的LPC潜伏期，说明女生比男生更早地进行认知推理过程。被试者选择、脑区和导学关系三因素存在交互作用，在Cz中央脑区，被试者选择合作情况下，高质量导学关系的LPC潜伏期显著短于低质量导学关系的LPC潜伏期，说明高质量导学关系研究生选择合作时，更早地进行认知推理，也说明低质量导学关系研究生在进行认知推理前投入更多的注意、情绪等认知资源。

第二节 导学关系合作行为的神经机制：内隐的证据

一、问题提出

本研究采用的是内隐合作实验，以导师、陌生人的姓名作为启动刺激，考察被试者愿不愿意和随后出现的模糊图片合作。先让被试者填写导学关系评价调查问卷，根据问卷结果将被试者分为高、低质量导学关系两组，并与随后的行为数据和脑电数据结合分析。行为实验揭示研究生面对内隐合作实验的行为表现（合作率以及反应时）；而脑电数据揭示被试者面对内隐合作实验的认知加工过程（脑电成分以及其潜伏期），揭示的是研究生面对不同启动刺激下内隐合作行为的脑机制。

[①] Yang J, Zhao R F, Zhang Q L, et al. Effects of self-esteem on electrophysiological correlates of easy and difficult math[J]. Neurocase, 2013, 19 (5): 470-477.

二、研究方法

（一）实验对象

从华中科技大学随机招募65名研究生作为被试者，其中男生36人、女生29人，年龄为23.48±1.96岁，所有被试者均身心健康，均为右利手，视力正常。

选择其中两名被试者做预实验，来测试实验程序是否能顺畅实施，经过预实验后，对实验不合理的地方进行修改完善，所以这两名被试者的数据不可用。另外根据被试者所填导学关系评价问卷第16题，对被试者进行被试者间变量分组：被试者性别（男、女）和导学关系（高、低）。在导学关系这一变量中去除18名导学关系评价分数在中间的被试者，剩下的45名被试者中，高质量导学关系的评价分数（8.30±0.47）显著高于低质量导学关系的评价分数（4.77±1.77），$p=0.000<0.001$。45名被试者的分布如表6-15所示。

表6-15 内隐合作实验被试者分布

项目		个案数/人
导学关系	高	23
	低	22
被试者性别	男	24
	女	21

（二）实验设计

本研究采用"被试者性别（男、女）×导学关系（高、低）×启动词（导师姓名、陌生人姓名）×图片性别（男、女）×电极"五因素混合实验设计。其中，被试者性别和导学关系是被试者间变量，启动词、图片性别和脑区是被试者内变量。

（三）实验程序

运用Marcel最早提出的视觉掩蔽迫选实验范式、模糊痕迹范式，采用"被试者性别（男、女）×导学关系（高、低）×启动词（导师姓名、陌生人姓名）×图片性别（男、女）"四因素混合实验设计，其中启动词（导师姓名、陌生人姓名）和图片性别（男、女）为被试者内因素，被试者性别（男、女）和导学关系（高、低）为被试者间因素。向被试者阈下呈现启动词（导师姓名、陌生人姓名），再让被试者对是否愿意与随后呈现的模糊人物（为了控制人物吸引力、身份、地位、年龄等因素的影响，仅可以区分性别，以下简称图片性别）合作进行选择。最后调查研究生对导师的态度，从消极至积极用1~9级进行评分，和ERP实验结果相互印证。

考虑到没有排除被试者观看的图片存在性别差异，加上启动词有导师姓名与陌生人姓名的差异，所以打了4个刺激mark。选取50张图片，其中25张男性、25张女性，权重设为2，重复两次，一共200次。4个刺激mark分别是：S12，启动词为导师姓名，图片性别为女性；S13，启动词为陌生人姓名，图片性别为女性；S14，启动词为导师姓名，图片性别为男性；S15，启动词为陌生人姓名，图片性别为男性。另外根据被试者选择合作或者不合作设置两个反应mark：S1和S2。具体的E-Prime程序流程如图6-9所示。

正式实验之前有一个预实验，一共有16个trial，让被试者更好地理解实验。因为实验内容比较简单，被试者都能很好地理解实验，所以预实验的数据也可以采用。其他程序同外显合作实验。

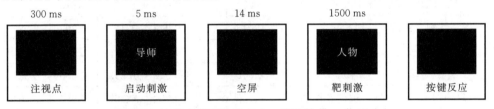

图6-9 内隐合作实验E-Prime程序中的一个trial

（四）设备和脑电数据处理步骤

本研究采用德国BrainProducts公司设计并研发的64导EEG数据记录系统，在线参考电极为Ref电极，接地电极为Gnd电极（两个电极阻抗均需要降至10KΩ以下），数据记录电极阻抗降至20KΩ以下，同时在右眼下眼尾处贴眼电电极来记录眼电。离线数据分析采取该脑电设备配套的BrainVision Anlyzer软件2.1版本。脑电数据分析的步骤为：重参考→滤波→去眼电→分段→去伪迹→求平均→基线校正→总平均→峰值检测→数据导出。

三、研究结果

（一）行为结果

1. 合作率

对合作率进行"被试者性别（男、女）×导学关系（高、低）×启动词

(导师姓名、陌生人姓名)×图片性别(男、女)"四因素重复方差分析,其中被试者性别和导学关系是被试者间变量,启动词和图片性别是被试者内变量,分析结果如表6-16所示。

表6-16 合作率四因素重复测量方差分析

源	III 类平方和	自由度	均方	F	显著性	偏 Eta 平方
启动词	0.002	1	0.002	0.248	0.621	0.006
启动词×被试者性别	0.006	1	0.006	0.768	0.386	0.018
启动词×导学关系	0.000	1	0.000	0.030	0.864	0.001
启动词×被试者性别×导学关系	0.007	1	0.007	1.004	0.322	0.024
误差(启动词)	0.302	41	0.007			
图片性别	1.503	1	1.503	39.914	0.000	0.493
图片性别×被试者性别	0.212	1	0.212	5.638	0.022	0.121
图片性别×导学关系	0.002	1	0.002	0.055	0.816	0.001
图片性别×被试者性别×导学关系	0.043	1	0.043	1.133	0.293	0.027
误差(图片性别)	1.544	41	0.038			
启动词×图片性别	0.002	1	0.002	0.893	0.350	0.021
启动词×图片性别×被试者性别	0.000	1	0.000	0.167	0.685	0.004
启动词×图片性别×导学关系	0.001	1	0.001	0.419	0.521	0.010
启动词×图片性别×被试者性别×导学关系	0.001	1	0.001	0.507	0.480	0.012
误差(启动词×图片性别)	0.072	41	0.002			
被试者性别	0.003	1	0.003	0.013	0.911	0.000
导学关系	0.148	1	0.148	0.695	0.409	0.017
被试者性别×导学关系	0.019	1	0.019	0.087	0.769	0.002
误差	8.729	41	0.213			

由结果可知,图片性别主效应显著,$F_{(1, 41)} = 39.914$,$p = 0.000 < 0.001$,$\eta^2 = 0.493$,被试者面对图片性别为女性时的合作率(0.6885 ± 0.23212)显著高于面对图片性别为男性时的合作率(0.5127 ± 0.26676)。

2.反应时

因为两个被试者选择合作和不合作的数量很极端,在反应时这一变量没法分析,需要将这两名被试者剔除,剔除后共43个数据。对反应时进行被试性别

"（男、女）×导学关系（高、低）×启动词（导师姓名、陌生人姓名）×模糊图片（男、女）×被试者选择（合作、不合作）"五因素重复方差分析，其中被试者性别和导学关系是被试者间变量，启动词、图片性别和被试者选择是被试者内变量，分析结果如表6-17所示。

表6-17 反应时五因素重复测量方差分析

源	III类平方和	自由度	均方	F	显著性	偏Eta平方
启动词	2173.303	1	2173.303	0.423	0.519	0.011
启动词×被试者性别	4083.202	1	4083.202	0.795	0.378	0.020
启动词×导学关系	7.704	1	7.704	0.001	0.969	0.000
启动词×被试者性别×导学关系	294.437	1	294.437	0.057	0.812	0.001
误差（启动词）	200339.479	39	5136.910			
图片性别	8155.352	1	8155.352	2.984	0.092	0.071
图片性别×被试者性别	1.465	1	1.465	0.001	0.982	0.000
图片性别×导学关系	372.509	1	372.509	0.136	0.714	0.003
图片性别×被试者性别×导学关系	6112.950	1	6112.950	2.236	0.143	0.054
误差（图片性别）	106597.918	39	2733.280			
被试者选择	115788.081	1	115788.081	3.697	0.062	0.087
被试者选择×被试者性别	60058.985	1	60058.985	1.918	0.174	0.047
被试者选择×导学关系	16843.427	1	16843.427	0.538	0.468	0.014
被试者选择×被试者性别×导学关系	34086.737	1	34086.737	1.088	0.303	0.027
误差（被试者选择）	1221312.465	39	31315.704			
启动词×图片性别	160.508	1	160.508	0.031	0.862	0.001
启动词×图片性别×被试者性别	6826.791	1	6826.791	1.302	0.261	0.032
启动词×图片性别×导学关系	435.069	1	435.069	0.083	0.775	0.002
启动词×图片性别×被试者性别×导学关系	20673.054	1	20673.054	3.941	0.054	0.092

续表

源	III 类平方和	自由度	均方	F	显著性	偏 Eta 平方
误差（启动词×图片性别）	204559.646	39	5245.119			
启动词×被试者选择	27441.472	1	27441.472	5.029	0.031	0.114
启动词×被试者选择×被试者性别	3774.714	1	3774.714	0.692	0.411	0.017
启动词×被试者选择×导学关系	13965.644	1	13965.644	2.560	0.118	0.062
启动词×被试者选择×被试者性别×导学关系	16.245	1	16.245	0.003	0.957	0.000
误差（启动词×被试者选择）	212789.978	39	5456.153			
图片性别×被试者选择	51320.393	1	51320.393	5.064	0.030	0.115
图片性别×被试者选择×被试者性别	793.713	1	793.713	0.078	0.781	0.002
图片性别×被试者选择×导学关系	4112.367	1	4112.367	0.406	0.528	0.010
图片性别×被试者选择×被试者性别×导学关系	31.491	1	31.491	0.003	0.956	0.000
误差（图片性别×被试者选择）	395233.332	39	10134.188			
启动词×图片性别×被试者选择	9359.205	1	9359.205	2.335	0.135	0.056
启动词×图片性别×被试者选择×被试者性别	127.078	1	127.078	0.032	0.860	0.001
启动词×图片性别×被试者选择×导学关系	9902.715	1	9902.715	2.470	0.124	0.060
启动词×图片性别×被试者选择×被试者性别×导学关系	7967.534	1	7967.534	1.988	0.167	0.048
误差（启动词×图片性别×被试者选择）	156333.221	39	4008.544			

续表

源	III 类平方和	自由度	均方	F	显著性	偏 Eta 平方
被试者性别	148186.520	1	148186.520	1.079	0.305	0.027
导学关系	845223.131	1	845223.131	6.153	0.018	0.136
被试者性别×导学关系	631932.329	1	631932.329	4.600	0.038	0.106
误差	5357756.441	39	137378.370			

由结果可知，导学关系的主效应显著，$F_{(1, 39)} = 6.153$，$p = 0.018$，$\eta^2 = 0.136$，低质量导学关系的被试者反应时（868.83±130.24 ms）显著长于高质量导学关系的被试者反应时（765.68±224.01 ms）。

被试者性别和导学关系的交互作用显著，$F_{(1, 39)} = 4.600$，$p = 0.038$，$\eta^2 = 0.106$。经过进一步的简单效应分析发现，低质量导学关系的被试者中，男生的反应时（934.027±41.439 ms）显著长于女生的反应时（805.023±41.439 ms），$F_{(1, 39)} = 4.846$，$p = 0.034$，$\eta^2 = 0.111$。

启动词和被试者选择的交互作用显著，$F_{(1, 39)} = 5.029$，$p = 0.031$，$\eta^2 = 0.114$。经过进一步的简单效应分析发现，当被试者选择合作时，导师姓名启动词条件下的反应时（789.059±22.419 ms）显著短于陌生人启动词条件下的反应时（812.268±21.958 ms）；当启动词为导师姓名条件下，被试者选择合作的反应时（789.059±22.419 ms）显著短于被试者选择不合作的反应时（844.375±22.991 ms），$F_{(1, 39)} = 4.965$，$p = 0.032$，$\eta^2 = 0.113$。

图片性别和被试者选择的交互作用显著，$F_{(1, 39)} = 5.064$，$p = 0.030$，$\eta^2 = 0.115$。经过进一步的简单效应分析发现，被试者面对图片性别为女性时选择合作的反应时（783.342±20.942 ms）显著短于被试者对图片性别为男性时选择合作的反应时（817.984±23.668 ms），$p = 0.005$；当图片性别为女性时，被试者选择合作的反应时（783.342±20.942 ms）显著短于被试者选择不合作的反应时（845.315±24.492 ms），$p = 0.010$。

（二）脑电波形成分分析

从总平均后的波形，这些波形为基于 S1214（启动词为导师，所有被试者总平均）条件下，所有刺激 mark 下的分段的总平均波形，从中可以看出，内隐合作实验有 5 个明显的成分 N1、N170、P2、N2 和晚期正向成分 LPC。

1. N1成分

N1成分在68 ms左右达到峰值（图6-10），在波峰检测时设置为50 ms～95 ms之间的负向波峰。N1成分是负向峰值，结合地形图和每个电极具体的波形（如果只看地形图则容易出现所选电极该成分不明显甚至根本没有该成分的错误），选择电极C3和Cz进行后续的SPSS分析和波形成分图形展示。

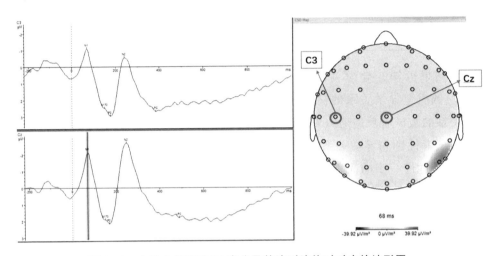

图6-10 内隐合作实验N1成分及其达到峰值时对应的地形图

2. N170成分

N170成分在150 ms左右达到峰值（图6-11），在波峰检测时设置为140～180 ms之间的负向波峰。N170成分是负向峰值，结合地形图和每个电极具体的波形，选择电极C3和Cz进行后续的SPSS分析和波形成分图形展示。

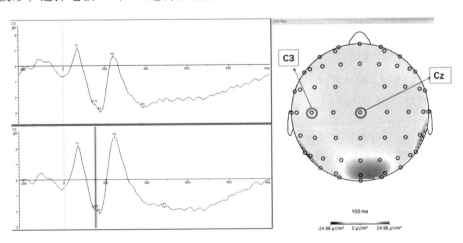

图6-11 内隐合作实验N170成分及其达到峰值时对应的地形图

3. P2 成分

P2 成分在 176 ms 左右达到峰值（图 6-12），在波峰检测时设置为 150~200 ms 之间的正向波峰。P2 成分是正向峰值，结合地形图和每个电极具体的波形，选择电极 C3 和 C4 进行后续的 SPSS 分析和波形成分图形展示。

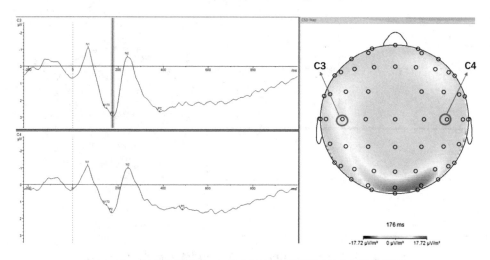

图 6-12 内隐合作实验 P2 成分及其达到峰值时对应的地形图

4. N2 成分

N2 成分在 246 ms 左右达到峰值（图 6-13），在波峰检测时设置为 220~260 ms 之间的负向波峰。N2 成分是负向峰值，结合地形图和每个电极具体的波形，选择电极 C3 和 Cz 进行后续的 SPSS 分析和波形成分图形展示。

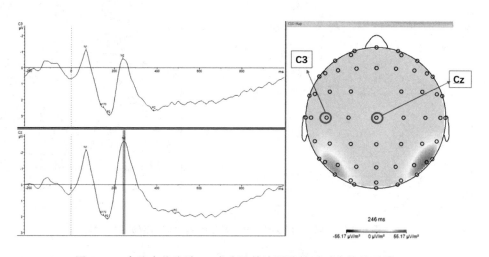

图 6-13 内隐合作实验 N2 成分及其达到峰值时对应的地形图

5. LPC 成分

N2 成分在 384 ms 左右达到峰值（图 6-14），在波峰检测时设置为 350～500 ms 之间的正向波峰。N2 成分是正向峰值，结合地形图和每个电极具体的波形，选择电极 C3 和 Cz 进行波形成分图形展示。

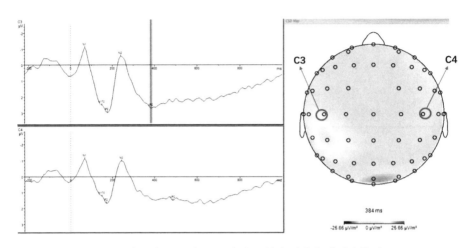

图 6-14　内隐合作实验 LPC 成分及其达到峰值时对应的地形图

因为 LPC 成分持续时间比较长，所以查看了 LPC 持续时间期间内（350～550 ms）的地形图（图 6-15）。后续的 SPSS 分析的 LPC 成分是 LPC 在 400～600 ms 之间的平均波幅。

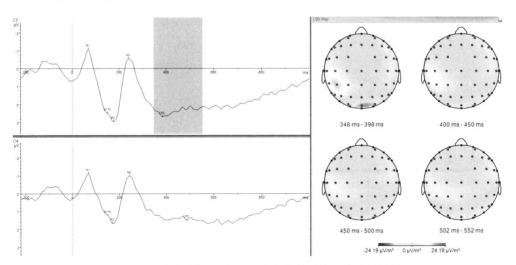

图 6-15　内隐合作实验 LPC 成分持续时间对应的地形图

（三）脑电数据分析结果

由前面的波形成分分析可知，内隐合作脑电实验的因变量有 N1（波峰和潜伏期）、N170（波峰和潜伏期）、P2（波峰和潜伏期）、N2（波峰和潜伏期）和 LPC（400~600 ms）平均波幅。

1. N1 波峰

对 N1 波峰进行"被试者性别（男、女）×导学关系（高、低）×启动词（导师姓名、陌生人姓名）×图片性别（男、女）×电极（C3、Cz）"五因素重复测量方差分析，其中被试者性别和导学关系是被试者间变量，启动词、图片性别和电极是被试者内变量。分析结果如表 6-18 所示。

表 6-18　N1 峰值五因素重复测量方差分析

源	III 类平方和	自由度	均方	F	显著性	偏 Eta 平方
启动词	0.006	1	0.006	0.002	0.962	0.000
启动词×被试者性别	2.449	1	2.449	0.967	0.331	0.023
启动词×导学关系	3.323	1	3.323	1.312	0.259	0.031
启动词×被试者性别×导学关系	2.808	1	2.808	1.109	0.298	0.026
误差（启动词）	103.816	41	2.532			
图片性别	0.576	1	0.576	0.845	0.363	0.020
图片性别×被试者性别	0.047	1	0.047	0.068	0.795	0.002
图片性别×导学关系	0.347	1	0.347	0.509	0.480	0.012
图片性别×被试者性别×导学关系	1.241	1	1.241	1.821	0.185	0.043
误差（图片性别）	27.941	41	0.681			
电极	128.911	1	128.911	44.476	0.000	0.520
电极×被试者性别	3.416	1	3.416	1.179	0.284	0.028
电极×导学关系	0.008	1	0.008	0.003	0.959	0.000
电极×被试者性别×导学关系	1.155	1	1.155	0.399	0.531	0.010
误差（电极）	118.837	41	2.898			
启动词×图片性别	3.614	1	3.614	2.732	0.106	0.062
启动词×图片性别×被试者性别	0.169	1	0.169	0.128	0.722	0.003

续表

源	III 类平方和	自由度	均方	F	显著性	偏 Eta 平方
启动词×图片性别×导学关系	1.144	1	1.144	0.864	0.358	0.021
启动词×图片性别×被试者性别×导学关系	2.862	1	2.862	2.163	0.149	0.050
误差（启动词×图片性别）	54.247	41	1.323			
启动词×电极	0.469	1	0.469	1.941	0.171	0.045
启动词×电极×被试者性别	1.190	1	1.190	4.926	0.032	0.107
启动词×电极×导学关系	0.045	1	0.045	0.185	0.669	0.005
启动词×电极×被试者性别×导学关系	0.312	1	0.312	1.291	0.262	0.031
误差（启动词×电极）	9.906	41	0.242			
图片性别×电极	0.002	1	0.002	0.007	0.932	0.000
图片性别×电极×被试者性别	0.045	1	0.045	0.138	0.712	0.003
图片性别×电极×导学关系	0.177	1	0.177	0.539	0.467	0.013
图片性别×电极×被试者性别×导学关系	0.722	1	0.722	2.200	0.146	0.051
误差（图片性别×电极）	13.462	41	0.328			
启动词×图片性别×电极	0.001	1	0.001	0.006	0.938	0.000
启动词×图片性别×电极×被试者性别	0.166	1	0.166	0.904	0.347	0.022
启动词×图片性别×电极×导学关系	0.199	1	0.199	1.080	0.305	0.026
启动词×图片性别×电极×被试者性别×导学关系	0.462	1	0.462	2.508	0.121	0.058
误差（启动词×图片性别×电极）	7.546	41	0.184			
被试者性别	54.142	1	54.142	2.990	0.091	0.068
导学关系	29.589	1	29.589	1.634	0.208	0.038
被试者性别×导学关系	59.875	1	59.875	3.307	0.076	0.075
误差	742.388	41	18.107			

由结果可知，电极的主效应显著，$F_{(1, 41)} = 44.476$，$p = 0.000 < 0.001$，

$\eta^2= 0.520$,电极C3的N1波峰峰值($-1.65\pm1.69\ \mu V$)显著小于Cz的N1波峰峰值($-2.83\pm2.01\ \mu V$)。

启动词、电极和被试者性别三因素的交互作用显著,$F_{(1, 41)}= 4.926$,$p= 0.032$,$\eta^2= 0.107$。经过进一步的简单效应分析发现,当启动词为导师姓名的情况下,中央电极Cz,男生的N1峰值($-3.524\pm0.386\ \mu V$)显著大于女生的N1峰值($-2.256\pm0.363\ \mu V$),$p= 0.021$。

被试者性别和导学关系两因素的交互作用边缘显著,$F_{(1, 41)}= 3.307$,$p= 0.076$,$\eta^2= 0.075$。经过进一步的简单效应分析发现,高质量导学关系研究生中,男生的N1峰值($-1.807\pm0.402\ \mu V$)显著小于女生的N1峰值($-3.421\pm0.501\ \mu V$),$p= 0.016$;当被试者为女生时,高质量导学关系的N1峰值($-3.421\pm0.501\ \mu V$)显著大于低质量导学关系的N1峰值($-2.012\pm0.434\ \mu V$),$p= 0.040$。

2. N1潜伏期

对N1潜伏期进行"被试者性别(男、女)×导学关系(高、低)×启动词(导师姓名、陌生人姓名)×图片性别(男、女)×电极(C3、Cz)"五因素重复测量方差分析,其中被试者性别和导学关系是被试者间变量,启动词、图片性别和电极是被试者内变量。分析结果如表6-19所示。

表6-19　N1潜伏期五因素重复测量方差分析

源	III 类平方和	自由度	均方	F	显著性	偏Eta平方
启动词	180.333	1	180.333	1.476	0.231	0.035
启动词×被试者性别	125.904	1	125.904	1.031	0.316	0.025
启动词×导学关系	154.887	1	154.887	1.268	0.267	0.030
启动词×被试者性别×导学关系	90.366	1	90.366	0.740	0.395	0.018
误差(启动词)	5007.668	41	122.138			
图片性别	22.495	1	22.495	0.209	0.650	0.005
图片性别×被试者性别	5.783	1	5.783	0.054	0.818	0.001
图片性别×导学关系	218.933	1	218.933	2.033	0.162	0.047
图片性别×被试者性别×导学关系	293.588	1	293.588	2.726	0.106	0.062
误差(图片性别)	4415.657	41	107.699			

续表

源	III 类平方和	自由度	均方	F	显著性	偏 Eta 平方
电极	56.226	1	56.226	0.868	0.357	0.021
电极×被试者性别	15.931	1	15.931	0.246	0.623	0.006
电极×导学关系	5.389	1	5.389	0.083	0.774	0.002
电极×被试者性别×导学关系	111.046	1	111.046	1.715	0.198	0.040
误差（电极）	2654.729	41	64.749			
启动词×图片性别	201.345	1	201.345	2.138	0.151	0.050
启动词×图片性别×被试者性别	190.438	1	190.438	2.022	0.163	0.047
启动词×图片性别×导学关系	87.566	1	87.566	0.930	0.341	0.022
启动词×图片性别×被试者性别×导学关系	80.226	1	80.226	0.852	0.361	0.020
误差（启动词×图片性别）	3860.748	41	94.165			
启动词×电极	74.514	1	74.514	2.164	0.149	0.050
启动词×电极×被试者性别	93.534	1	93.534	2.716	0.107	0.062
启动词×电极×导学关系	1.150	1	1.150	0.033	0.856	0.001
启动词×电极×被试者性别×导学关系	1.011	1	1.011	0.029	0.865	0.001
误差（启动词×电极）	1412.025	41	34.440			
图片性别×电极	2.746	1	2.746	0.068	0.796	0.002
图片性别×电极×被试者性别	0.559	1	0.559	0.014	0.907	0.000
图片性别×电极×导学关系	56.840	1	56.840	1.399	0.244	0.033
图片性别×电极×被试者性别×导学关系	20.718	1	20.718	0.510	0.479	0.012
误差（图片性别×电极）	1665.859	41	40.631			
启动词×图片性别×电极	0.441	1	0.441	0.015	0.902	0.000
启动词×图片性别×电极×被试者性别	0.164	1	0.164	0.006	0.940	0.000

续表

源	III类平方和	自由度	均方	F	显著性	偏Eta平方
启动词×图片性别×电极×导学关系	18.025	1	18.025	0.630	0.432	0.015
启动词×图片性别×电极×被试者性别×导学关系	0.029	1	0.029	0.001	0.975	0.000
误差（启动词×图片性别×电极）	1172.502	41	28.598			
被试者性别	1795.555	1	1795.555	3.073	0.087	0.070
导学关系	13.581	1	13.581	0.023	0.880	0.001
被试者性别×导学关系	1057.607	1	1057.607	1.810	0.186	0.042
误差	23955.562	41	584.282			

由结果可知，被试者性别的主效应边缘显著，$F_{(1, 41)} = 3.073$，$p = 0.087$，$\eta^2 = 0.070$，男生的N1潜伏期（75.00±14.019 ms）长于女生的N1潜伏期（69.14±10.170 ms）。

3. N170峰值

对N170峰值进行"被试者性别（男、女）×导学关系（高、低）×启动词（导师姓名、陌生人姓名）×图片性别（男、女）×电极（C3、Cz）"五因素重复测量方差分析，其中被试者性别和导学关系是被试者间变量，启动词、图片性别和电极是被试者内变量。分析结果如表6-20所示。

表6-20 N170波峰五因素重复测量方差分析

源	III类平方和	自由度	均方	F	显著性	偏Eta平方
启动词	31.184	1	31.184	5.499	0.024	0.118
启动词×被试者性别	1.553	1	1.553	0.274	0.604	0.007
启动词×导学关系	3.034	1	3.034	0.535	0.469	0.013
启动词×被试者性别×导学关系	3.284	1	3.284	0.579	0.451	0.014
误差（启动词）	232.518	41	5.671			
图片性别	4.516	1	4.516	2.660	0.111	0.061
图片性别×被试者性别	0.272	1	0.272	0.160	0.691	0.004

续表

源	III 类平方和	自由度	均方	F	显著性	偏 Eta 平方
图片性别×导学关系	0.270	1	0.270	0.159	0.692	0.004
图片性别×被试者性别×导学关系	1.124	1	1.124	0.662	0.420	0.016
误差（图片性别）	69.602	41	1.698			
电极	131.715	1	131.715	29.225	0.000	0.416
电极×被试者性别	10.552	1	10.552	2.341	0.134	0.054
电极×导学关系	3.025	1	3.025	0.671	0.417	0.016
电极×被试者性别×导学关系	2.679	1	2.679	0.594	0.445	0.014
误差（电极）	184.782	41	4.507			
启动词×图片性别	0.012	1	0.012	0.007	0.934	0.000
启动词×图片性别×被试者性别	0.005	1	0.005	0.003	0.956	0.000
启动词×图片性别×导学关系	3.385	1	3.385	1.978	0.167	0.046
启动词×图片性别×被试者性别×导学关系	1.481	1	1.481	0.865	0.358	0.021
误差（启动词×图片性别）	70.177	41	1.712			
启动词×电极	1.430	1	1.430	2.757	0.104	0.063
启动词×电极×被试者性别	0.848	1	0.848	1.635	0.208	0.038
启动词×电极×导学关系	0.225	1	0.225	0.434	0.514	0.010
启动词×电极×被试者性别×导学关系	0.016	1	0.016	0.031	0.862	0.001
误差（启动词×电极）	21.268	41	0.519			
图片性别×电极	0.295	1	0.295	0.889	0.351	0.021
图片性别×电极×被试者性别	1.096	1	1.096	3.306	0.076	0.075
图片性别×电极×导学关系	8.789E−5	1	8.789E−5	0.000	0.987	0.000
图片性别×电极×被试者性别×导学关系	0.006	1	0.006	0.018	0.895	0.000

续表

源	III类平方和	自由度	均方	F	显著性	偏Eta平方
误差（图片性别×电极）	13.590	41	0.331			
启动词×图片性别×电极	0.124	1	0.124	0.324	0.572	0.008
启动词×图片性别×电极×被试者性别	0.170	1	0.170	0.444	0.509	0.011
启动词×图片性别×电极×导学关系	0.021	1	0.021	0.054	0.818	0.001
启动词×图片性别×电极×被试者性别×导学关系	0.001	1	0.001	0.001	0.971	0.000
误差（启动词×图片性别×电极）	15.671	41	0.382			
被试者性别	58.299	1	58.299	2.084	0.156	0.048
导学关系	11.726	1	11.726	0.419	0.521	0.010
被试者性别×导学关系	2.213	1	2.213	0.079	0.780	0.002
误差	1147.122	41	27.979			

由结果可知，启动词的主效应显著，$F_{(1, 41)} = 5.499$，$p = 0.024$，$\eta^2 = 0.118$，启动词为导师姓名的N170波峰峰值（$-1.11 \pm 2.33\ \mu V$）显著大于启动词为陌生人的N170波峰峰值（$-0.53 \pm 2.38\ \mu V$）；电极的主效应显著，$F_{(1, 41)} = 29.225$，$p = 0.000 < 0.001$，$\eta^2 = 0.416$，电极C3的N170波峰峰值（$1.43 \pm 2.08\ \mu V$）显著小于Cz的N170波峰峰值（$0.21 \pm 2.49\ \mu V$）。

图片性别×电极×被试者性别三因素的交互作用边缘显著，$F_{(1, 41)} = 3.306$，$p = 0.076$，$\eta^2 = 0.075$。经过进一步的简单效应分析发现，在电极Cz，女生面对图片性别为男性的N170波峰峰值（$0.679 \pm 0.531\ \mu V$）小于女生面对图片性别为女性的N170波峰峰值（$0.042 \pm 0.499\ \mu V$），$p = 0.066$（边缘显著）；在电极C3，男生面对图片性别为女性的N170波峰峰值（$0.750 \pm 0.377\ \mu V$）大于女生面对图片性别为女性的N170波峰峰值（$1.970 \pm 0.402\ \mu V$），$p = 0.033$；在电极C3，男生面对图片性别为男性的N170波峰峰值（$0.976 \pm 0.389\ \mu V$）大于女生面对图片性别为男性的N170波峰峰值（$2.083 \pm 0.414\ \mu V$），$p = 0.058$（边缘显著）。

4. N170潜伏期

对N170潜伏期进行"被试者性别（男、女）×导学关系（高、低）×启动词（导师姓名、陌生人姓名）×图片性别（男、女）×电极（C3、Cz）"五因素重复测量方差分析，其中被试者性别和导学关系是被试者间变量，启动词、图片性别和电极是被试者内变量。分析结果如表6-21所示。

表6-21 N170潜伏期五因素重复测量方差分析

源	III类平方和	自由度	均方	F	显著性	偏Eta平方
启动词	44.117	1	44.117	0.343	0.561	0.008
启动词×被试者性别	100.980	1	100.980	0.785	0.381	0.019
启动词×导学关系	163.906	1	163.906	1.274	0.266	0.030
启动词×被试者性别×导学关系	42.287	1	42.287	0.329	0.570	0.008
误差（启动词）	5276.293	41	128.690			
图片性别	13.153	1	13.153	0.089	0.767	0.002
图片性别×被试者性别	53.708	1	53.708	0.365	0.549	0.009
图片性别×导学关系	132.975	1	132.975	0.903	0.348	0.022
图片性别×被试者性别×导学关系	43.405	1	43.405	0.295	0.590	0.007
误差（图片性别）	6040.087	41	147.319			
电极	433.958	1	433.958	8.347	0.006	0.169
电极×被试者性别	31.372	1	31.372	0.603	0.442	0.015
电极×导学关系	2.240	1	2.240	0.043	0.837	0.001
电极×被试者性别×导学关系	1.086	1	1.086	0.021	0.886	0.001
误差（电极）	2131.465	41	51.987			
启动词×图片性别	2.550	1	2.550	0.021	0.886	0.001
启动词×图片性别×被试者性别	230.137	1	230.137	1.862	0.180	0.043
启动词×图片性别×导学关系	102.665	1	102.665	0.831	0.367	0.020
启动词×图片性别×被试者性别×导学关系	15.702	1	15.702	0.127	0.723	0.003
误差（启动词×图片性别）	5067.150	41	123.589			
启动词×电极	196.035	1	196.035	6.368	0.016	0.134
启动词×电极×被试者性别	55.380	1	55.380	1.799	0.187	0.042

续表

源	III 类平方和	自由度	均方	F	显著性	偏Eta平方
启动词×电极×导学关系	24.999	1	24.999	0.812	0.373	0.019
启动词×电极×被试者性别×导学关系	18.365	1	18.365	0.597	0.444	0.014
误差（启动词×电极）	1262.150	41	30.784			
图片性别×电极	0.175	1	0.175	0.006	0.937	0.000
图片性别×电极×被试者性别	0.470	1	0.470	0.017	0.896	0.000
图片性别×电极×导学关系	9.782	1	9.782	0.359	0.552	0.009
图片性别×电极×被试者性别×导学关系	0.003	1	0.003	0.000	0.992	0.000
误差（图片性别×电极）	1117.198	41	27.249			
启动词×图片性别×电极	27.062	1	27.062	0.991	0.325	0.024
启动词×图片性别×电极×被试者性别	21.322	1	21.322	0.781	0.382	0.019
启动词×图片性别×电极×导学关系	52.815	1	52.815	1.935	0.172	0.045
启动词×图片性别×电极×被试者性别×导学关系	2.615	1	2.615	0.096	0.759	0.002
误差（启动词×图片性别×电极）	1119.258	41	27.299			
被试者性别	127.764	1	127.764	0.233	0.632	0.006
导学关系	5.095	1	5.095	0.009	0.924	0.000
被试者性别×导学关系	498.423	1	498.423	0.911	0.346	0.022
误差	22442.687	41	547.383			

由结果可知，电极的主效应显著，$F_{(1, 41)} = 8.347$，$p = 0.006$，$\eta^2 = 0.169$，电极 C3 的 N170 潜伏期（161.53±10.73 ms）显著短于电极 Cz 的 N170 潜伏期（163.70±12.03 ms）。

5. P2 峰值

对 P2 峰值进行"被试者性别（男、女）×导学关系（高、低）×启动词（导师姓名、陌生人姓名）×图片性别（男、女）×电极（C3、C4）"五因素重复测量方差分析，其中被试者性别和导学关系是被试者间变量，启动词、图片性别和电极是被试者内变量。分析结果如表6-22所示。

表6-22 P2峰值五因素重复测量方差分析

源	III类平方和	自由度	均方	F	显著性	偏Eta平方
启动词	25.424	1	25.424	6.730	0.013	0.141
启动词×被试者性别	0.569	1	0.569	0.151	0.700	0.004
启动词×导学关系	1.492	1	1.492	0.395	0.533	0.010
启动词×被试者性别×导学关系	2.528	1	2.528	0.669	0.418	0.016
误差（启动词）	154.872	41	3.777			
图片性别	2.491	1	2.491	1.493	0.229	0.035
图片性别×被试者性别	1.093	1	1.093	0.656	0.423	0.016
图片性别×导学关系	0.823	1	0.823	0.493	0.486	0.012
图片性别×被试者性别×导学关系	0.304	1	0.304	0.182	0.672	0.004
误差（图片性别）	68.384	41	1.668			
电极	196.367	1	196.367	32.812	0.000	0.445
电极×被试者性别	1.048	1	1.048	0.175	0.678	0.004
电极×导学关系	9.230	1	9.230	1.542	.221	0.036
电极×被试者性别×导学关系	2.996	1	2.996	0.501	0.483	0.012
误差（电极）	245.370	41	5.985			
启动词×图片性别	0.253	1	0.253	0.162	0.689	0.004
启动词×图片性别×被试者性别	0.584	1	0.584	0.375	0.544	0.009
启动词×图片性别×导学关系	1.842	1	1.842	1.183	0.283	0.028
启动词×图片性别×被试者性别×导学关系	0.129	1	0.129	0.083	0.775	0.002
误差（启动词×图片性别）	63.863	41	1.558			
启动词×电极	0.087	1	0.087	0.159	0.692	0.004

续表

源	III类平方和	自由度	均方	F	显著性	偏Eta平方
启动词×电极×被试者性别	9.323E−6	1	9.323E−6	0.000	0.997	0.000
启动词×电极×导学关系	0.327	1	0.327	0.601	0.443	0.014
启动词×电极×被试者性别×导学关系	1.004	1	1.004	1.843	0.182	0.043
误差（启动词×电极）	22.341	41	0.545			
图片性别×电极	0.528	1	0.528	0.632	0.431	0.015
图片性别×电极×被试者性别	1.219	1	1.219	1.457	0.234	00.034
图片性别×电极×导学关系	0.461	1	0.461	0.551	0.462	0.013
图片性别×电极×被试者性别×导学关系	1.143	1	1.143	1.367	0.249	0.032
误差（图片性别×电极）	34.287	41	0.836			
启动词×图片性别×电极	0.053	1	0.053	0.096	0.758	0.002
启动词×图片性别×电极×被试者性别	0.137	1	0.137	0.250	0.620	0.006
启动词×图片性别×电极×导学关系	0.018	1	0.018	0.034	0.855	0.001
启动词×图片性别×电极×被试者性别×导学关系	0.401	1	0.401	0.734	0.397	0.018
误差（启动词×图片性别×电极）	22.424	41	0.547			
被试者性别	119.670	1	119.670	4.858	0.033	0.106
导学关系	0.216	1	0.216	0.009	0.926	0.000
被试者性别×导学关系	1.917	1	1.917	0.078	0.782	0.002
误差	1009.890	41	24.631			

由结果可知，启动词的主效应显著，$F_{(1, 41)} = 6.730$，$p = 0.013$，$\eta^2 = 0.141$，启动词为导师姓名时的P2峰值（3.02±2.25 μV）显著大于启动词为陌生人姓名时的P2峰值（2.50±2.44 μV）；电极的主效应显著，$F_{(1, 41)} = 32.812$，$p = 0.000 < 0.001$，$\eta^2 = 0.445$，电极C3的P2峰值（3.50±2.34 μV）显著大于电极C4的P2峰值（2.02±2.13 μV）；被试者性别的主效应显著，$F_{(1, 41)} = 4.858$，$p = 0.033$，$\eta^2 = 0.106$，男生的P2峰值（2.08±2.67 μV）显著小于女生的P2峰值（3.16±2.75 μV）。

6. P2潜伏期

对P2潜伏期进行"被试者性别（男、女）×导学关系（高、低）×启动词（导师姓名、陌生人姓名）×图片性别（男、女）×电极（C3、C4）"五因素重复测量方差分析，其中被试者性别和导学关系是被试者间变量，启动词、图片性别和电极是被试者内变量。分析结果如表6-23所示。

表6-23　P2潜伏期五因素重复测量方差分析

源	III类平方和	自由度	均方	F	显著性	偏Eta平方
启动词	21.918	1	21.918	0113	0.739	0.003
启动词×被试者性别	255.072	1	255.072	1.311	0.259	0.031
启动词×导学关系	452.434	1	452.434	2.326	0.135	0.054
启动词×被试者性别×导学关系	4.738	1	4.738	0.024	0.877	0.001
误差（启动词）	7976.414	41	194.547			
图片性别	31.195	1	31.195	0.287	0.595	0.007
图片性别×被试者性别	62.779	1	62.779	0.577	0.452	0.014
图片性别×导学关系	0.827	1	0.827	0.008	0.931	0.000
图片性别×被试者性别×导学关系	2.041	1	2.041	0.019	0.892	0.000
误差（图片性别）	4458.778	41	108.751			
电极	73.938	1	73.938	0.487	0.489	0.012
电极×被试者性别	82.199	1	82.199	0.541	0.466	0.013
电极×导学关系	130.060	1	130.060	0.857	0.360	0.020
电极×被试者性别×导学关系	60.333	1	60.333	0.397	0.532	0.010

续表

源	III 类平方和	自由度	均方	F	显著性	偏 Eta 平方
误差（电极）	6224.911	41	151.827			
启动词×图片性别	1.541	1	1.541	0.008	0.929	0.000
启动词×图片性别×性别	9.272	1	9.272	0.049	0.826	0.001
启动词×图片性别×导学关系	3.233	1	3.233	0.017	0.897	0.000
启动词×图片性别×被试者性别×导学关系	0.864	1	0.864	0.005	0.947	0.000
误差（启动词×图片性别）	7806.014	41	190.391			
启动词×电极	37.792	1	37.792	0.617	0.437	0.015
启动词×电极×被试者性别	101.783	1	101.783	1.660	0.205	.039
启动词×电极×导学关系	18.966	1	18.966	0.309	0.581	0.007
启动词×电极×被试者性别×导学关系	57.795	1	57.795	0.943	0.337	0.022
误差（启动词×电极）	2513.240	41	61.299			
图片性别×电极	72.668	1	72.668	0.601	0.442	0.014
图片性别×电极×被试者性别	24.841	1	24.841	0.206	0.653	0.005
图片性别×电极×导学关系	33.819	1	33.819	0.280	0.600	0.007
图片性别×电极×被试者性别×导学关系	315.606	1	315.606	2.612	0.114	0.060
误差（图片性别×电极）	4953.673	41	120.821			
启动词×图片性别×电极	5.150	1	5.150	0.083	0.775	0.002
启动词×图片性别×电极×被试者性别	23.762	1	23.762	0.381	0.540	0.009

续表

源	III类平方和	自由度	均方	F	显著性	偏Eta平方
启动词×图片性别×电极×导学关系	35.192	1	35.192	0.564	0.457	0.014
启动词×图片性别×电极×被试者性别×导学关系	54.185	1	54.185	0.869	0.357	0.021
误差（启动词×图片性别×电极）	2557.240	41	62.372			
被试者性别	26.764	1	26.764	0.039	0.844	0.001
导学关系	809.387	1	809.387	1.185	0.283	0.028
被试者性别×导学关系	931.504	1	931.504	1.364	0.250	0.032
误差	27994.073	41	682.782			

从P2潜伏期的方差分析结果中没有发现统计学意义上的差异，可能是因为P2成分时间窗的范围比较小。

7. N2峰值

对N2峰值进行"被试者性别（男、女）×导学关系（高、低）×启动词（导师姓名、陌生人姓名）×图片性别（男、女）×电极（C3、Cz）"五因素重复测量方差分析，其中被试者性别和导学关系是被试者间变量，启动词、图片性别和电极是被试者内变量。分析结果如表6-24所示。

表6-24　N2峰值五因素重复测量方差分析

源	III类平方和	自由度	均方	F	显著性	偏Eta平方
启动词	0.024	1	0.024	0.007	0.933	0.000
启动词×被试者性别	0.039	1	0.039	0.012	0.914	0.000
启动词×导学关系	1.422	1	1.422	0.426	0.518	0.010
启动词×被试者性别×导学关系	1.158	1	1.158	0.347	0.559	0.008
误差（启动词）	136.973	41	3.341			
图片性别	24.655	1	24.655	14.892	0.000	0.266
图片性别×被试者性别	0.049	1	0.049	0.030	0.864	0.001

续表

源	III类平方和	自由度	均方	F	显著性	偏Eta平方
图片性别×导学关系	0.091	1	0.091	0.055	0.816	0.001
图片性别×被试者性别×导学关系	2.631	1	2.631	1.589	0.215	0.037
误差（图片性别）	67.877	41	1.656			
电极	501.382	1	501.382	95.963	0.000	0.701
电极×被试者性别	11.371	1	11.371	2.176	0.148	0.050
电极×导学关系	1.896	1	1.896	0.363	0.550	0.009
电极×被试者性别×导学关系	1.857	1	1.857	0.355	0.554	0.009
误差（电极）	214.216	41	5.225			
启动词×图片性别	0.001	1	0.001	0.000	0.983	0.000
启动词×图片性别×被试者性别	6.248	1	6.248	2.333	0.134	0.054
启动词×图片性别×导学关系	0.002	1	0.002	0.001	0.976	0.000
启动词×图片性别×被试者性别×导学关系	0.003	1	0.003	0.001	0.973	0.000
误差（启动词×图片性别）	109.831	41	2.679			
启动词×电极	0.004	1	0.004	0.009	0.927	0.000
启动词×电极×被试者性别	0.093	1	0.093	0.206	0.652	0.005
启动词×电极×导学关系	0.735	1	0.735	1.623	0.210	0.038
启动词×电极×被试者性别×导学关系	0.006	1	0.006	0.013	0.910	0.000
误差（启动词×电极）	18.559	41	0.453			
图片性别×电极	1.293	1	1.293	6.005	0.019	0.128
图片性别×电极×被试者性别	0.764	1	0.764	3.545	0.067	0.080
图片性别×电极×导学关系	0.206	1	0.206	0.958	0.333	0.023
图片性别×电极×被试者性别×导学关系	0.013	1	0.013	0.062	0.805	0.001

续表

源	III 类平方和	自由度	均方	F	显著性	偏 Eta 平方
误差（图片性别×电极）	8.831	41	0.215			
启动词×图片性别×电极	0.094	1	0.094	0.285	0.596	0.007
启动词×图片性别×电极×被试者性别	0.317	1	0.317	0.966	0.332	0.023
启动词×图片性别×电极×导学关系	0.051	1	0.051	0.155	0.696	0.004
启动词×图片性别×电极×被试者性别×导学关系	0.689	1	0.689	2.097	0.155	0.049
误差（启动词×图片性别×电极）	13.468	41	0.328			
被试者性别	5.495	1	5.495	0.096	0.759	0.002
导学关系	7.766	1	7.766	0.135	0.715	0.003
被试者性别×导学关系	0.165	1	0.165	0.003	0.958	0.000
误差	2354.837	41	57.435			

由结果可知，图片性别的主效应显著，$F_{(1, 41)} = 14.892$，$p = 0.000 < 0.001$，$\eta^2 = 0.266$，图片性别为女性时触发的N2峰值（-2.84 ± 3.19 μV）显著大于图片性别为男性触发的N2峰值（-2.33 ± 3.02 μV）；电极的主效应显著，$F_{(1, 41)} = 95.963$，$p = 0.000 < 0.001$，$\eta^2 = 0.701$，C3电极的N2峰值（-1.41 ± 2.74 μV）显著小于Cz电极的N2峰值（-3.76 ± 3.03 μV）。

8. N2潜伏期

对N2潜伏期进行"被试者性别（男、女）×导学关系（高、低）×启动词（导师姓名、陌生人姓名）×图片性别（男、女）×电极（C3、Cz）"五因素重复测量方差分析，其中被试者性别和导学关系是被试者间变量，启动词、图片性别和电极是被试者内变量。分析结果如表6-25所示。

表6-25　N2潜伏期五因素重复测量方差分析

源	III 类平方和	自由度	均方	F	显著性	偏 Eta 平方
启动词	1340.469	1	1340.469	7.011	0.011	0.146
启动词×被试者性别	95.228	1	95.228	0.498	0.484	0.012

续表

源	III类平方和	自由度	均方	F	显著性	偏Eta平方
启动词×导学关系	222.074	1	222.074	1.161	0.287	0.028
启动词×被试者性别×导学关系	112.694	1	112.694	0.589	0.447	0.014
误差（启动词）	7839.062	41	191.197			
图片性别	177.702	1	177.702	1.629	0.209	0.038
图片性别×被试者性别	95.845	1	95.845	0.879	0.354	0.021
图片性别×导学关系	17.031	1	17.031	0.156	0.695	0.004
图片性别×被试者性别×导学关系	29.438	1	29.438	0.270	0.606	0.007
误差（图片性别）	4471.340	41	109.057			
电极	0.359	1	0.359	0.006	0.940	0.000
电极×被试者性别	17.695	1	17.695	0.282	0.598	0.007
电极×导学关系	7.309	1	7.309	0.116	0.735	0.003
电极×被试者性别×导学关系	19.717	1	19.717	0.314	0.578	0.008
误差（电极）	2572.668	41	62.748			
启动词×图片性别	491.447	1	491.447	3.943	0.054	0.088
启动词×图片性别×被试者性别	148.037	1	148.037	1.188	0.282	0.028
启动词×图片性别×导学关系	6.434	1	6.434	0.052	0.821	0.001
启动词×图片性别×被试者性别×导学关系	138.269	1	138.269	1.109	0.298	0.026
误差（启动词×图片性别）	5109.906	41	124.632			
启动词×电极	0.146	1	0.146	0.005	0.945	0.000
启动词×电极×被试者性别	10.593	1	10.593	0.348	0.559	0.008
启动词×电极×导学关系	37.815	1	37.815	1.241	0.272	0.029
启动词×电极×被试者性别×导学关系	27.889	1	27.889	0.915	0.344	0.022
误差（启动词×电极）	1249.625	41	30.479			

续表

源	III类平方和	自由度	均方	F	显著性	偏Eta平方
图片性别×电极	13.376	1	13.376	0.345	0.560	0.008
图片性别×电极×被试者性别	262.955	1	262.955	6.781	0.013	0.142
图片性别×电极×导学关系	429.524	1	429.524	11.076	0.002	0.213
图片性别×电极×被试者性别×导学关系	117.472	1	117.472	3.029	0.089	0.069
误差（图片性别×电极）	1590.014	41	38.781			
启动词×图片性别×电极	0.152	1	0.152	0.003	0.959	0.000
启动词×图片性别×电极×被试者性别	127.701	1	127.701	2.225	0.143	0.051
启动词×图片性别×电极×导学关系	165.358	1	165.358	2.881	0.097	0.066
启动词×图片性别×电极×被试者性别×导学关系	34.165	1	34.165	0.595	0.445	0.014
误差（启动词×图片性别×电极）	2353.333	41	57.398			
被试者性别	255.131	1	255.131	0.449	0.507	0.011
导学关系	26.764	1	26.764	0.047	0.829	0.001
被试者性别×导学关系	24.143	1	24.143	0.042	0.838	0.001
误差	23319.073	41	568.758			

由结果可知，启动词的主效应显著，$F_{(1, 41)} = 7.011$，$p = 0.011$，$\eta^2 = 0.146$，启动词为导师姓名时N2潜伏期（240.83±12.05 ms）显著长于启动词为陌生人姓名时N2潜伏期（237.20±11.92 ms）。

图片性别×电极×被试者性别三因素的交互作用显著，$F_{(1, 41)} = 6.781$，$p = 0.013$，$\eta^2 = 0.142$。经过进一步的简单效应分析发现，在电极C3，当被试者为女生时，面对图片性别为女性的N2潜伏期（240.194±2.087 ms）显著长于面对图片性别为男性的N2潜伏期（235.597±1.895 ms），$p = 0.023$；当女生面对图片性别为女性的刺激，电极C3的N2潜伏期（235.597±1.895 ms）短于电极Cz的N2潜伏期（238.236±2.271 ms），$p = 0.063$（边缘显著）；在电极C3，男生面对图片性别为女性的 N2 潜伏期（240.536±1.779 ms）长于女生面对图片性别为女性的 N2 潜伏期（235.597±1.895 ms），$p=0.064$（边缘显著）。

图片性别×电极×导学关系三因素的交互作用显著，$F_{(1, 41)}=11.076$，$p=0.002$，$\eta^2=0.213$。经过进一步的简单效应分析发现，在电极 C3，高质量导学关系的被试者，面对图片性别为女性的 N2 潜伏期（240.349±2.022 ms）长于面对图片性别为男性的 N2 潜伏期（239.375±1.840 ms），$p=0.064$（边缘显著）；在电极 Cz，低质量导学关系的被试者，面对图片性别为女性的 N2 潜伏期（241.017±2.347 ms）显著长于面对图片性别为男性的 N2 潜伏期（237.325±2.205 ms），$p=0.045$；高质量导学关系的被试者，在面对图片性别为男性的情况下，电极 C3 的 N2 潜伏期（236.758±1.836 ms）显著短于电极 Cz 的 N2 潜伏期（239.718±2.200 ms），$p=0.033$。

9. LPC 平均波幅

对 LPC 平均波幅进行"被试者性别（男、女）×导学关系（高、低）×启动词（导师姓名、陌生人姓名）×图片性别（男、女）×电极（C3、C4）"五因素重复测量方差分析，其中被试者性别和导学关系是被试者间变量，启动词、图片性别和电极是被试者内变量。分析结果如表 6-26 所示。

表 6-26　LPC 平均波幅五因素重复测量方差分析

源	III 类平方和	自由度	均方	F	显著性	偏 Eta 平方
启动词	71890.191	1	71890.191	0.970	0.330	0.023
启动词×被试者性别	172807.553	1	172807.553	2.332	0.134	0.054
启动词×导学关系	62503.390	1	62503.390	0.844	0.364	0.020
启动词×被试者性别×导学关系	29303.115	1	29303.115	0.395	0.533	0.010
误差（启动词）	3037864.122	41	74094.247			
图片性别	358087.564	1	358087.564	5.608	0.023	0.120
图片性别×被试者性别	178292.102	1	178292.102	2.792	0.102	0.064
图片性别×导学关系	122395.895	1	122395.895	1.917	0.174	0.045
图片性别×被试者性别×导学关系	25263.366	1	25263.366	0.396	0.533	0.010
误差（图片性别）	2618030.516	41	63854.403			
电极	4053075.563	1	4053075.563	30.628	0.000	0.428

续表

源	III 类平方和	自由度	均方	F	显著性	偏 Eta 平方
电极×被试者性别	31484.290	1	31484.290	0.238	0.628	0.006
电极×导学关系	73237.788	1	73237.788	0.553	0.461	0.013
电极×被试者性别×导学关系	503867.963	1	503867.963	3.808	0.058	0.085
误差（电极）	5425711.454	41	132334.426			
启动词×图片性别	49034.110	1	49034.110	0.635	0.430	0.015
启动词×图片性别×被试者性别	32959.619	1	32959.619	0.427	0.517	0.010
启动词×图片性别×导学关系	20630.581	1	20630.581	0.267	0.608	0.006
启动词×图片性别×被试者性别×导学关系	11832.115	1	11832.115	0.153	0.698	0.004
误差（启动词×图片性别）	3166205.784	41	77224.531			
启动词×电极	5226.089	1	5226.089	0.960	0.333	0.023
启动词×电极×被试者性别	7335.755	1	7335.755	1.347	0.252	0.032
启动词×电极×导学关系	11543.136	1	11543.136	2.120	0.153	0.049
启动词×电极×被试者性别×导学关系	571.191	1	571.191	0.105	0.748	0.003
误差（启动词×电极）	223250.053	41	5445.123			
图片性别×电极	31837.210	1	31837.210	1.211	0.278	0.029
图片性别×电极×被试者性别	65504.264	1	65504.264	2.492	0.122	0.057
图片性别×电极×导学关系	35345.788	1	35345.788	1.345	0.253	0.032
图片性别×电极×被试者性别×导学关系	6120.606	1	6120.606	0.233	0.632	0.006
误差（图片性别×电极）	1077803.106	41	26287.881			

续表

源	III类平方和	自由度	均方	F	显著性	偏Eta平方
启动词×图片性别×电极	4065.804	1	4065.804	0.584	0.449	0.014
启动词×图片性别×电极×被试者性别	4060.353	1	4060.353	0.583	0.450	0.014
启动词×图片性别×电极×导学关系	5954.165	1	5954.165	0.855	0.361	0.020
启动词×图片性别×电极×被试者性别×导学关系	10750.725	1	10750.725	1.543	0.221	0.036
误差（启动词×图片性别×电极）	285628.562	41	6966.550			
被试者性别	5245386.924	1	5245386.924	4.793	0.034	0.105
导学关系	29622.143	1	29622.143	0.027	0.870	0.001
被试者性别×导学关系	3484.075	1	3484.075	0.003	0.955	0.000
误差	44868904.460	41	1094363.523			

由结果可知，图片性别的主效应显著，$F_{(1, 41)} = 5.608$，$p = 0.023$，$\eta^2 = 0.120$，图片性别为女性触发的LPC平均波峰（1.70±2.05 μV）显著小于图片性别为男性触发的LPC平均波峰（2.00±2.39 μV）；电极的主效应显著，$F_{(1, 41)} = 30.628$，$p = 0.000 < 0.001$，$\eta^2 = 0.428$，电极C3的LPC平均波幅（2.36±2.27 μV）显著大于电极C4的LPC平均波幅（1.34±2.08 μV）；被试者性别主效应显著，$F_{(1, 41)} = 4.793$，$p = 0.034$，$\eta^2 = 0.105$，男生的LPC平均波峰（1.67±2.08 μV）显著小于女生的LPC平均波峰（2.35±2.15 μV）。

（四）总平均波形图

C3、C4、Cz电极的性别（男、女）×导学关系（高、低）×启动词（导师姓名、陌生人姓名）的各有8种情况的ERP总平均波形。图6-16为C3电极8种情况ERPs总平均波形图，图6-17为C4电极8种情况ERPs总平均波形图，图6-18为Cz电极8种情况ERPs总平均波形图。

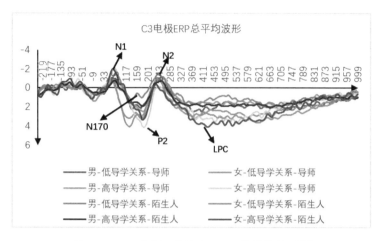

图 6-16　C3 电极 8 种情况 ERPs 总平均波形图

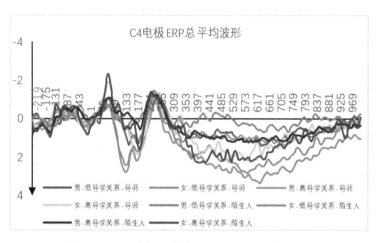

图 6-17　C4 电极 8 种情况 ERPs 总平均波形图

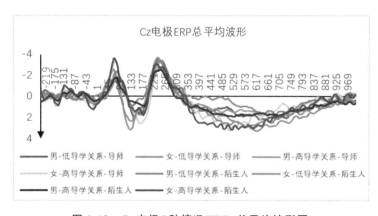

图 6-18　Cz 电极 8 种情况 ERPs 总平均波形图

四、讨论

（一）行为数据讨论

对于合作率，被试者面对图片性别为女性时的合作率显著高于面对图片性别为男性时的合作率，说明研究生更倾向与女性合作。

对于反应时，导学关系的主效应显著，低质量导学关系研究生反应时显著长于高质量导学关系研究生反应时，说明低质量导学关系的研究生面对合作任务时投入的认知资源更多，认知加工过程更复杂；低质量导学关系研究生中，男生的反应时显著长于女生的反应时，说明男生面对合作任务时投入的认知资源更多，认知加工过程更复杂，揭示了合作行为的性别特点。当被试者选择合作时，启动词为导师姓名条件下的反应时显著短于陌生人启动词条件下的反应时，可能是因为和导师太过熟悉所以面对启动刺激为导师姓名时，认知加工过程更简单，持续时间更短；当启动词为导师姓名条件下，被试者选择合作的反应时显著短于被试者选择不合作的反应时，面对启动词为导师姓名时，被试者选择合作时认知加工过程更短；被试者选择合作时，被试者面对图片性别为女性的反应时显著短于被试者面对图片性别为男性的反应时，研究生面对图片性别为男性选择合作时，会投入更多的注意资源。当图片性别为女性时，被试者选择合作的反应时显著短于被试者选择不合作的反应时。说明研究生面对图片性别为女性选择不合作时认知过程更复杂，认知加工过程持续时间更长。

（二）ERPs数据讨论

1. N1和N170成分（早期注意）

在决策任务中，N1和N170成分出现在早期的直觉注意阶段。

对于N1峰值电极的主效应显著，电极C3的N1波峰峰值显著低于Cz的N1波峰峰值，这与前面的波形成分分析的地形图结果一致，印证了前面的结果，也说明研究生面对内隐合作任务时不同脑区早期注意的差别。在中央电极Cz，当启动词为导师姓名时，男生的N1峰值显著高于女生的N1峰值，说明在中央电极Cz，当启动词为导师姓名时，男生比女生早期投入更多的注意资源。高质量导学关系研究生中，男生的N1峰值显著小于女生的N1峰值，说明高质量导学关系的女生比男生早期投入更多的注意资源，揭示了研究生内隐合作的性别特点。当被试者为女生时，高质量导学关系的N1峰值显著大于低质量导学关系的N1峰值，说明高质量导学关系的女生在早期投入更多的注意资源。

对于 N1 潜伏期，男生的 N1 潜伏期长于女生的 N1 潜伏期，说明女生更早地投入注意资源。N170 成分是反应面孔特异性的成分，因为呈现的靶刺激是模糊人像图片，所以会出现 N170 成分。

对于 N170 峰值，启动词的主效应显著，启动词为导师姓名时的 N170 波峰显著小于启动词为陌生人姓名时的 N170 波峰，说明研究生对陌生人的姓名启动刺激投入更多的早期注意。电极的主效应显著，电极 C3 的 N170 波峰峰值显著低于 Cz 的 N170 波峰峰值，这与前面的波形分析里的地形图相一致，印证了前面的结果，也说明研究生不同脑区在面对内隐合作任务时早期注意的差别。图片性别×电极×性别三因素的交互作用边缘显著，在电极 Cz，女生面对图片性别为男性时的 N170 波峰峰值小于女生面对图片性别为女性时的 N170 波峰峰值。在电极 C3，男生面对图片性别为女性时的 N170 波峰峰值大于女生面对图片性别为女性时的 N170 波峰峰值；在电极 C3，男生面对图片性别为男性时的 N170 波峰峰值大于女生面对图片性别为男性时的 N170 波峰峰值。这说明研究生性别、电极和图片性别三个因素交互影响 N170 波峰。

对于 N170 潜伏期，电极的主效应显著，电极 C3 的 N170 潜伏期显著低于电极 Cz 的 N170 潜伏期。大脑不同地形会影响研究生早期注意开始的时间。

2. P2 和 N2 成分（中期情绪反应）

在决策任务中，P2 和 N2 成分出现在中期情绪反应过程阶段。

对于 P2 峰值，启动词的主效应显著，启动词为导师姓名时的 P2 波峰显著大于启动词为陌生人姓名时的 P2 波峰，说明研究生面对启动词为导师姓名时投入的情绪反应更多。电极的主效应显著，电极 C3 的 P2 峰值显著高于电极 C4 的 P2 峰值，这与前面的地形图一致，揭示了内隐合作的神经生理的脑区特点；性别的主效应显著，男生的 P2 峰值显著小于女生的 P2 峰值，说明女生会投入更多的情绪反应。

对于 P2 潜伏期，没有统计学意义上的差异，可能和 P2 时间窗的范围小有关，收集到的 P2 潜伏期数据本身差距很小，没有达到统计上的差异。

对于 N2 峰值，图片性别的主效应显著，图片性别为女性时触发的 N2 峰值显著大于图片性别为男性时触发的 N2 峰值，说明研究生面对女生会投入更多的情绪反应；电极的主效应显著，C3 电极的 N2 峰值显著低于 Cz 电极的 N2 峰值，与前面的地形图结果一致，印证了地形图的结果，揭示了内隐合作的神经生理的脑区特点。

对于 N2 潜伏期，启动词的主效应显著，启动词为导师姓名时 N2 潜伏期显著长于启动词为陌生人姓名时 N2 潜伏期，说明启动刺激为导师姓名时，研究生投入更多的早期认知资源,所以情绪反应才会晚一些出现。图片性别×电极×性别三因素的交互作用显著,当被试者为女生,面对图片性别为女性的N2潜伏期显著长于面对图片性别为男性的N2潜伏期;当女生面对图片性别为女性的刺激,电极C3的N2潜伏期短于电极Cz的N2潜伏期;在电极C3,男生面对图片性别为女性的N2潜伏期长于女生面对图片性别为女性的N2潜伏期。说明图片性别、电极和被试者性别共同影响N2潜伏期。图片性别×电极×导学关系三因素的交互作用显著,在电极C3,高质量导学关系的被试者,面对图片性别为女性的N2潜伏期长于面对图片性别为男性的N2潜伏期;在电极Cz,低质量导学关系的被试者,面对图形性别为女性的N2潜伏期显著长于面对图片性别为男性的N2潜伏期;高质量导学关系的被试者,在面对图片性别为男性的情况下,电极C3的N2潜伏期显著短于电极Cz的N2潜伏期。图片性别、电极和导学关系共同影响N2潜伏期。

3. LPC成分(晚期认知推理)

在决策任务中,LPC成分出现在晚期认知推理加工阶段,LPC持续时间长,代表缓慢的精细加工过程。

对于LPC(400~600 ms)平均波幅,图片性别的主效应显著,图片性别为女性触发的LPC平均波幅显著小于图片性别为男性触发的LPC平均波幅,说明研究生面对图片性别为男性时投入的认知推理资源更多;电极的主效应显著,电极C3的LPC平均波幅显著大于电极C4的LPC平均波幅,揭示了内隐合作的神经生理的脑区特点;性别主效应显著,男生的LPC平均波幅显著小于女生的LPC平均波幅,说明女生比男生投入的认知推理资源更多。

结语

本研究采用质性与量化相结合的研究方法，采用五个研究实验探讨了导学关系的建立、影响因素以及认知神经机制，得到了一些有意义的结论，并据此提出了一些建议。

一、导学关系的建立

（一）导学关系如何建立

1. 硕士研究生如何选择导师

根据本研究的结果，对于硕士研究生选择导师提出如下建议。首先，准研究生应掌握主动权，先利用官网获取导师的基本信息，将以导师为中心的社会关系由弱到强或由强到弱不断拓展，以加深对导师的了解。如弱关系中通过社交媒体结识的导师往届学生，可通过面对面接触逐步建设强关系；或通过关系亲密、互动较多的强关系直接获取导师相关信息。从初步地了解导师基本条件、学术水平、研究方向，再到深入熟悉导师的研助津贴条件和人格魅力等具体信息。其次，在与导师邮件联系时，采用恰当的邮件发送策略；与导师当面互动时，观察导师的态度，交流双方的研究方向与需求是否契合，判断能否使双方"互利共赢"。最后，通过双选会及学校教务系统正式确定师生关系。

2. 硕士研究生选择导师的影响因素

首先，性别和学科对导师角色期望不存在显著性差异。对此，笔者认为硕士研究生扎堆选择导师的原因是对导师角色期望存在高度的一致性，并不是由于"受到群体或舆论上的压力而在观点和行为上不由自主地与多数人一致"，不符合从众心理的定义。

其次，不同学历对导师角色期望中的师生关系具有显著性差异。在以往的研究中，几乎所有的样本都采用的是研究生，没有本科生。笔者在研究中采用了部分本科生作为样本，将年龄这个因素改为学历进行探究。相关文献尽管没有直接探讨学历对导师角色期望的差异，但是在导学关系的相关文献中有所涉及。研究生在入学后与导师的相处过程，可能改变了研究生入学前对师生关系的设想，在设想与现实的矛盾中，研究生通过调整对师生关系的期望以达到心理上的平衡，因此研究生对师生关系的期望更低，并与本科生产生了显著性差异。

3. 硕士研究生选择导师的信息偏好

通过本研究发现，硕士研究生对导师信息存在偏好，且受到入学方式、硕士生类型、专业类别和学生性别的影响。硕士研究生对导师期望具有一致性，但并不存在从众行为。学生在官网提供的信息中，最关注导师的研究方向、科研成果、教育背景和工作经历。学生在选择导师时会从导师的客观信息出发，对导师具备的能力进行主观上的推测，同时也会对自己是否具备竞争优势进行主观评估。

（二）师生双选制下导学关系的特点

1. 硕士研究生师生双选制下导学关系的满意度

在选择导师的过程中，导师期望和信息获取贯穿始终。研究生懂得充分利用互联网和社会人际关系网，最大限度地获取导师信息，尽可能地实现信息饱和。根据信息获取的情况来判断该导师是否达到自己的期望。在本研究的问卷结果分析中，硕士研究生对导师的期望也可以划分为学术水平、学术指导、人格魅力、师生关系四个维度。硕士研究生的性别、专业类别对导师期望没有显著性差异。在硕士研究生获取导师信息的渠道中，学校官网、人际关系网和与导师直接接触是研究生获取导师信息的三大主要渠道，其中学校官网和与导师直接接触所获得的信息真实性最高。总体而言，硕士研究生在与导师确立师生关系时，对导师的了解度很低，且入学方式对导师了解度具有显著性影响。在满意度上，研究生对导师的人格素质、学术水平和师生关系的满意度较高，对导师的管理风格和学术指导的满意率较低，对导师提供的经济补贴的满意率最低。硕士研究生在当前的互选制度中，在当前的行为模式下，对导师的满意度有较高的提升空间。专业类别对导师满意度具有显著性影响，理工科的硕士研究生对导师的满意度最低，且与文科和其他专业的硕士研究生对导师的满意度具有显著性差异。

基于以上调查结果，双选双方的信息完全与对称是硕士研究生对师生双选制度的满意度的首要前提，以下从研究生、导师、高校三个层面提出相关建议，以提高研究生对双选制度的满意度。

学校层面，首要任务是扩宽导师信息发布渠道，并对导师信息及时更新。学校可在多个知识交流类软件上注册官方账号，如官方微博和贴吧账号，发布最新导师信息。其次，学校可提供专业的教师辅导，创设专门的"师生交流场"，使学生与导师在双选前充分沟通了解。保障层面上，学校组建高水平师资队伍，加强新时代师德师风建设，引导广大教师时刻自重、自醒、自警、自励，对违反规则的情况作出实质性惩罚。制度上严格落实科学的导师准入制度，完善导师退出、更换机制。最后，在学生满意度最低的经济补贴方面，学校尽可能为师生提供充足的科研经费和基本的生活费。

作为导师，首先要在政治素质、师德师风素养方面持续严以律己，秉承现代教育理念和意识，发扬敬业、创新、育人精神，培养教育责任心。并且，探索恰当的指导方式使学生在良好的学习氛围中学习，因材施教，使指导风格符合主流并接近学生预期，展示自己的特色门风，如德高望重的教师给予学生长辈般的关怀与帮助，青年教师则展示自己的活力，与学生相处亦师亦友。除此之外，根据专业门类不同关注学生的不同需求，文科类研究生多进行有效沟通，理工类研究生则避免"劳资关系"化倾向；对于想要继续科学研究的学生则尽可能提供科研平台及发表论文机会，对于就业需求的学生，则帮助其了解自身职业规划，提供力所能及的就业帮助。

作为研究生，在双选过程中应充分发挥主观能动性。首先，应向有意向的导师清楚地介绍自己的基本信息及研究兴趣与方向，积极掌握主动权，利用官网公布的导师基本信息进行初步筛选。其次，对官网不易获取的信息，通过人际关系网络进一步了解该导师的指导方式、学术指导、经济补贴等情况。若校外研究生没有强的人际关系网，则可利用互联网微博、知乎等软件对学校官方账号积极关注，寻找导师往年招收的学生的联系方式以取得联系，在对学长学姐询问求证后做出理性选择。最后，与导师取得联系当面接触后，积极与导师沟通，判断导师与自身的利益和需求是否契合。

2. 硕士研究生导师选择过程中存在的问题与解决路径

通过本研究发现，硕士研究生导师选择过程中存在的主要问题有从众与信息不对称性两个方面。主要的解决路径：（1）硕士研究生获取完整真实的导师信息难度大，学院应做好导师信息发布工作，帮助学生树立正确的导师期望、有针对性地选择导师；（2）当前的师生互选制难以满足教育公平的需要，应当建立更为公平公正的互选制度，避免恶性竞争；（3）现行师生互选制中导师较为被动，与学生互动有限，应将师生互选延后至入学后的第一个学期期末，为教师和学生提供多种形式的交流机会；（4）导师对研究生的发展影响巨大，高校应组织导师研究学习《准则》，提高导师队伍的培养能力。

二、导学关系的影响因素

（一）师生沟通对导学关系的影响

1. 师生沟通对导学关系的影响：扎根理论

通过扎根理论探讨师生沟通对导学关系的影响，发现硕士生师生沟通通过沟通易得性、沟通有效性与情感支持三个维度，对其导学关系产生影响；硕士研究生与导师的个体特征不直接影响导学关系，而是通过影响师生沟通，进而影响导学关系构建。

本研究发现情感支持对导学关系的影响最大，因此需要导师关注学生的日常生活和学习指导，在此过程中，与学生主动的沟通、交流，关心学生的需求，注重学生的内在精神需要，关注学生的情感体验，通过关切的语言和实际的行动让学生感受到导师的情感支持和温暖。

研究还发现导师和学生的个体特征并不是直接作用于导学关系的，而是通过沟通过程影响导学关系。因此，需要导师关注每个学生的差异，根据学生的不同个性特点，实施个性化的沟通模式，和学生建立良好的沟通机制，保证一定的沟通时长和频率，并且注重沟通的效果和学生的情感反应，解决学生的实际问题，让学生有获得感，从而达到促进导学关系健康发展的目的。

2.师生沟通对导学关系的影响：潜在剖面分析

研究生师生沟通存在三个潜在类别，即低质量师生沟通型、中师生沟通型、和高质量师生沟通型；师生沟通的不同剖面在研究生个体特征不同维度对导学关系的影响存在调节作用，在高、低质量师生沟通群体中，导师因素越积极，或者关系期待水平越低，导学关系越好；在中质量师生沟通群体，学生因素水平越高，导学关系水平越低；不同剖面类型在时间精力上对研究生导学关系的影响差异不显著。

3.师生沟通对导学关系的影响：近红外技术的证据

通过近红外光谱脑功能成像技术，采用现实情境任务范式考察不同导学关系的硕士生在模拟沟通前的思考准备与正式沟通过程两个情境中的大脑前额叶激活差异。结果发现低质量导学关系的硕士生，在沟通前的思考情境中，布罗卡三角区、背外侧前额叶区域更容易被激活；而高质量导学关系的硕士生在模拟沟通的情境下，在额极区、眶额区与左侧背外侧前额叶的脑区激活情况更显著。研究发现了不同导学关系的硕士生在与导师沟通时的认知神经网络特点，为进一步探讨高质量导学关系的构建提供了实证研究基础。

（二）指导风格对导学关系的影响

1.指导风格对导学关系的影响：压力视角

本研究采用ERP技术探讨了不同指导风格导师指导下研究生对压力感知，结果发现：（1）导师作为启动词时，女生在模糊面孔图片下诱发了更大的N2波峰；（2）性别对于研究生的内隐压力知觉具有显著增加影响，控制型的指导风格下，女生在以女导师的姓名作为启动词时，模糊面孔图片诱发压力大的反应N2波峰边缘显著小于压力小的反应N2波峰。

2.指导风格对导学关系的影响：人格视角

本研究采用ERPs技术，探讨不同指导风格导师姓名启动对研究生人格词汇认知的影响。（1）行为研究结果表明，启动词为导师姓名时，控制型风格的男导师指导下的男生对消极人格词汇更敏感，控制型风格的女导师指导下的女生对积极词汇更敏感，表明控制型指导风格下，不同性别的导师对同性别的研究生人格认知的影响相反。（2）脑电反应结果表明，在早期视觉加工中，控制型导师指导下的研究生对积极人格词汇的加工更深。在额叶区，更大的P1波幅表明，与控制型女导师相比，支持型女导师指导下的女生对人格词汇的加工更深，可能暗示女生更偏好支持型女导师。

3. 指导风格对导学关系的影响：情绪视角

不同指导风格导师的研究生对情绪面孔识别的神经机制有显著差异。（1）相比于支持型指导风格，消极情绪面孔对控制型女导师指导下的女生诱发了更大的N1波峰。（2）相比于支持型指导风格，控制型导师指导下女生在额区诱发了更大的N2峰值。表明指导风格对于研究生的情绪识别的脑机制有影响，控制型女导师对女生情绪的识别影响更大。

性别对研究生情绪识别的影响显著。（1）对于男生，在控制型女导师的指导下，消极情绪面孔比积极情绪面孔诱发的N1潜伏期更长。（2）对于女生，支持型男导师的姓名作为启动词时，消极情绪面孔图片诱发的P1潜伏期显著长于积极情绪面孔。（3）N2成分上，女生在导师启动词的刺激下，消极情绪面孔比积极情绪面孔诱发更大的波峰。这表明不同指导风格的导师对异性学生情绪识别的脑机制影响较大；女生在以导师姓名作为启动时，对消极情绪面孔更加敏感。

三、导学关系的神经机制

（一）导学关系中词汇加工的神经机制

1. 导学关系词汇认知加工的神经机制

本研究结果表明，导师姓名与朋友姓名启动相对于权威人士姓名启动，诱发了更强的P2波峰；在N2波峰上，导师姓名比朋友和权威人士姓名诱发的波峰更弱。此外，比起与消极词搭配的情况，导师姓名与积极词搭配时诱发了更强的N2波峰。

2. 抑郁倾向影响导学关系词汇信息加工的神经机制

本研究采用眼动和ERPs技术，探讨高、低抑郁倾向研究生对导学关系刺激的认知偏向及其神经机制。（1）眼动实验结果表明，高抑郁倾向研究生对导师姓名存在注意回避，对母亲姓名存在注意脱离困难。（2）脑电实验结果表明，研究生群体对消极词存在注意定向加速或警觉，并且在认知加工中期，对导师存在注意回避；而在认知加工晚期，仅高抑郁倾向研究生对导师存在注意回避。此外，高抑郁倾向研究生对消极导学关系刺激存在注意偏向，并对积极导学关系词产生了认知冲突。

（二）导学关系中合作行为的神经机制

1. 导学关系对合作行为的影响：外显的证据

通过囚徒困境合作范式，从外显上寻找导学关系对合作行为影响的证据，研究结果发现，在FN400成分上，被试者选择合作时对高质量导学关系的研究生诱发的峰值小于对低质量导学关系的研究生。可能是高质量导学关系的研究生在选择与导师合作行为时动用的认知资源更少。对于男生，被试者选择合作时的FN400潜伏期显著短于选择不合作时的FN400潜伏期。

2. 导学关系对合作行为的影响：内隐的证据

通过内隐合作实验，从外显上寻找导学关系对合作行为影响的证据，研究结果发现，在中央脑区，高质量导学关系的男生选择合作时的LPC峰值小于选择不合作时的LPC峰值。低质量导学关系的被试者选择合作时，男生的LPC峰值大于女生的LPC峰值。被试者选择合作的情况下，高质量导学关系研究生的LPC潜伏期短于低质量导学关系的研究生的LPC潜伏期。

参考文献

[1] Agnoli S, Corazza G E, Runco M A. Estimating creativity with a multiple-measurement approach within scientific and artistic domains[J]. Creativity Research Journal, 2016, 28(2): 171-176.

[2] Allen T D, Eby L T. Factors related to mentor reports of mentoring functions provided[J]. Sex Roles, 2004, 50(1): 129-139.

[3] Amodio D M, Frith C D. Meeting of minds: The medial frontal cortex and social cognition [J]. Nature Reviews Neuroscience, 2006, 7(4): 268-277.

[4] Anderson C, John O P, Keltner D. The personal sense of power[J]. Journal of Personality, 2012, 80(2): 313-344.

[5] Baars B J, McGovern K. Does philosophy help or hinder scientific work on consciousness? [J]. Consciousness and Cognition, 1993, 2(1): 18-27.

[6] Bailey S F, Voyles E C, Finkelstein L, et al. Who is your ideal mentor? An exploratory study of mentor prototypes[J]. Career Development International, 2016, 21(2): 160-175.

[7] Balconi M, Mazza G. Lateralisation effect in comprehension of emotional facial expression: A comparison between EEG alpha band power and behavioural inhibition(BIS) and activation(BAS) systems[J]. Laterality, 2010, 15(3): 361-384.

[8] Balconi M, Pozzili U. Face-selective processing and the effect of pleasant and unpleasant emotional expressions on ERP correlates[J]. International Journal of Psychophysiology, 2003, 49(1): 67-74.

[9] Balthazard P A, Waldman D A, Thatcher R W, et al. Differentiating transformational and non-transformational leaders on the basis of neurological imaging[J]. The Leadership Quarterly, 2012, 23(2): 244-258.

[10] Bar-Haim Y, Lamy D, Glickman S. Attentional bias in anxiety: A behavioral and ERP study[J]. Brain and Cognition, 2005, 59(1): 11-22.

[11] Bar-Haim Y, Lamy D, Pergamin L, et al. Threat-related attentional bias in anxious and nonanxious individuals: A meta-analytic study[J]. Psychological Bulletin, 2007, 133(1): 1-24.

[12] Bartholow B D, Pearson M A, Dickter C L, et al. Strategic control and medial frontal negativity: Beyond errors and response conflict[J]. Psychophysiology, 2005, 42(1): 33-42.

[13] Bass B M. Leadership, psychology, and organizational behavior[J]. Journal of Experimental Psychology: Learning, Memory, and Cognition, 1960, 28(2): 362-365.

[14] Bayer M, Sommer W, Schacht A. Reading emotional words within sentences: The impact of arousal and valence on event-related potentials[J]. International Journal of Psychophysiology, 2010, 78(3): 299-307.

[15] Beck C R. Matching teaching strategies to learning style preferences[J]. The Teacher Educator, 2001, 37(1): 1-15.

[16] Bediou B, Krolak-Salmon P, Saoud M, et al. Facial expression and sex recognition in schizophrenia and depression[J]. Canadian Journal of Psychiatry, 2005, 50(9): 525-533.

[17] Berkman E T, Lieberman M D. Approaching the bad and avoiding the good: Lateral prefrontal cortical asymmetry distinguishes between action and valence[J]. Journal of Cognitive Neuroscience, 2010, 22(9): 1970-1979.

[18] Berntson G G, Norman G J, Bechara A, et al. The insula and evaluative processes[J]. Psychological Science, 2011, 22(1): 80-86.

[19] Bezuijen X M, van Dam K, van den Berg P T, et al. How leaders stimulate employee learning: A leader-member exchange approach[J]. Journal of Occupational and Organizational Psychology, 2010, 83(3): 673-693.

[20] Bishop S J. Trait anxiety and impoverished prefrontal control of attention[J]. Nature Neuroscience, 2009, 12(1): 92-98.

[21] Bistricky S L, Atchley R A, Ingram R, et al. Biased processing of sad faces: An ERP marker candidate for depression susceptibility[J]. Cognition & Emotion, 2014, 28(3): 470-492.

[22] Bockler A, Alpay G, Sturmer B. Accessory stimuli affect the emergence of

conflict, not conflict control[J]. Experimental Psychology, 2011, 58(2): 102-109.

[23] Bokura H, Yamaguchi S, Kobayashi S. Electrophysiological correlates for response inhibition in a Go/Nogo task[J]. Clinical Neurophysiology, 2001, 112: 2224-2232.

[24] Botvinick M M, Braver T S, Barch D M, et al. Conflict monitoring and cognitive control[J]. Psychological Review, 2001, 108(3): 624-652.

[25] Boyatzis R E, Passarelli A M, Koenig K, et al. Examination of the neural substrates activated in memories of experiences with resonant and dissonant leaders[J]. The Leadership Quarterly, 2012, 23(2): 259-272.

[26] Braunstein-Bercovitz H. Does stress enhance or impair selective attention? The effects of stress and perceptual load on negative priming[J]. Anxiety Stress and Coping, 2003, 16(4): 345-357.

[27] Brewin C R, Holmes E A. Psychological theories of posttraumatic stress disorder[J]. Clinical Psychology Review, 2003, 23(3): 339-376.

[28] Brown J W. Beyond conflict monitoring: Cognitive control and the neural basis of thinking before you act[J]. Current Directions in Psychological Science, 2013, 22(3): 179-185.

[29] Brydges C R, Fox A M, Reid C L, et al. Predictive validity of the N2 and P3 ERP components to executive functioning in children: A latent-variable analysis[J]. Frontiers in Human Neuroscience, 2014, 8: 00080.

[30] Bunge S A, Helskog E H, Wendelken C. Left, but not right, rostrolateral prefrontal cortex meets a stringent test of the relational integration hypothesis [J]. Neuroimage, 2009, 46(1): 338-342.

[31] Burke S N, Thome A, Plange K, et al. Orbitofrontal cortex volume in area 11/13 predicts reward devaluation, but not reversal learning performance, in young and aged monkeys[J]. Journal of Neuroscience, 2014, 34(30): 9905-9916.

[32] Byars-Winston A M, Branchaw J, Pfund C, et al. Culturally diverse undergraduate researchers' academic outcomes and perceptions of their research mentoring relationships[J]. International Journal of Science Education, 2015, 37(15): 2533-2554.

[33] Campanella S, Gaspard C, Debatisses D, et al. Discrimination of emotional

facial expressions in a visual oddball task: An ERP study[J]. Biological Psychology, 2002, 59(3): 171-186.

[34] Campanella S, Quinet P, Bruyer R, et al. Categorical perception of happiness and fear facial expressions: An ERP study[J]. Journal of Cognitive Neuroscience, 2002, 14(2): 210-227.

[35] Cardozo R N. An experimental study of consumer effort, expectation and satisfaction[J]. Journal of Marketing Research, 1965, 3(2): 244-249.

[36] Carter C S, MacDonald A W, Ross L L, et al. Anterior cingulate cortex activity and impaired self-monitoring of performance in patients with schizophrenia: An event-related fMRI study[J]. American Journal of Psychiatry, 2001, 158(9): 1423-1428.

[37] Chao G T. Mentoring phases and outcomes[J]. Journal of Vocational Behavior, 1997, 51(1): 15-28.

[38] Chen J, Yuan J J, Feng T Y, et al. Temporal features of the degree effect in self-relevance: Neural correlates[J]. Biological Psychology, 2011, 87(2): 290-295.

[39] Chen P F, Qiu J, Li H, Zhang Q. Spatiotemporal cortical activation underlying dilemma decision-making: An event-related potential study[J]. Biological Psychology, 2009, 82(2): 111-115.

[40] Chen C, Sonnert G, Sadler P M. The effect of first high school science teacher's gender and gender matching on students' science identity in college[J]. Science Education, 2020, 104(1): 75-99.

[41] Citron F M M. Neural correlates of written emotion word processing: A review of recent electrophysiological and hemodynamic neuroimaging studies[J]. Brain and Language, 2012, 122(3): 211-226.

[42] Clary E G, Snyder M. The motivations to volunteer[J]. Current Directions in Psychological Science, 1999, 8(5): 156-159.

[43] Conti G J. The relationship between teaching style and adult student learning[J]. Adult Education Quarterly, 1985, 35(4): 220-228.

[44] Costa A, Oliveri M, Barban F, et al. The right frontopolar cortex is involved in visual-spatial prospective memory[J]. PLoS ONE, 2013, 8(2): 276-276..

[45] D'Alberto N, Funnell M, Potter A, et al. A split-brain case study on the hemispheric lateralization of inhibitory control[J]. Neuropsychologia, 2017,

99: 24-29.

[46] de Haan M, Nelson C A. Recognition of the mother's face by six-month-old infants: A neurobehavioral study[J]. Child Development, 1997, 68(2): 187-210.

[47] de Haan M, Nelson C A. Brain activity differentiates face and object processing in 6-month-old infants[J]. Developmental psychology, 1999, 35(4): 1113-1121.

[48] Deci E L, Ryan R M. The support of autonomy and the control of behavior[J]. Journal of Personality and Social Psychology, 1987, 53(6): 1024-1037.

[49] Deci E L, Ryan R M. Self-determination theory: A macrotheory of human motivation, Cevelopment, and health[J]. Canadian Psychology / Psychologie Canadienne, 2008, 49(3): 182-185.

[50] Deci E. Intrinsic motivation[M]. New York: Plenum, 1975.

[51] Dee T S. Teachers and the gender gaps in student achievement[J]. Journal of Human Resources, 2007, 42(3): 528-554.

[52] Delle-Vigne D, Wang W, Kornreich C, et al. Emotional facial expression processing in depression: Data from behavioral and event-related potential studies[J]. Neurophysiologie Clinique-Clinical Neurophysiology, 2014, 44(2): 169-187.

[53] Desimone R, Duncan J. Neural mechanisms of selective visual attention[J]. Annual Review of Neuroscience, 1995, 18: 193-222.

[54] Di Russo F, Martinez A, Sereno M I. Cortical sources of the early components of the visual evoked potential[J]. Human Brain Mapping, 2002, 15(2): 95-111.

[55] Dietrich D E, Emrich H M, Waller C, et al. Emotion/cognition-coupling in word recognition memory of depressive patients: An event-related potential study[J]. Psychiatry Research, 2000, 96(1): 15-29.

[56] Dodell-Feder D, Felix S, Yung M G, et al. Theory-of-mind-related neural activity for one's romantic partner predicts partner well-being[J]. Soc Cogn Affect Neurosci, 2016, 11(4): 593-603.

[57] Doradzińska Ł, Wójcik M J, Paź M, et al. Unconscious perception of one's own name modulates amplitude of the P3B ERP component[J]. Neuropsycho-

logia, 2020, 147: 107564.

[58] Duque A, Vázquez C. Double attention bias for positive and negative emotional faces in clinical depression: Evidence from an eye-tracking study[J]. Journal of Behavior Therapy and Experimental Psychiatry, 2015, 46: 107-114.

[59] Eimer M, Holmes A. An ERP study on the time course of emotional face processing[J]. Neuroreport, 2002, 13(4): 427-431.

[60] El Haj M, Antoine P, Nandrino J L. When deception influences memory: the implication of theory of mind[J]. Quarterly Journal of Experimental Psychology, 2017, 70(7): 1166-1173.

[61] Eldar S, Yankelevitch R, Lamy D, et al. Enhanced neural reactivity and selective attention to threat in anxiety[J]. Biological Psychology, 2010, 85(2): 252-257.

[62] Ellis J R, Gershenson S. Gender, peer advising, and college success[J]. Labour Economics, 2020, 62: 101775.

[63] Ernst L H, Ehlis A C, Dresler T, et al. N1 and N2 ERPs reflect the regulation of automatic approach tendencies to positive stimuli[J]. Neuroscience Research, 2013, 75(3): 239-249.

[64] Espinet S D, Anderson J E, Zelazo P D. N2 amplitude as a neural marker of executive function in young children: An ERP study of children who switch versus perseverate on the Dimensional Change Card Sort[J]. Developmental Cognitive Neuroscience, 2012, 2S: S49-S58.

[65] Evans T M, Bira L, Gastelum J B, et al. Evidence for a mental health crisis in graduate education[J]. Nature Biotechnology, 2018, 36(3): 282-284.

[66] Farmer S M, Aguinis H. Accounting for subordinate perceptions of supervisor power: An identity-dependence model[J]. Journal of Applied Psychology, 2005, 90(6): 1069-1083.

[67] Fazio R H, Sanbonmatsu D M, Powell M C, et al. On the automatic activation of attitudes[J]. Journal of Personality and Social Psychology, 1986, 50(2): 229-238.

[68] Fields E C, Kuperberg G R. It's all about you: An ERP study of emotion and self-relevance in discourse[J]. Neuroimage, 2012, 62(1): 562-574.

[69] Folstein J R, van Petten C. Influence of cognitive control and mismatch on the N2 component of the ERP: A review[J]. Psychophysiology, 2008, 45(1):

152-170.

[70] Frank D W, Sabatinelli D. Hemodynamic and electrocortical reactivity to specific scene contents in emotional perception[J]. Psychophysiology, 2019, 56(6): e13340.

[71] Friederici A D. Towards a neural basis of auditory sentence processing[J]. Trends in Cognitive Sciences, 2002, 6(2): 78-84.

[72] Friederici A D, Kotz S A. The brain basis of syntactic processes: Functional imaging and lesion studies[J]. Neuroimage, 2003, 20: 8-17.

[73] Galinsky A D, Magee J C, Gruenfeld D H, et al. Power reduces the press of the situation: Implications for creativity, conformity, and dissonance[J]. Journal of Personality and Social Psychology, 2008, 95(6): 1450-1466.

[74] Gaule P, Piacentini M. An advisor like me? Advisor gender and post-graduate careers in science[J]. Research Policy, 2018, 47(4): 805-813.

[75] German K T, Sweeny K, Robbins M L. Investigating the role of the faculty advisor in doctoral students' career trajectories[J]. Professional Development in Education, 2019, 45(5): 762-773.

[76] Gillath O, Bunge S A, Shaver P R, et al. Attachment-style differences in the ability to suppress negative thoughts: Exploring the neural correlates [J]. Neuroimage, 2005, 28(4): 835-847.

[77] Gong J, Lu Y, Song H. The effect of teacher gender on students' academic and noncognitive outcomes[J]. Journal of Labor Economics, 2018, 36(3): 743-778.

[78] Gotlib I H, Krasnoperova E, Yue D N, et al. Attentional biases for negative interpersonal stimuli in clinical depression[J]. Journal of Abnormal Psychology, 2004, 113(1): 127-135.

[79] Greenwald A G, Nosek B A, Banaji M R. Understanding and using the Implicit Association Test: I. An improved scoring algorithm[J]. Journal of Personality and Social Psychology, 2003, 85(2): 197-216.

[80] Gruenfeld D H, Inesi M E, Magee J C, et al. Power and the objectification of social targets[J]. Journal of Personality and Social Psychology, 2008, 95(1): 111-127.

[81] Guinote A. Power and affordances: When the situation has more power over powerful than powerless individuals[J]. Journal of Personality and Social Psy-

chology, 2008, 95(2): 237-252.

[82] Haber S N, Knutson B. The reward circuit: Linking primate anatomy and human imaging[J]. Neuropsychopharmacology, 2010, 35(1): 4-26.

[83] Hao N, Xue H, Yuan H, et al. Enhancing creativity: Proper body posture meets proper emotion[J]. Acta Psychologica, 2017, 173: 32-40.

[84] Haxby J V, Hoffman E A Gobbini M I. Human neural systems for face recognition and social communication[J], Biology Psychiatry, 2002, 51(1): 9-67

[85] Healey M L, Grossman M. Cognitive and affective perspective-taking: Evidence for shared and dissociable anatomical substrates[J]. Frontiers in Neurology, 2018, 9: 00491.

[86] Heath T. A quantitative analysis of PhD students' views of supervision[J]. Higher Education Research & Development, 2002, 21(1): 41-53.

[87] Hensel L, Bzdok D, Muller V I, et al. Neural correlates of explicit social judgments on vocal stimuli [J]. Cerebral Cortex, 2015, 25(5): 1152-1162.

[88] Herrington J D, Mohanty A, Koven N S, et al. Emotion-modulated performance and activity in left dorsolateral prefrontal cortex[J]. Emotion, 2005, 5(2): 200-207.

[89] Hileman C M, Henderson H, Mundy P, et al. Developmental and individual differences on the P1 and N170 ERP components in children with and without autism[J]. Developmental Neuropsychology, 2011, 36(2): 214-236.

[90] Holeckova I. Fischer C, Morlet D, et al. Subject's own name as a novel in a MMN design: A combined ERP and PET study[J]. Brain Research, 2008, 1189: 152-165.

[91] Holmes A, Nielsen M K, Tipper S, et al. An electrophysiological investigation into the automaticity of emotional face processing in high versus low trait anxious individuals [J]. Cognitive Affective & Behavioral Neuroscience, 2009, 9(3): 323-334.

[92] Holper L, Goldin A P, Shalom D E, et al. The teaching and the learning brain: A cortical hemodynamic marker of teacher-student interactions in the Socratic dialog[J]. International Journal of Educational Research, 2013, 59: 1-10.

[93] Horstmann G. What do facial expressions convey: Feeling states, behavioral intentions, or action requests? [J]. Emotion, 2003, 3(2): 150-166.

[94] Houde O, Borst G. Evidence for an inhibitory-control theory of the reasoning brain[J]. Frontiers in Human Neuroscience, 2015, 9: 00148.

[95] Hu Y, Zhang L, Fan J, et al. Neural basis of cultural influence on self-representation[J]. Neuroimage, 2007, 34(3): 1310-1316.

[96] Hung Y, Gaillard S L, Yarmak P, et al. Dissociations of cognitive inhibition, response inhibition, and emotional interference: Voxelwise ALE meta-analyses of fMRI studies[J]. Human Brain Mapping, 2018, 39(10): 4065-4082.

[97] Ikemoto S. Dopamine reward circuitry: Two projection systems from the ventral midbrain to the nucleus accumbens-olfactory tubercle complex[J]. Brain Research Reviews, 2007, 56(1): 27-78.

[98] Ito T A, Larsen J T, Smith N K, et al. Negative information weighs more heavily on the brain: The negativity bias in evaluative categorizations[J]. Journal of Personality and Social Psychology, 1998, 75(4): 887-900.

[99] Javanbakht A, Liberzon I, Amirsadri A, et al. Event-related potential studies of post-traumatic stress disorder: A critical review and synthesis[J]. Biology of Mood & Anxiety Disorders, 2011, 1(1): 5.

[100] Johnson W B, Huwe J M. Toward a typology of mentorship dysfunction in graduate school[J]. Psychotherapy: Theory/Research/Practice/Training, 2002, 39(1): 44-55.

[101] Jongen E M, Smulders F T, Ranson S M, et al. Attentional bias and general orienting processes in bipolar disorder[J]. Journal of Behavior Therapy and Experimental Psychiatry, 2007, 38(2): 168-183.

[102] Kahnt T, Park S Q, Haynes J D, et al. Disentangling neural representations of value and salience in the human brain[J]. Proceedings of the National Academy of Sciences of the United States of America, 2014, 111(13): 5000-5005.

[103] Kan Y C, Duan H J, Chen X T, et al. Attentional blink affected by acute stress in women: The role of affective stimuli and attentional resources[J]. Consciousness and Cognition, 2019, 75: 102796.

[104] Kasai T. Early visual selection in near and far space: An event-related potential study[J]. Neuro Report, 2008, 19(9): 961-964.

[105] Kato T, Song Y. Advising, gender, and performance: Evidence from a university with exogenous adviser-student gender match[J]. Economic Inquiry,

2022, 60(1): 121-141.

[106] Katz J, Hartnett R. Scholars in the making[J]. The Development of Graduate and Professional Students, 1976: 1-16.

[107] Kelley H H, Stahelski A J. Social interaction basis of cooperators' and competitors' beliefs about others[J]. Journal of Personality and Social Psychology, 1970, 16(1): 66-91.

[108] Kellough J L, Beever C G, Ellis A J, et al. Time course of selective attention in clinically depressed young adults: An eye tracking study[J]. Behaviour Research and Therapy, 2008, 46(11): 1238-1243.

[109] Keltner D, Gruenfeld D H, Anderson C. Power, approach, and inhibition[J]. Psychological Review, 2003, 110(2): 265-284.

[110] Kerns J G. Anterior cingulate and prefrontal cortex activity in an fMRI study of trial-to-trial adjustments on the Simon task[J]. Neuroimage, 2006, 33(1): 399-405.

[111] Kerns J G, Cohen J D, MacDonald A W, et al. Anterior Cingulate conflict monitoring and adjustments in control[J]. Science, 2004, 303(5660): 1023-1026.

[112] Kim H, Shimojo S, O'Doherty J P. Overlapping responses for the expectation of juice and money rewards in human ventromedial prefrontal cortex[J]. Cerebral Cortex, 2011, 21(4): 769-776.

[113] Kipnis D. Does power corrupt? [J]. Journal of Personality and Social Psychology, 1972, 24(1): 33-41.

[114] Kissler J, Assadollahi R, Herbert C. Emotional and semantic networks in visual word processing: Insights from ERP studies[J]. Progress in Brain Research, 2006, 156: 147-183.

[115] Kissler J, Herbert C, Winkler I, et al. Emotion and attention in visual word processing——An ERP study[J]. Biological Psychology, 2009, 80(1): 75-83.

[116] Klauer K C, Roßnagel C, Musch J. List-context effects in evaluative priming[J]. Journal of Experimental Psychology: Learning, Memory, and Cognition, 1997, 23(1): 246-255.

[117] Klepousniotou E, Gracco V L, Pike G B. Pathways to lexical ambiguity: fMRI evidence for bilateral fronto-parietal involvement in language processing

[J]. Brain and Language, 2014, 131: 56-64.

[118] Kong F C, Zhang Y, Chen H. ERP differences between processing of physical characteristics and personality attributes[J]. Behavioral and Brain Functions, 2012, 8(1): 49-49.

[119] Konvalinka I, Bauer M, Stahlhut C, et al. Frontal alpha oscillations distinguish leaders from followers: Multivariate decoding of mutually interacting brains[J]. Neuroimage, 2014, 94: 79-88.

[120] Koster E H W, Leyman L, De Raedt R, et al. Cueing of visual attention by emotional facial expressions: The influence of individual differences in anxiety and depression[J]. Personality and Individual Differences, 2006, 41(2): 329-339.

[121] Kronovsek T, Hermand E, Berthoz A, et al. Age-related decline in visuo-spatial working memory is reflected by dorsolateral prefrontal activation and cognitive capabilities[J]. Behavioural Brain Research, 2021, 398: 112981.

[122] Kunstman J W, Maner J K. Sexual overperception: Power, mating motives, and biases in social judgement[J]. Journal of Personality and Social Psychology, 2011, 100(2): 282-294.

[123] Lammers J, Stapel D A. How power influences moral thinking[J]. Journal of personality and social psychology, 2009, 97(2): 279-289.

[124] Lawson A L, Liu X, Joseph J, et al. Sensation seeking predicts brain responses in the old-new task: Converging multimodal neuroimaging evidence [J]. International Journal of Psychophysiology, 2012, 84(3): 260-269.

[125] Lee A, Dennis C, Campbell P. Nature's guide for mentors[J]. Nature, 2007, 447(7146): 791-797.

[126] Leon I, Diaz J M, de Vega M, et al. Discourse-based emotional consistency modulates early and middle components of event-related potentials[J]. Emotion, 2010, 10(6): 863-873.

[127] Leppänen J M, Kauppinen P, Peltola M J. Differential electrocortical responses to increasing intensities of fearful and happy emotional expressions [J]. Brain Research, 2007, 1166: 103-109.

[128] Leuthold H, Kunkel A, Mackenzie I G, et al. Online processing of moral transgressions: ERP evidence for spontaneous evaluation[J]. Social Cognitive

and Affective Neuroscience, 2015, 10(8): 1021-1029.

[129] Levy D J, Glimcher P W. The root of all value: A neural common currency for choice[J]. Current Opinion in Neurobiology, 2012, 22(6): 1027-1038.

[130] Lewis A D, Huebner E S, Reschly, A L, et al. The Incremental validity of positive emotions in predicting school functioning [J]. Journal of Psychoeducational Assessment, 2009, 27(5): 397-408.

[131] Li Y, Zhang L, Long K H, et al. Real-time monitoring prefrontal activities during online video game playing by functional near-infrared spectroscopy[J]. Journal of Biophotonics, 2018, 11(9): e201700308.

[132] Li Z, Sun X, Zhao S C, et al. Integrating eye-movement analysis and the semantic differential method to analyze the visual effect of a traditional commercial block in Hefei, China[J]. Frontiers of Architectural Research, 2021, 10(2): 317-331.

[133] Lienard J F, Achakulvisut T, Acuna D E, et al. Intellectual synthesis in mentorship determines success in academic careers[J]. Nature Communications, 2018, 9(1): 4840.

[134] Lin J, He S, Yin W. Event-related potential study of emotion on cognitive processing of ambiguous figure [J]. Chinese Journal of Medical Physics, 2016, 33(8): 855-860

[135] Lin C W, Kao M C, Chang K I. Is more similar, better? Interacting effect of the cognitive-style congruency and tacitness of knowledge on knowledge transfer in the mentor-protégé dyad[J]. Asian Journal of Social Psychology, 2010, 13(4): 286-292.

[136] Liu D, Chen Y, Yang A, et al. The relationship between workaholism profiles and job performance of high school teachers: A latent profile analysis[J]. Journal of Psychological Science, 2020, 43(1): 193-199.

[137] Long M A, Katlowitz K A, Svirsky M A, et al. Functional segregation of cortical regions underlying speech timing and articulation[J]. Neuron, 2016, 89(6): 1187-1193.

[138] Lu J H, Peng X Z, Liao C, et al. The stereotype of professional roles influences neural responses to moral transgressions: ERP evidence[J]. Biological Psychology, 2019, 145: 55-61.

[139] Luck S J. Electrophysiological correlates of the focusing of attention within

[140] Luck S J, Hillyard S A. Electrophysiological correlates of feature analysis during visual search[J]. Psychophysiology, 1994, 31(3): 291-308.

[141] Luck S J, Woodman G F, Vogel E K. Event-related potential studies of attention[J]. Trends in Cognitive Sciences, 2000, 4(11): 432-440.

[142] Magee J C, Smith P K. The social distance theory of power[J]. Personality and Social Psychology Review, 2013, 17(2): 158-186.

[143] Magee J C, Smith P K. The social distance theory of power[J]. Personality and Social Psychology Review, 2013, 17(2): 158-186.

[144] Mainhard T, van der Rijst R, van Tartwijk J, et al. A model for the supervisor-doctoral student relationship[J]. Higher Education, 2009, 58(3): 359-373.

[145] Matsuura A, Aiba N, Yamamoto H, et al. Stroking a real horse versus stroking a toy horse: Effects on the frontopolar area of the human brain[J]. Anthrozoos, 2020, 33(5): 673-683.

[146] Matta F K, Scott B A, Koopman J, et al. Does seeing "eye to eye" affect work engagement and organizational citizenship behavior? A role theory perspective on LMX agreement[J]. Academy of Management Journal, 2015, 58(6): 1686-1708.

[147] Matthews G. Stress states, personality and cognitive functioning: A review of research with the Dundee Stress State Questionnaire[J]. Personality and Individual Differences, 2021, 169: 110083.

[148] Maunsell J H R. Neuronal mechanisms of visual attention[J]. Annual Review of Vision Science, 2015(1): 373-391.

[149] Mccuen R H, Akar G, Gifford I A, et al. Recommendations for improving graduate adviser-advisee communication[J]. Journal of Professional Issues in Engineering Education & Practice, 2009, 135(4): 153-160.

[150] Miki K, Takeshima Y, Kida T, et al. The ERP and psychophysical changes related to facial emotion perception by expertise in Japanese hospitality, "OMOTENASHI"[J]. Scientific Reports, 2022, 12: 9089.

[151] Militaru M, Furnaris M M, Craciun M M, et al. The Perception of the concept of communication between teacher and student in veterinary education

[J]. Revista Romana De Medicina Veterinara, 2020, 30(3): 35-43.

[152] Mitchell J P, Banaji M R, Macrae C N. The link between social cognition and self-referential thought in the medial prefrontal cortex [J]. Journal of Cognitive Neuroscience, 2005, 17(8): 1306-1315.

[153] Miyamoto K, Setsuie R, Osada T, et al. Reversible silencing of the frontopolar cortex selectively impairs metacognitive judgment on non-experience in Primates[J]. Neuron, 2018, 97(4): 980-989.

[154] Moor B G, van Leijenhorst L, Rombouts S, et al. Do you like me? Neural correlates of social evaluation and developmental trajectories [J]. Social Neuroscience, 2010, 5(5-6): 461-482.

[155] Moore T, Zirnsak M. Neural mechanisms of selective visual attention[J]. Annual Review of Psychology, 2017, 68: 47-72.

[156] Muench H M, Westermann S, Pizzagalli D A, et al. Self-relevant threat contexts enhance early processing of fear-conditioned faces[J]. Biological Psychology, 2016, 121: 194-202.

[157] Müller-Bardorff M, Bruchmann M, Mothes-Lasch M, et al. Early brain responses to affective faces: A simultaneous EEG-fMRI study[J]. Neuro Image, 2018, 178: 660-667.

[158] Munoz-Ruata J, Caro-Martinez E, Martinez Perez L, et al. Visual perception and frontal lobe in intellectual disabilities: A study with evoked potentials and neuropsychology[J]. Journal of Intellectual Disability Research, 2010, 54(12): 1116-1129.

[159] Nagin D. Group-Based Modeling of Development[M]. Boston: Harvard University Press, 2009.

[160] Nouchi R, Kawata N Y D, Saito T, et al. Dorsolateral prefrontal cortex activity during a brain training game predicts cognitive improvements after four weeks' brain training game intervention: Evidence from a randomized controlled trial[J]. Brain Sciences, 2020, 10: 10080560.

[161] Nylund-Gibson K, Asparouhov T, Muthén B. Deciding on the number of classes in latent class analysis and growth mixture modeling: A monte carlo simulation study[J]. Structural Equation Modeling: A Multidisciplinary Journal, 2007, 14(4): 535-569.

[162] O'Donnell B F, Shenton M E, McCarley R W, et al. The auditory N2 com-

ponent in schizophrenia: Relationship to MRI temporal lobe gray matter and to other ERP abnormalities[J]. Biological Psychiatry, 1993, 34(1-2): 26-40.

[163] Ohman A, Soares J J F. "Unconscious anxiety": Phobic responses to masked stimuli [J]. Journal of Abnormal Psychology, 1994, 103(2): 231-240.

[164] Okuda J, Fujii T, Ohtake H, et al. Differential involvement of regions of rostral prefrontal cortex (Brodmann area 10) in time- and event-based prospective memory[J]. International Journal of Psychophysiology, 2007, 64(3): 233-246.

[165] Oldham G R, Cummings A, Zhou J. The spatial configuration of organizations: A review of the literature and some new research directions[J]. Research in Personnel and Human Resources Management, 1995, 13: 1-37.

[166] Olofsson J K, Nordin S, Sequeira H, et al. Affective picture processing: An integrative review of ERP findings[J]. Biological Psychology, 2008, 77(3): 247-265.

[167] Örtenblad A R, Koris R, Pihlak Ü. Does it matter who teaches you? A study on the relevance of matching students' and teachers' personalities[J]. The International Journal of Management Education, 2017, 15(3): 520-527.

[168] Paredes V. A teacher like me or a student like me? Role model versus teacher bias effect[J]. Economics of Education Review, 2014, 39: 38-49.

[169] Patel S H, Azzam P N. Characterization of N200 and P300: Selected studies of the event-related potential[J]. International Journal of Medical Sciecne, 2005, 2(4): 147-154.

[170] Payne B K, Gawronski B. A history of implicit social cognition: Where is it coming from? Where is it now? Where is it going?[A]. Gawronski B, Payne B K. Handbook of implicit social cognition[C]. New York: Guilford Publication, Inc. 2010.

[171] Pekrun R, Elliot A J, Maier, M A. Achievement goals and achievement emotions: Testing a model of their joint relations with academic performance [J]. Journal of Educational Psychology, 2009, 101(1): 115-135.

[172] Peugh J, Fan X. Modeling unobserved heterogeneity using latent profile analysis: A monte carlo simulation[J]. Structural Equation Modeling: A Multidisciplinary Journal, 2013, 20(4): 616-639.

[173] Piva M, Zhang X, Noah J A, et al. Distributed neural activity patterns dur-

ing human-to-human competition[J]. Frontiers in Human Neuroscience, 2017, 11: 571.

[174] Pourtois G, Grandjean D, Sander D, et al. Electrophysiological correlates of rapid spatial orienting towards fearful faces[J]. Cerebral Cortex, 2004, 14(6): 619-633.

[175] Preston S D, Bechara A, Damasio H, et al. The neural substrates of cognitive empathy[J]. Social Neuroscience, 2007, 2(3-4): 254-275.

[176] Proverbio A M, Vanutelli M E, Vigano S. Remembering faces: The effects of emotional valence and temporal recency[J]. Brain and Cognition, 2019, 135: 103584.

[177] Rajhans P, Jessen S, Missana M, et al. Putting the face in context: Body expressions impact facial emotion processing in human infants[J]. Developmental Cognitive Neuroscience, 2016, 19: 115-121.

[178] Ramsey R, Ward R. Putting the nonsocial into social neuroscience: A role for domain-general priority maps during social interactions[J]. Perspectives on Psychological Science, 2020, 15(4): 1076-1094.

[179] Rellecke J, Sommer W, Schacht A. Does processing of emotional facial expressions depend on intention? Time-resolved evidence from event-related brain potentials [J]. Biological Psychology, 2012, 90(1): 23-32.

[180] Reniers R L E P, Vollm B A, Elliott R, et al. Empathy, ToM, and self-other differentiation: An fMRI study of internal states[J]. Social Neuroscience, 2014, 9(1): 50-62.

[181] Rilling J, Gutman D, Zeh T, et al. A neural basis for social cooperation[J]. Neuron, 2002, 35(2): 395-405.

[182] Rogers T B, Kuiper N A, Kirker W S. Self-reference and the encoding of personal information[J]. Journal of Personality and Social Psychology, 1977, 35(9): 677-688.

[183] Rothkirch M, Schmack K, Schlagenhauf F, et al. Implicit motivational value and salience are processed in distinct areas of orbitofrontal cortex[J]. Neuroimage, 2012, 62(3): 1717-1725.

[184] Rueckert L, Naybar N. Gender differences in empathy: The role of the right hemisphere[J]. Brain and Cognition, 2008, 67(2): 162-167.

[185] Rule N O, Moran J M, Freeman J B, et al. Face value: Amygdala response

reflects the validity of first impressions[J]. Neuroimage, 2011, 54(1): 734-741.

[186] Russell J A. Core affect and the psychological construction of emotion[J]. Psychological Review, 2003, 110(1): 145-172.

[187] Ryan R M, Deci E L. Intrinsic and extrinsic motivations: Classic definitions and new directions[J]. Contemporary Educational Psychology, 2000, 25(1): 54-67.

[188] Saito T, Nakamura T, Endo T. The big five personality factors related to face recognition[J]. Shinrigaku Kenkyū, 2005, 75(6): 517-522.

[189] Sambuco N, Costa V D, Lang P J, et al. Aversive perception in a threat context: Separate and independent neural activation[J]. Biological Psychology, 2020, 154: 107926.

[190] Sarauskyte L, Monciunskaite R, Griksiene R. The role of sex and emotion on emotion perception in artificial faces: An ERP study[J]. Brain and Cognition, 2022, 159: 105860.

[191] Scherbaum S, Dshemuchadse M, Ruge H, et al. Dynamic goal states: Adjusting cognitive control without conflict monitoring[J]. Neuroimage, 2012, 63(1): 126-136.

[192] Schmidt L A, Trainor L J. Frontal brain electrical activity(EEG) distinguishes valence and intensity of musical emotions [J]. Cognition & Emotion, 2001, 15(4): 487-500.

[193] Schultz W. Updating dopamine reward signals[J]. Current Opinion in Neurobiology, 2013, 23(2): 229-238.

[194] Schupp H T, Cuthbert B N, Bradley M M, et al. Affective picture processing: The late positive potential is modulated by motivational relevance[J]. Psychophysiology, 2000, 37(2): 257-261.

[195] Schupp H T, Flaisch T, Stockburger J, et al. Emotion and attention: Event-related brain potential studies[J]. Understanding Emotions, 2006, 156: 31-51.

[196] Seib-Pfeifer L-E, Gibbons H. Independent ERP predictors of affective priming underline the importance of depth of prime and target processing and implicit affect misattribution[J]. Brain and Cognition, 2019, 136: 103595.

[197] Seib-Pfeifer L-E, Kirsten H, Gibbons H. Attention please: ERP evidence for prime‐target resource competition in the neutral‐target variant of affective priming[J]. Acta Psychologica, 2020, 208: 103102.

[198] Sheppes G, Luria R, Fukuda K, et al. There's more to anxiety than meets the eye: Isolating threat-related attentional engagement and disengagement biases[J]. Emotion, 2013, 13(3): 520-528.

[199] Sherman J W, Gawronski B, Gonsalkorale K, et al. The self-regulation of automatic associations and behavioral impulses[J]. Psychological Review, 2008, 115(2): 314-335.

[200] Shilbayama S, KobayashI Y. Impact of Ph. D. training: A comprehensive analysis based on a Japanese national doctoral survey [J]. Scientometrics, 2017, 113(1): 387-415.

[201] Skipper J I, Goldin-Meadow S, Nusbaum H C, et al. Speech-associated gestures, Broca's area, and the human mirror system[J]. Brain and Language, 2007, 101(3): 260-277.

[202] Smail L, Jafar R. The relationship between students' personality types and their success[J]. Scientific Journals International, 2007, 1(2): 1-12.

[203] Snow S G. Correlates of faculty-student interaction [J]. Sociology of Education, 1973, 46(4): 489-498.

[204] Solomon R C, Stone L D. On "positive" and "negative" emotions[J]. Journal for the Theory of Social Behaviour, 2002, 32(4): 417-435.

[205] Sozio S M, Chan K S, Beach M C. Development and validation of the medical student scholar-ideal mentor scale(MSS-IMS)[J]. BMC medical education, 2017, 17(1): 1-7.

[206] Spielberg J M, Miller G A, Engels A S, et al. Trait approach and avoidance motivation: Lateralized neural activity associated with executive function[J]. Neuroimage, 2011, 54(1): 661-670.

[207] Spilt J L, Koomen H M Y, Jak S. Are boys better off with male and girls with female teachers? A multilevel investigation of measurement invariance and gender match in teacher-student relationship quality[J]. Journal of School Psychology, 2012, 50(3): 363-378.

[208] Stanley L, Kellermanns F W, Zellweger T M. Latent profile analysis: Understanding family firm profiles[J]. Family Business Review, 2016, 30(1): 84-102.

[209] Steven J Luck, 事件相关电位基础[M].2版. 洪祥飞, 刘岳庐, 译. 上海: 华东师范大学出版社, 2019.

[210] Suda M, Takei Y, Aoyama Y, et al. Frontopolar activation during face-to-face conversation: An in situ study using near-infrared spectroscopy[J]. Neuropsychologia, 2010, 48(2): 441-447.

[211] Suess F, Rahman R A. Mental imagery of emotions: Electrophysiological evidence[J]. Neuroimage, 2015, 114: 147-157.

[212] Sugi M, Sakuraba S, Saito H, et al. Personality traits modulate the impact of emotional stimuli during a working memory task: A near-infrared spectroscopy study[J]. Frontiers in Behavioral Neuroscience, 2020, 14: 514414..

[213] Sun B H, Yu X J, Yuan X H, et al. The effect of social perspective-taking on interpersonal trust under the cooperative and competitive contexts: The mediating role of benevolence[J]. Psychol Res Behav Manag, 2021, 14: 817-826.

[214] Suwabe K, Hyodo K, Fukuie T, et al. Positive mood while exercising influences beneficial effects of exercise with music on prefrontal executive function: A functional NIRS study[J]. Neuroscience, 2021, 454: 61-71.

[215] Suzuki S, Cross L, O'Doherty J P. Elucidating the underlying components of food valuation in the human orbitofrontal cortex[J]. Nature Neuroscience, 2017, 20(12): 1780-1786.

[216] Tacikowski P, Nowicka A. Allocation of attention to self-name and self-face: An ERP study[J]. Biological Psychology, 2010, 84(2): 318-324.

[217] Tacikowski P, Cygan H B, Nowicka A. Neural correlates of own and close-other's name recognition: ERP evidence[J]. Frontiers in Human Neuroscience, 2014, 8: 000194.

[218] Tacikowski P, Jednorog K, Marchewka A, et al. How multiple repetitions influence the processing of self-, famous and unknown names and faces: An ERP study[J]. International Journal of Psychophysiology, 2011, 79(2): 219-230.

[219] Takahashi Y K, Roesch M R, Stainaker T A, et al. The orbitofrontal cortex and ventral tegmental area are necessary for learning from unexpected outcomes[J]. Neuron, 2009, 62(2): 269-280.

[220] Taylor M J, Edmonds G E, McCarthy G, et al. Eyes first! Eye processing develops before face processing in children[J]. Neuroreport, 2001, 12(8): 1671-1676.

[221] Tepper B J. Consequences of abusive supervision[J]. Academy of Manage-

ment Journal, 2000, 43(2): 178-190.

[222] Tiedens L Z, Fragale A R. Power moves: Complementarity in dominant and submissive nonverbal behavior[J]. Journal of Personality and Social Psychology, 2003, 84(3): 558-568.

[223] Tiferet-Dweck C, Hensel M, Kirschbaum C, et al. Acute stress and perceptual load consume the same attentional resources: A behavioral-ERP study[J]. PLoS One, 2016, 11(5): e0154622.

[224] Titus S L, Ballou J M. Faculty members' perceptions of advising versus mentoring: Does the name matter? [J]. Science and Engineering Ethics, 2013, 19: 1267-1281.

[225] Tofighi D, Enders C K. Identifying the correct number of classes in growth mixture models[J]. Advances in Latent Variable Mixture Models, 2007(1): 317-341.

[226] Tomarken A J, Davidson R J, Henriques J B. Resting frontal brain asymmetry predicts affective responses to films[J]. Journal of Personality and Social Psychology, 1990, 59(4): 791-801.

[227] Turetsky B I, Kohler C G, Indersmitten T, et al. Facial emotion recognition in schizophrenia: When and why does it go awry? [J]. Schizophrenia Research, 2007, 94(1-3): 253-263.

[228] Ugrin J C, Odom M D, Pearson J M. Exploring the importance of mentoring for new scholars: A social exchange perspective [J]. Journal of Information Systems Education, 2008, 19(3): 343-350.

[229] van der Meer L, Groenewold N A, Nolen W A, et al. Inhibit yourself and understand the other: Neural basis of distinct processes underlying Theory of Mind [J]. Neuroimage, 2011, 56(4): 2364-2374.

[230] van Strien J W, Valstar L H. The lateralized emotional Stroop task: Left visual field interference in women [J]. Emotion, 2004, 4(4): 403-409.

[231] Volle E, Gonen-Yaacovi G, Costello A D, et al. The role of rostral prefrontal cortex in prospective memory: A voxel-based lesion study [J]. Neuropsychologia, 2011, 49(8): 2185-2198.

[232] Voyer D, Voyer S, Bryden M P. Magnitude of sex differences in spatial abilities: A meta-analysis and consideration of critical variables[J]. Psychological Bulletin. 1995, 117(2): 250-270.

[233] Vuilleumier P, Pourtois G. Distributed and interactive brain mechanisms during emotion face perception: Evidence from functional neuroimaging [J]. Neuropsychologia, 2007, 45(1): 174-194.

[234] Waldman D A, Balthazard P A, Peterson S J. Social cognitive neuroscience and leadership[J]. The Leadership Quarterly, 2011, 22(6): 1092-1106.

[235] Waldman D A, Balthazard P A, Peterson S J. Leadership and neuroscience: Can we revolutionize the way that inspirational leaders are identified and developed? [J]. Academy of Management Perspectives, 2011, 25(1): 60-74.

[236] Wang L, Zhu Z D, Bastiaansen M, et al. Recognizing the emotional valence of names: An ERP study [J]. Brain & Language, 2013, 125(1): 118-127.

[237] Wei J H, Chan T C, Luo Y J. A modified oddball paradigm "cross-modal delayed response" and the research on mismatch negativity [J]. Brain Research Bulletin, 2002, 57(2): 221-230.

[238] Wendelken C, Chung D, Bunge S A. Rostrolateral prefrontal cortex: Domain-general or domain-sensitive? [J]. Human Brain Mapping, 2012, 33(8): 1952-1963.

[239] Wentura D. Activation and inhibition of affective information for negative priming in the evaluation task [J]. Cognition and Emotion, 1999, 13(1): 65-91.

[240] Wessa M, Karl A, Flor H. Central and peripheral psychophysiological responses to trauma-related cues in subclinical posttraumatic stress disorder: A pilot study [J]. Experimental Brain Research, 2005, 167(1): 56-65.

[241] West R, Alain C. Event-related neural activity associated with the Stroop task [J]. Cognitive Brain Research, 1999, 8(2): 157-164.

[242] Wheeler R E, Davidson R J, Tomarken A J. Frontal brain asymmetry and emotional reactivity: A biological substrate of affective style [J]. Psychophysiology, 1993, 30(1): 82-89.

[243] Williams J M G, Barnhofer T, Crane C, et al. Autobiographical memory specificity and emotional disorder [J]. Psychological Bulletin, 2007, 133(1): 122-148.

[244] Winkielman P. Unconscious affective reactions to masked happy versus angry faces influence consumption behavior and judgments of value [J]. Personality and Social Psychology Bulletin, 2005, 31(1): 121-135.

[245] Wolk C, Nikolai L A. Personality types of accounting students and faculty: Comparisons and implications [J]. Journal of Accounting Education, 1997, 15(1): 1-17.

[246] Xue H, Lu K L, Hao N. Cooperation makes two less-creative individuals turn into a highly-creative pair [J]. Neuroimage, 2018, 172: 527-537.

[247] Yamada S, Cappadocia M C, Pepler D. Workplace bullying in Canadian graduate psychology programs: Student perspectives of student-supervisor relationships [J]. Training and Education in Professional Psychology, 2014, 8(1): 58-67.

[248] Yan W H, Zhang M, Liu Y T. Regulatory effect of drawing on negative emotion: A functional near-infrared spectroscopy study [J]. Arts in Psychotherapy, 2021, 74: 101780.

[249] Yang J, Zhao R F, Zhang Q L, et al. Effects of self-esteem on electrophysiological correlates of easy and difficult math[J]. Neurocase, 2013, 19(5): 470-477.

[250] Yang C C. Evaluating latent class analysis models in qualitative phenotype identification [J]. Computational Statistics & Data Analysis, 2006, 50(4): 1090-1104.

[251] Yang H L, Wang X B, Lu A T, Zhang M, et al. How power and personality trait of others affect impression: Evidence from event-related potentials [J]. Cogent Psychology, 2022, 9(1): 2029246.

[252] Yang W H, Zhu X Z, Wang X, et al. Time course of affective processing bias in major depression: An ERP study [J]. Neuroscience Letters, 2011, 487(3): 372-377.

[253] Yang Y, Li Q Q, Wang J J, et al. The powerful brain: Neural correlates of sense of power and hope [J]. Neuropsychologia, 2022, 174: 108317.

[254] Yeung N, Holroyd Clay B, Cohen J D. ERP correlates of feedback and reward processing in the presence and absence of response choice [J]. Celebral Cortex, 2005, 15(5): 535-544.

[255] Zhang G L, Cong L J, Song Y, et al. ERP P1-N1 changes associated with Vernier perceptual learning and its location specificity and transfer [J]. Journal of Vision, 2013, 13(4): 19.

[256] Zhang L, Qin S Z, Yao Z X, et al. Long-term academic stress enhances

early processing of facial expressions [J]. International Journal of Psychophysiology, 2016, 109: 138-146.

[257] Zhang M M, Liu T, Pelowski M, et al. Gender difference in spontaneous deception: A hyperscanning study using functional near-infrared spectroscopy [J]. Scientific Reports, 2017, 7(1): 7508.

[258] Zhang R B, Geng X J, Lee T M C. Large-scale functional neural network correlates of response inhibition: An fMRI meta-analysis [J]. Brain Structure & Function, 2017, 222(9): 3973-3990.

[259] Zhang Y, Zheng M X, Wang X Y. Effects of facial attractiveness on personality stimuli in an implicit priming task: An ERP study [J]. Neurological Research, 2016, 38(8): 685-691.

[260] Zhou H, Long L. Statistical remedies for common method biases [J]. Advances in Psychological Science, 2004, 12(6): 942-942.

[261] Zhou X S, Hu Y N, Liao P C, et al. Hazard differentiation embedded in the brain: A near-infrared spectroscopy-based study [J]. Automation in Construction, 2021, 122: 103473

[262] Zhu Y, Zhang L, Fan J, et al. Neural basis of cultural influence on self-representation [J]. Neuroimage, 2007, 34(3): 1310-1316.

[263] Zilles K, Amunts K. Cytoarchitectonic and receptorarchitectonic organization in Broca's region and surrounding cortex [J]. Current Opinion in Behavioral Sciences, 2018, 21: 93-105.

[264] Zuo W H, Wu Z R, Liu Qing, et al. Gender-based eye movement differences in the Ilab-X platform using: An eye-tracking study[J]. International Journal of Psychophysiology, 2021, 168(S): 174.

[265] 阿加·博伊科.眼动追踪：用户优化体验操作指南[M].葛缨，何吉波，译.北京：人民邮电出版社，2019.

[266] 白玉，杨海波.创伤后应激障碍个体对威胁刺激的注意偏向：眼动研究的证据[J].心理科学进展，2022，29（4）：737-746.

[267] 皁力添.探索死亡威胁启动对人际合作与竞争行为的影响[D].上海：华东师范大学，2019.

[268] 伯顿·克拉克.探究的场所：现代大学的科研和研究生教育[M].王承绪，译.杭州：浙江教育出版社，2001.

[269] 蔡茂华.大众化教育下研究生与导师关系的调查与分析[J].教育与职业，

2013（14）：182-183.

[270] 蔡翔，吕芬芬.研究生导师类型及"导师-研究生"互动模式分析[J].现代教育管理，2010（10）：66-68.

[271] 曹淑江.教育中的交易、契约选择和学校组织的契约性质[J].教育科学，2004（03）：8-11.

[272] 曹贤才，王大华，王岩.情节模拟对预期伴侣反应性及依恋安全感的影响[J].心理学报，2020，52（8）：982-992.

[273] 陈从新，姚晶晶，吕一丁，等.眶额叶皮质功能及其在精神疾病中的作用[J].中国神经精神疾病杂志，2020，46（12）：755-758.

[274] 陈恒敏.导师、研究生关系的内在属性冲突及其超越——兼论一元主义雇佣关系的建构[J].江苏高教，2018（01）：69-72.

[275] 陈娜.英语专业硕士研究生学习投入调查研究——以对广西三所高校英语研究生的调查为例[D].桂林：广西师范大学，2015.

[276] 陈庆章，毛科技，宦若红，等.研究生选择导师的动机分析和导师应对策略探讨[C]//.Proceedings of the 2011 International Conference on Education Science and Management Engineering（part 3），2011：195-198.

[277] 陈世海，宋辉，滕继果.高校导师与研究生关系研究——以华中地区某高校为个案[J].青年探索，2003（6）：27-30.

[278] 陈向明.社会科学研究中写作的功能[J].学术界，2000（05）：81-86.

[279] 陈晓梅.角色期待与呼应：新情况下研究生导师的角色变化[J].研究生教育研究，2016（01）：70-74.

[280] 陈旭，张大均，程刚，等.教师支持与心理素质对中学生学业成绩的影响[J].心理发展与教育，2018（06）：707-714.

[281] 程华东，曹媛媛.研究生教育导生关系反思与构建[J].学位与研究生教育，2019（06）：13-18.

[282] 程基伟.构建和谐导学关系 促进博士生全面发展[J].北京教育（德育），2013（11）：29-32.

[283] 程灵西.教师合作文化对研究生合作行为的影响[D].南昌：南昌大学，2020.

[284] 邓铸.眼动心理学的理论、技术及应用研究[J].南京师大学报（社会科学版），2005（01）：90-95.

[285] 丁小斌，王睿，康铁君，等.他人面孔情绪知觉中自我参照与母亲参照的一致性：来自ERP的证据[J].心理学报，2020，52（6）：694-705.

[286] 杜静,王江海,常海洋.究竟是什么影响了导学关系——我国博士生导学关系影响因素调查研究[J].教育学术月刊,2022(01):43-50.

[287] 杜嫱.导师指导与博士生专业素养的发展:自主性的调节作用[J].研究生教育研究,2019(03):36-43.

[288] 方华梁,李忠云.导师与研究生之间的和谐关系探析[J].当代教育论坛,2009(03):28-29.

[289] 冯杰.导师双选过程的心理分析[J].商品与质量,2010(S5):105.

[290] 高晓妹.汉语儿童图画书阅读眼动研究[D].上海:华东师范大学,2009.

[291] 古继宝,王茜,吴剑琳.导师指导模式对研究生创造力的影响研究——基于内部-外部动机理论的分析[J].中国高教研究,2013(01):45-50.

[292] 郭衎,曹一鸣.学习动机对学习效果影响的深度解析——基于大规模学生调查的实证研究[J].教育科学研究,2019(3):62-67.

[293] 郭萍,胡军.高等教育服务中的信息不对称及规制分析[J].高教探索,2005(01):4-6.

[294] 何振宏,张丹丹,罗跃嘉.抑郁症人群的心境一致性认知偏向[J].心理科学进展,2015,23(12):2118-2128.

[295] 何作井,李林,周震.论研究生教育中师生关系的异化与重构[J].外国教育研究,2007,(06):40-43.

[296] 洪恩强,胡天佑.合作伙伴:导师与研究生关系的传统超越[J].当代教育科学,2011,306(03):15-18.

[297] 侯志军,何文军,王正元.导师指导风格对研究生知识共享及创新的影响研究[J].学位与研究生教育,2016(02):62-67.

[298] 胡楠,李志.硕士研究生与导师沟通的现状及满意度影响因素研究[J].高教学刊,2022,8(25):57-60.

[299] 黄翠翠,颜素珍.研究生选导师满意度影响因素分析——基于H大学的实证研究[J].扬州大学学报(高教研究版),2013,17(01):38-42.

[300] 黄俊杰.权力影响个体社会决策的研究——社会价值取向的调节效应[D].广州:暨南大学,2015.

[301] 贾旭东.中国城市基层政府公共服务职能的不完全外包及其动因——基于扎根理论的研究发现[J].管理学报,2011,8(12):1762-1771.

[302] 姜婷婷,吴茜,徐亚苹,等.眼动追踪技术在国外信息行为研究中的应用[J].情报学报,2020,39(02):217-230.

[303] 邝宏达,李林英.理工科博士生入学前后学术职业志趣变化特征及教育对

策[J].研究生教育研究,2019(06):26-34.

[304] 雷铭.神经领导学研究进展与应用趋向探讨[J].领导科学,2017(23):16-19.

[305] 李辉,曾冬,胡浪,等.七年制临床医学专业学生选择导师情况分析[J].卫生职业教育,2014,32(15):106-108.

[306] 李洁茗.从信息不对称理论看研究生导师双向选择[J].新西部,2010(12):178+171.

[307] 李晶,陈志燕,陈明红.眼动追踪实验法在信息行为领域的应用研究[J].情报学报,2020,39(01):90-99.

[308] 李俊,任力杰,韩漫夫,等.抑郁症认知功能损害特点的影像学和事件相关电位研究[J].中华行为医学杂志,2023,22(11):985-988.

[309] 林伟连,吴克象.研究生教育中师生关系建设要突出"导学关系"[J].学位与研究生教育,2003(05):26-28.

[310] 刘豆豆,陈宇帅,杨安,等.中学教师工作狂类型与工作绩效的关系研究:基于潜在剖面分析[J].心理科学,2020,43(1):193-199.

[311] 刘博涵,赵璞,石智丹,等.学术型研究生学术志趣的影响因素探讨[J].研究生教育研究,2019(06):35-41.

[312] 刘静,杜建毅.浅议"师生互选"制[J].学位与研究生教育.1990(02):20-21.

[313] 刘桔,杨琴,周永务,等.面向师生感知满意度的双边匹配决策模型[J].运筹与管理,2020,29(3):16-26.

[314] 刘宁,张彦通.建设和谐导生关系的思考——基于近年来导生关系研究文献的分析[J].北京航空航天大学学报(社会科学版),2012,25(02):113-115..

[315] 刘奇岳.基于眼动仪的微课视频设计策略与学习效果研究[D].南京:南京邮电大学,2020.

[316] 刘选会,钟定国.双一流背景下研究生学校管理满意度实证研究[J].高等教育研究学报,2020,43(01):78-83.

[317] 刘燕,刘博涵.研究生导学关系优化研究[J].高教探索,2018(08):30-34.

[318] 刘昱辰.人格障碍的外显与内隐特质[D].南京:南京医科大学,2016.

[319] 刘志.研究生教育中和谐导生关系何以可能?[J].学位与研究生教育,2018(10):20-25.

[320] 鲁铱，李晔.研究生对导师负面评价的恐惧与师徒文化内隐观的关系[J].心理科学，2014，37（6）：1415-1420.

[321] 陆一，史静寰.拔尖创新人才培养中影响学术志趣的教育因素探析——以清华大学生命科学专业本科生为例[J].教育研究，2015（05）：38-47.

[322] 罗顺均."引智"学习、组织信任及企业技术能力提升——基于珠江钢琴1987~2012年的纵向案例研究[J].管理学报，2014，11（09）：1265-1275.

[323] 吕勇，刘亚平，罗跃嘉.记忆面孔，男女有别：关于面孔再认性别差异的行为与ERP研究[J].科学通报，2011，56（14）：1112-1123.

[324] 麻春杰，李永乐，董秋梅，等.基于研究生期望的导师队伍建设研究[J].中国中医药现代远程教育，2020，18（21）：154-156.

[325] 苗青，陈思静，宫准，等.人力资源管理研究与实践前沿量表手册[M].杭州：浙江大学出版社，2015.

[326] 苗玥明，肖磊.硕士生"导师选择模式"探析[J].天津市教科院学报，2019（4）：42-47.

[327] 牟晖，武立勋，徐淑贤.和谐视域下研究生导学关系构建浅析[J].思想教育研究，2014（05）：72-74.

[328] 欧阳硕，胡劲松.从"相安的疏离"到"理性的亲密"——基于扎根理论的研究生导学关系探析[J].高等教育研究，2020，41（10）：55-62.

[329] 彭湃，胡静雯.控制型指导与研究生能力增长——基于2021年"全国硕士研究生学习和发展"调查数据的分析[J].高等教育研究，2021（09）：52-61.

[330] 彭湃.情境与互动的形塑：导师指导行为的分类与解释框架[J].高等教育研究，2019，40（09）：61-67.

[331] 綦萌，宋萌.员工-团队认知方式一致性对员工组织公民行为的影响——情绪智力的调节作用[J].商业研究，2018（12）：125-132.

[332] 秦莹，屈晓婷.基于立德树人的新时代研究生导生关系建构研究[J].辽宁大学学报（哲学社会科学版），2019，47（6）：1-5.

[333] 桑冬鸣.研究生导师选择和确定工作的探索[J].教育现代化，2019，6（78）：107-108.

[334] 石成奎.大学生从众心理成因及其对策[J].学校党建与思想教育，2006（12）：51-52.

[335] 石甜，杨保华.基于个性优势结构识别的物流师生匹配决策问题[J].物流技术，2021（08）：130-134+142.

[336] 宋成.研究生教育中的导学关系：影响因素与对策构建[J].学位与研究生教育，2021（03）：9-14.

[337] 宋炫，蒲军.七年制临床医学生选择导师影响因素剖析及建议[J].中华医学教育探索杂志，2015，14（04）：404-407.

[338] 苏荟，白玲，张继伟.导师家长式指导风格对研究生创新行为的影响研究[J].学位与研究生教育，2021（06）：57-66.

[339] 隋雪，高敏，向慧雯.视觉认知中的眼动理论与实证研究[M].北京：科学出版社，2018.

[340] 唐纳德·肯尼迪.学术责任[M].2版.阎凤桥，译.北京：新华出版社，2002.

[341] 佟丹丹，曲艳鹏，李安妮，等.畜牧兽医类专业本科学生专业志趣研究[J].黑龙江畜牧兽医，2021（12）：136-141.

[342] 涂艳国，吴河江.自由教育视野下研究生教育的导学关系重构——基于人文学科领域的思考[J].研究生教育研究，2018（04）：23-27+34.

[343] 王海迪.学术型博士生学术激情及其影响因素研究——基于我国研究生院高校的实证分析[J].学位与研究生教育，2018（02）：58-64.

[344] 王海林，卢小慧.导师与研究生导学关系文献研究综述[J].扬州大学学报（高教研究版），2014，18（06）：60-63.

[345] 王静雯.研究生沟通问题的现状与对策[J].传承，2012（18）：51-53.

[346] 王俐，邱曙东，仇国芳，等.研究生心目中理想导师的标准[J].中国高教研究，2005（02）：36-38.

[347] 王璐，褚福磊.新时代研究生导学关系异化的成因与现实出路——以心理契约为视角[J].内蒙古社会科学，2018，39（6）：184-188.

[348] 王沛，霍鹏飞，王灵慧.阈下知觉的加工水平及其发生条件——基于视觉掩蔽启动范式的视角[J].心理学报，2012，44（09）：1138-1148.

[349] 王茜.导师指导风格对研究生创造力的影响研究[D].合肥：中国科学技术大学，2013.

[350] 王锁梁，陈耀奎，戚建敏.硕士生导师和硕士生互选工作的探索[J].学位与研究生教育，1990（06）：20-22.

[351] 王星，马志强.高校研究生师生互选存在的问题及模式创新[J].东北师大学报（哲学社会科学版），2014（03）：267-268.

[352] 王燕华.从工具理性走向交往理性——研究生"导学关系"探析[J].研究生教育研究，2018（01）：60-66.

[353] 王育韵.高职生认知倾向、应对策略和抑郁：压力水平和性别的差异模式探讨[J].教育信息化论坛，2019（5）：147-148.

[354] 王志栋.硕士研究生与导师双向选择影响因素分析[J].山西医科大学学报（基础医学教育版），2006，8（03）：322-324.

[355] 王子祥，刘振亮，李岩松.人脑眶额皮质表征奖赏信息的进展[J].心理科学，2014，2（05）：1047-1053.

[356] 毋嫘，林冰心，蒋娜，等.高焦虑个体对威胁性刺激的注意偏向特点[J].心理与行为研究，2016，14（06）：760-764.

[357] 吴价宝.导师的学术心态、指导行为与绩效透视[J].学位与研究生教育，2002（04）：34-35.

[358] 吴培娟.中职生学习动机、学业成就与学习主观幸福感的关系研究[J].广东教育，2020（2）：64-66.

[359] 吴文峰，李婷，卢永彪，等.大学生社会比较倾向与抑郁：人际自立影响的性别差异[J].心理科学，2019，42（03）：591-597.

[360] 吴杨，韦艳玲，施永孝，等.主动性不同条件下导师指导风格对研究生创新能力差异性影响研究——基于九所大学的数据调查[J].复旦教育论坛，2018（03）：74-79.

[361] 吴玥乐，韩霞.高校导学关系的协同共建——基于导师深度访谈的质性研究[J].教育科学，2020，36（03）：64-69.

[362] 谢立中.哈贝马斯的"沟通有效性理论"：前提或限制[J].北京大学学报（哲学社会科学版），2014，51（05）：142-148.

[363] 谢思渺.师生沟通对导学关系的影响机制[D].武汉：华中科技大学，2022.

[364] 徐国兴.资优本科生学术志趣发展的类型，成因及效应——基于九所"双一流"建设高校的调查分析[J].高等教育研究，2020，41（11）：81-89.

[365] 徐兰.有限数量下双向选择的效用分析——以硕士研究生与导师之间的双向选择为例[J].全国商情，2006（12）：17-18.

[366] 徐岚.导师人格与身教对博士生培养的影响[J].教育发展研究，2019，39（23）：34-41.

[367] 徐文文，卢国华，王瑛.护理硕士专业学位导师角色期望的质性研究[J].护理研究，2017，31（03）：321-324

[368] 许克毅，叶城.当代研究生透视[M].西安：陕西人民出版社，2002.

[369] 闫国利，熊建萍，臧传丽，等.阅读研究中的主要眼动指标评述[J].心理

科学进展, 2013, 21 (04): 589-605.

[370] 杨红.硕士研究生个性培养目标中师生沟通的信息不对称问题——基于隐性契约视角[J].大众文艺, 2020 (09): 245-246.

[371] 杨欣鬻, 钱晓东, 孟建军, 等.研究生与导师互选工作中的师生心态分析和矛盾协调[J].学位与研究生教育, 2011 (03): 21-25.

[372] 杨欣鬻, 钱晓东, 孟建军, 等.研究生与导师互选工作中的师生心态分析和矛盾协调[J].学位与研究生教育, 2011 (03): 21-25.

[373] 杨雨萌, 张飞龙.建国以来硕士研究生招生制度回溯与展望[J].北京航空航天大学学报（社会科学版）, 2020, 33 (01): 152-160.

[374] 姚建银.对从众心理影响下大学生行为的探讨[J].甘肃联合大学学报（社会科学版）, 2009, 25 (03): 81-83.

[375] 姚利民, 朱黎旻.研究生培养现状调查与分析[J].高等教育研究, 2013, 34 (11): 55-59..

[376] 姚远, 杨蒙蒙.朝向他在性：研究生导学关系反思与重构[J].黑龙江高教研究, 2019 (06): 106-109.

[377] 叶晓倩, 王泽群, 李玲.组织职业生涯管理、内部人身份认知与回任知识转移——个体-组织一致性匹配的调节效应[J].南开管理评论, 2020 (04): 154-165.

[378] 尹霄朦, 胡波, 王薇, 等.基于角色理论医学硕士研究生对导师角色期望的质性研究[J].护理学报, 2020, 27 (05): 1-5.

[379] 余祖林.高校硕士研究生培养中导学互动关系研究[D].南昌：江西师范大学, 2019.

[380] 袁博.社会博弈中合作与冲突结果评价的认知神经机制[D].天津：天津师范大学, 2014.

[381] 袁加锦, 汪宇, 鞠恩霞, 等.情绪加工的性别差异及神经机制[J].心理科学进展, 2010 (12): 65-74.

[382] 詹姆斯·杜德斯达.21世纪的大学[M].刘彤, 译.北京：北京大学出版社, 2005.

[383] 张爱秀.研究生和导师关系研究：交易和契约[J].学位与研究生教育, 2006 (10): 64-68.

[384] 张娟.制造业中师徒认知风格一致性对隐性知识转移效果的影响[D].上海：上海师范大学, 2016.

[385] 张兰霞, 张靓婷, 朱坦.领导-员工认知风格匹配对员工创造力与创新绩

效的影响[J].南开管理评论,2019(02):165-175.
[386] 张彦.教育学[M].合肥:安徽工业大学出版社,2006.
[387] 张禹,罗禹,赵守盈,等.对威胁刺激的注意偏向:注意定向加速还是注意解除困难?[J].心理科学进展,2014,22(7):1129-1138.
[388] 郑文力,张翠.基于心理契约视角的"导师-研究生"关系构建研究[J].研究生教育研究,2019(05):16-20.
[389] 钟晓钰,李铭尧,李凌艳.问卷调查中被试不认真作答的控制与识别[J].心理科学进展,2021,29(2):225-237.
[390] 钟毅平,范伟,蔡荣华,等.正性情绪诱导下的自我参照加工:来自ERPs的证据[J].心理学报,2014,46(03):341-352.
[391] 钟智勇,陈霞,吕佑辉,等.P300评估抑郁症的病程与认知功能障碍的相关性[J].中国健康心理学杂志,2014,22(3):352-353.
[392] 周海波,杨璐,易靓靓,等.情绪效价影响自我姓名加工的电生理证据[J].中国临床心理学杂志,2017,25(02):225-230.
[393] 周浩,龙立荣.共同方法偏差的统计检验与控制方法[J].心理科学进展,2004(6):942-950.
[394] 周莉,郭瑾瑾,王兴超,等.导师排斥感知对研究生心理健康的影响[J].学位与研究生教育,2020(04):40-44.
[395] 周文辉,张爱秀,刘俊起,等.我国高校研究生与导师关系现状调查[J].学位与研究生教育,2010(9):7-14.
[396] 周文辉,黄欢,牛晶晶,等.2021年我国研究生满意度调查[J].学位与研究生教育,2021(08):11-20.
[397] 朱林,李维.社会网络视角下研究生选择导师的路径分析——以HH大学2014级研究生为例[J].学园,2015(33):34-35.

致谢

在当前高校导师与硕士研究生双选制度的背景下，通过调查、访谈、实验，深入探讨了导学关系的建立过程和影响机制，得出了一些有价值的成果，期望能够为双选制度的改善提供更多的依据。

本书的前期研究得到了教育部人文社科基金项目"基于学术共同体视角的导学冲突研究（19YJA880082）"以及华中科技大学2022年"问计于民"专项研究课题"研究生导学关系影响因素研究"的资助。从2019年研究开始以来，本书研究团队的老师、博士后、硕士生精诚合作，开展了较为扎实的研究。在本研究告一段落之前，特别地感谢我的小伙伴们：吴慧芬博士参与本研究整体思路的设计，文本撰写、整理与修改；吴疆鄂、赵红艳老师给予了课题设计有力的指导和经费资助；曹晓晨博士、郑敏晓博士协助完成了数据收集、实验实施以及书稿的撰写、修改、修订和校对等工作。此外，还要特别感谢我的合作者吴漾老师和我的研究生。吴漾老师和研究生罗娜、霍甜甜完成了导学关系认知神经机制的相关研究工作，研究生黄菲完成了导学关系的建立的访谈，研究生罗明燕和谢思渺完成了导学关系的影响因素的相关研究，武文志博士和吴佩佩硕士协助完成了相关的数据分析和文章撰写工作。

感谢在我工作岗位上给予我帮助和支持的华中科技大学教育科学研究院的领导和同事，为我的研究提供了更坚实的平台，为我的发展提供了更广阔的空间，为我的成长提供了更肥沃的土壤。特别感谢高顺文部长、章劲元处长、陈廷柱院长、艾敏书记、李太平副院长、张俊超副院长、张江涛主任、刘雅老师、马卫平老师对我工作上的大力支持。感谢陈建文教授、任学柱教授、于海琴副教授、黄芳副教授、郭卉教授、朱新卓教授、蔺亚琼副教授、曾伟主编、彭湃副教授、刘献君教授、贾永堂教授、柯佑祥教授、骆四铭教授、余保华副教授、魏曙光副教授、李函颖副教授、许宏老师、陶燕老师、夏薇老师等同事，对我工作的悉心指导，对我生活的无私关怀。他们对我研究工作的大力支持让我感激不尽。从教科院老师们的身上，我看到了孜孜不倦、追求真知的探索精神，也感受到了与时俱进、大胆创新的正能量，与他们共事、学习与成长是我此生的荣幸。

最后，还要感谢所有支持我、关心我、鼓励我的亲人和好友。

书中引用了大量的文献，特此对文献的作者表示感谢！

由于作者的水平有限，书中难免有缺陷或疏漏之处，敬请读者批评指正。

张妍

2023年7月于武汉